"校长国培计划"——卓越校长领航工程
中小学名校长领航丛书

LINGHANGZHE ZAI XINGDONG

领航者在行动

教育部中小学校长和幼儿园园长国家级培训项目管理办公室组编
齐林泉　李　萍　主编

北京师范大学出版集团
BEIJING NORMAL UNIVERSITY PUBLISHING GROUP
北京师范大学出版社

图书在版编目（CIP）数据

领航者在行动 / 教育部中小学校长和幼儿园园长国家级培训项目管理办公室组编；齐林泉，李萍主编. —北京：北京师范大学出版社，2018.4
ISBN 978-7-303-23558-2

Ⅰ.①领… Ⅱ.①教… ②齐… ③李… Ⅲ.①中小学教育－教育研究－中国②学前教育－教育研究－中国 Ⅳ.①G632.0②G612

中国版本图书馆CIP数据核字(2018)第046396号

营销中心电话 0537-4459916 010-58808015
电子信箱 hdfs999@163.com

出版发行：北京师范大学出版社 www.bnup.com
北京市海淀区新街口外大街 19 号
邮政编码：100875
印　　刷：济南荷森印务有限公司
经　　销：全国新华书店
开　　本：710 mm × 1000 mm　1/16
印　　张：24.25
字　　数：318 千字
版　　次：2018 年 4 月第 1 版
印　　次：2018 年 10 月第 2 次印刷
定　　价：58.00 元

策划编辑：王秀环　　责任编辑：李云虎　梁晓星
美术编辑：王秀环　　装帧设计：耿中虎
责任校对：陈　民　　责任印制：李　飞

总序

为者常成，行者常至

《中小学名校长领航丛书》的问世使我们深感喜悦，它使广大专家学者和社会各界注意到了我们的工作。“致天下之治者在人才”，党中央和国务院历来高度重视中小学校长（含幼儿园园长，下同）的培养工作，大力倡导教育家办学。2010年，《国家中长期教育改革和发展规划纲要（2010—2020年）》明确提出，要“创造有利条件，鼓励教师和校长在实践中大胆探索，创新教育思想、教育模式和教育方法，形成教学特色和办学风格，造就一批教育家，倡导教育家办学”。2012年，《国务院关于加强教师队伍建设的意见》明确要求，培养造就高端教育人才，实施中小学名师名校长培养工程。2014年，习近平总书记同北京师范大学师生代表座谈时指出，要“努力培养造就一大批一流教师，不断提高教师队伍整体素质，是当前和今后一段时间我国教育事业发展的紧迫任务”。2018年，《中共中央 国务院关于全面深化新时代教师队伍建设改革的意见》明确提出：“支持教师和校长大胆探索，创新教育思想、教育模式、教育方法，形成教学特色和办学风格，营造教育家脱颖而出的制度环境。”

按照中央决策部署，教育部出台了一系列政策举措。一是全面规划了名校长培养目标，明确了名校长培养要求。先后印发了《全国教育系统干部培训规划（2013—2017年）》《关于进一步加强中小学校长培训工作的意见》等政策文件，把名校长培养摆在基础教育高端人才培养的突出位置，明确要求启动中小学名师和名校长培养计划，按照倡导教育家办学的要求，加大对优秀中小学校长培训的力度，培养造就一批具有先进教育理念、鲜明办学风格和杰出办学能力的教育家型名校长。二是探索了名校长培养路径，总结了名校长培养经验。依托教育部中学校长、小学校长、幼儿园园长培训中心，推出了中小学骨干校长高级研修班、优秀校长高级研究班，先后培养了优秀校长1万余人。同时，对全国23个省（区、市）实施的名校长培养工程，如京苏粤名校长培养工程、长三角中小学名校长联合培训计划等，并对好的经验做法进行了认真总结。在此基础上，教育部2014年印发了《关于实施“校长国培计划”——2014年卓越校长领航工程的通知》，启动实施了中小学“校长国培计划”，系统设计了卓越校长领航工程，完善了基础教育高端校长国家级培养体系。

“问渠那得清如许？为有源头活水来。”中小学名校长领航班学员具有远大的教育理想、强烈的发展意愿、扎实的理论基础、丰富的实践经验和高尚的人格魅力。三年来，他们静下心来学习，潜下心来研究，持之以恒地进行教育教学改革实践，在示范引领中担当使命责任，在教育思想和教学方法上有重要创新，教学成果和教育质量突出，在教育领域和全社会享有较高声望。三年来，各级教育行政部门和教育部小学校长培训中心、教育部中学校长培训中心、江苏教育行政干部培训中心、北京教育学院、中国人民大学附属中学、华南师范大学、浙江省教育行政干部培训中心、广东省中小学校长培训中心8个培养基地协同推进项目规划、导师指导、工作室建设、思想凝练、精准帮扶等多个环节，使其有效配合、有序递进、相互促进。三年来，《中国教育报》、北京师范大学出版社等新闻媒体及出版单位对中小学名校长领航项目进行了大篇幅报道和深度关注，对此项工作给予了高度评价，讲好名校长故事，传播名校长声音，扩大了项目的影响力和传播力。

“诗文随世运，无日不趋新。”习近平总书记指出，创新是民族进步的灵魂，是一个国家兴旺发达的不竭源泉，也是中华民族最深沉的民族禀赋。希望中小学名校长领航项目不忘本来，借鉴外来，面向未来，不断探索名校长培养的新模式，不断积累名校长培养的新经验，不断传播名校长的教育新思想，不断扩大名校长的社会影响力，为我国基础教育发展培养造就一大批高素质、专业化、创新型人才，为建设教育强国和实现中华民族伟大复兴贡献力量！

为者常成，行者常至，是为序！

教育部中小学校长和幼儿园园长国家级培训项目管理办公室

2018年3月21日

序

追梦教育家

齐林泉

教育家是每个教育工作者梦寐以求的最高事业目标。对于以“教育”为事业的教师和校长来说，成为教育家型教师和校长是实现这一梦想的第一步。

近些年，从国家繁荣、民族振兴、教育发展的大局出发，党和国家也将教育家型教师和校长作为对教育工作者的一项重要的发展要求。《国家中长期教育改革和发展规划纲要（2010—2020年）》中指出：“创造有利条件，鼓励教师和校长在实践中大胆探索，创新教育思想、教育模式和教育方法，形成教学特色和办学风格，造就一批教育家，倡导教育家办学。”而党的十八大以来，习近平总书记先后明确提出了“四有”“四个引路人”和“四个相统一”党和人民满意的好教师标准，构成了对广大教师思想、道德、学识、能力、作风、纪律等方面全方位的要求。2018年1月20日中共中央、国务院印发的《中共中央 国务院关于全面深化新时代教师队伍建设改革的意见》中指出：“到2035年，教师综合素质、专业化水平和创新能力大幅提升，培养造就数以百万计的骨干教师、数以十万计的卓越教师、数以万计的教育家型教师。”对我国新时代教师队伍建设做出顶层设计。

2017年3月15日，教育部教师工作司致中国教育报刊社感谢信：“为培养造就一批具有社会影响力、能够在基础教育事业发展中发挥示范引领作用的教育家型校长，教育部启动了‘校长国培计划’——卓越校长领航工程中小学名校长领航班。首期领航班精选的64名学员是我国教育改革发展的积极倡导者和先行者，积累了宝贵的办学治校经验，《中国教育报》从2016年4月16日开始与我司合办‘中国好校长·领航者系列’，开辟专栏对他们进行宣传。校长周刊主编齐林泉同志坚持深入一线进行采访，对邱成国、迟玉英等36名校长的教育思想和实践进行了集中生动的跟踪报道，为传播他们的教育智慧、推广他们的办学经验做出了贡献。衷心感谢你单位和齐林泉同志所做的卓有成效的工作。”（截至2017年2月底，《中国教育报》校长周刊跟踪报道了36名校长，之后又跟踪报道了5名校长，共计41名）

这封感谢信的来由，正是教育部教师工作司为了落实和推动教育家型教师和校长队伍建设的要求，按照《关于启动实施“校长国培计划”——2014年卓越校长领航工程的通知》（教师司函〔2014〕48号），举办2014年卓越校长领航工程——中小学名校长领航班（以下简称“名校长领航班”）并积极有效开展工作一年后，对与中国教育报刊社《中国教育报》校长周刊合办栏目进行深度挖掘、延伸宣传，从而更好地提炼名校长办学思想，更广泛地对全国中小学校长进行引领工作的肯定。

在教育部教师工作司的领导下，教育部中小学校长和幼儿园园长国家级培训项目管理办公室，按照“整体规划、个性指导、训用结合、连续培养、协同创新”的思路，为参训校长建立集中培养基地、配备理论和实践双导师、搭建思想和实践示范推广平台，通过基地引领研修、导师个性化指导、参训校长示范提升等方式，对参训校长进行有针对性的培养。

这个过程主要通过深度学习（培养基地组织参训校长采取选修课程、研读名著、同伴互助、听取名家讲坛、境内外实地研修考察等形式，引导参训校长自主学习，针对有关教育问题进行深入的理论探究和实践探索）；导师指导（导师组织参训校长采取课题研究、项目合作、跟岗学习、发表成果等形式，对参训校长进行个性化培养，帮助参训校长提炼思想）；示范提升（在地方教育行政部门的支持、培养基地的指导下，参训校长通过建立名校长工作室、与薄弱学校校长结对帮扶、巡回讲学、名校长论坛、成果展示等形式，宣传推广自己的教育思想，引领其他学校校长开展理论和实践研修，提升办学理念，同时，在示范引领过程中进一步检验、丰富、提升自己的教育思想）三个阶段。《中国教育报》校长周刊的采访与跟踪报道宣传，有效提升了每个阶段的效率和质量，并以传播优势，大大增进了名校长领航班成员与全国中小学校长的专业互动及其理论与实践层面的提升，成为做好该项目必不可少的一个重要组成部分。

处在以信息化、人工智能等新技术变革为特征的大发展、大变革、大调整之中的当今世界，需要广大教师和校长更具适应时代的综合素质、专业化水平和创新能力，需要广大教师和校长更能够主动适应新时代中小学教育的转型，教育部实施的“校长国培计划”——2014年卓越校长领航工程，正是推进全面深化新时代教师队伍建设改革的一个契机。将这一工作的阶段性成果更为广泛和及时地传播出去是编辑本书的初衷。根据书稿内容及编写愿望，我们将此书定名为“领航者在行动”，书中名校长们的先后排序是按照《中国教育报》校长周刊对“名校长领航班”学员跟踪报道的时间来编排的，在此说明。

在本书中，从名家的评判视角中、从普通师生的日常视野里，我们看到，一批出生于20世纪六七十年代，成长于世纪之交的新锐校长脱颖而出，他们带着走过20世纪末的这代人固有的家国情怀和21世纪“以人为本”的教育思想，把兼济天下的家国情怀融入进对学生生命成长的关爱与守望中，以扎扎实实的心态，执着于为学生们播撒生命阳光，追求生活幸福的创新与超越的教育天职。他们的成长故事亲切、生动，令人感怀；他们的办学探索专业、深邃，充满智慧。他们有的来自经济发达的城市，有的供职于偏远的村镇，有的任职于底蕴厚重的文明故土，有的任教于条件艰苦的边疆草原。但无论在哪里，他们的心都在学生们身上，他们的灵魂都紧紧与学校教育的发展融为一体。他们，是新一代教育工作者的楷模，是伴随新时代成长起来的新锐校长，必将担负起未来基础教育发展的重任。

谨以此书，献给全国的中小学校长及奋斗在中小学教育一线的广大教育工作者。

2018年2月4日于北京文慧园

目录

陈松林

名家点评

甘当儿童生命成长的呵护者

李更生

我们坚持“走进学生心灵，呵护生命成长”的办学理念。在办学过程中，让“关爱呵护生命，运动诠释生命，艺术熏陶生命，书香润泽生命，科技充盈生命”，从基本习惯、基本认知、基本行为、基本知识入手，组织系统的教育实践活动，让学生在参与各种活动的过程中逐渐产生积极的心理体验和感悟，塑造良好的习惯，积累渊博的知识，凝练向上的人格，形成正确的价值观。因此，在“走进学生心灵，呵护生命成长”办学理念的指导下，构建了具有浓烈“光明”特色“生命教育”的办学体系，从生命本真、生命健康、生命色彩、生命智慧、生命价值五个方面全面实施，在具体的教育实践中为每一位学生的人生发展奠定了坚实的基础。光明的教育，就是要“走进学生心灵，呵护生命成长”，做适合学生发展的事情，因势利导，顺其自然，有的放矢地让学生自由成长，实现“跃动生命，光明人生”的生命追求。唐山市路北区光明实验小学的学生，就是要有阳光的人生态度，精彩的人生过程，光明的人生追求。

儿童生命的“光明”源自内心有“光明”的教师。基于对“生命教育”的理解与践行，在学校管理方面，陈松林追求的是从人性管理到文化管理，再走向无为管理。在教师管理方面，他践行的原则是基于人性的尊重。他认为，人性化管理的最终目标是管理与发展，那么，它的发展总是在不断提升和创新，从开始的管理认同，到初期的情感关怀，逐渐发展到价值实现，最后形成统一的愿景，形成强大的学习能力、创造能力，实现学校的内涵发展和文化管理。

多年来，他通过多接触、多走进、多做实事的原则，让教师们对学校管理、“生命教育”理念产生认同感；同时，他又通过在细节上多关心、多沟通、创新团队文化、搭建教师成长的舞台等形式，让每一位教师的生命得以“跃动”，人性得以尊重，个性得以张扬，价值得以实现，手脚得以放开，思想灵魂得以自由……

陈松林，就这样一直在充当着儿童和教师生命的呵护者。

（作者系浙江省教育行政干部培训中心干训部主任）

潜心+静心

个人小传

陈松林，1970年9月生于河北省乐亭县。1990年7月毕业于河北省滦县师范学校，获得中师学历，同年开始了其小学数学教师生涯。2004年通过自考（进修）在河北大学获得本科学历，同年，他被任命为河北省唐山市唐钢张西小学校长。2007年被调入唐山市路北区鹤祥实验小学任校长，2010年又被调任唐山市路北区光明实验小学任校长。

成长之最

对自己影响最深的教育理论著作：《给教师的建议》（B. A. 苏霍姆林斯基　著）。

职业生涯中的重大事件：代表河北省参加小学数学课堂教学比赛。

职业生涯中的关键人物：唐山市的名校长田玉霞，唐山市小学数学教研员、恩师——赵中华。

办学管理中最有成就感的事：由于受一名体育教师工作热情的激发，打造出了国家中小学足球运动学校。

办学管理中最棘手的事：遇上难缠的家长。

教育教学中最有成就的改革创新：学校的校本课程建设工作，由此成为唐山市校本课程工作的引领者。

学校改革创新最亟待解决的问题：第一，中高考制度不改革或者不颠覆，初中、高中的应试教育就不会停止；第二，校长缺乏人事管理权；第三，还存在一大批安于现状、追求方向不在教育上的校长。

自1990年毕业至今，陈松林踏进教育领域已有26个年头了。在20多年里，他体验过作为学生喜欢的好教师的幸福快乐，品尝过作为学校管理者身处“江湖”的左右为难，也感受过作为学校领头人的责任与担当。

安心享受好教师的快乐

中国民间有这样一句俗语：“家有三斗粮，不当学生王。”在功利主义盛行的时代，人们常常看不起教师，尤其是男教师。可是陈松林却不以为然，他认为，刚刚踏上教室讲台，单纯做一位教师的那段时光，是他人生经历中最开心、最难忘、也最具幸福感的时刻。每天和学生们在一起学习，游戏，享受快乐的课堂时光，自由自在，悠然自得。

为什么陈松林有这种自由自在、悠然自得的感觉？其根本原因就是他天生具备做一个好教师的潜质：喜欢学生、喜欢课堂、享受教育、享受读书。因为喜欢，所以快乐；因为快乐，所以享受；因为享受，所以轻松。看着学生们那么喜欢上他的课，能够轻松又高效地学习知识，他倍感欣慰。那时候的陈松林没有什么“高大上”的教育理想，心里想的就是每天要研究适合学生的教法，准备具有吸引力的课件和教具，只是朴素地希望每节课都给学生带来不一样的感受，让他们专注地思考，激烈地讨论，希望学生们能够通过他的课堂，启迪智慧，享受成功。也许正是这些想法和做法，陈松林很快便成为当地“家喻户晓”的好教师。那些年，他成为同事和家长们心目中的偶像，人们想尽一切办法把学生送到他的班级。看着学生们期待的眼神，看着家长们信任的目光，他战胜了当时的“转行潮”，选择了讲台，选择了终身从事教育事业。

由于陈松林的执着和钻研，或许是他能够心静如水，或许是他的教学成绩得到了学生、家长的广泛认可，1995年，陈松林被提拔到学校的中层领导。看上去虽然是“当官”了，但他心里一直认为自己最适合做教师，所以仍然坚持一线教学。那时，省里、市里、区里、校内大大小小的公开课上了无数节，陈松林也渐渐地成了那个时代的“名师”，走到哪里，都会被同行认出来，似乎有“明星”的“范儿”了，但他总感觉不自在。因为他是安于平静的人，不喜欢出风头，一心只想做一个安安静静的好教师。然而，时势造英雄，社会对“名师”关注的情势已经迫使他无法回头，他只能硬着头皮往前走，从优秀走向更优秀。

随着陈松林视野不断拓宽，教学经验不断丰富，他开始带着研究的视角来审视教师的教育教学工作，并不断总结反思自己的教学经验，分析当时的教育现状，向着研究型教师发展。

不懈追求好校长的梦想

教育界一向存在这样一种思想：能够当好教师的，也一定能够当好管理者（好校长）。当陈松林在教学上小有成就时，自然很快就被领导发现，然后也就“稀里糊涂”地被提拔为学校的中层领导了。一开始，他被提拔为教务处副主任，随后的十年间，他先后做过主任、副校长、党支部书记、校长等。刚刚走上管理岗位，他有点找不准自己的位置，似乎在应付和盲从中迷失了自我。仿佛书也不会教了，学校管理也不能达到他所期望的状态。这是陈松林职业生涯中一次最困惑的转型。在这个转型过程中，他曾经多次经历失败和挫折。慢慢地，他体会到，做管理者和教书有所不同的是，教书需要热情和志趣，而做管理者则需要智慧和方法。

2001年，陈松林正式开始担任一所企业小学的校长——唐钢张西小学校长。这所学校规模很小，教职工总共30余人，学生500余人，13个教学班。刚刚来到一所新的学校，看到许多教育教学现状与自己理想中的学校教育不一致，他很着急，但是心急吃不得热豆腐。慢慢地，他在观察，在寻找突破口。一开始，他注意聚拢人气，提升团队凝聚力。由于学校规模比较小，做事很容易出效果，不到一个学期，学校状况就发生了显著的变化，也取得了明显的成果，渐渐地，教师们喜欢上了这位年轻帅气的校长。

由于体验到成功的喜悦，教师们开始信任这位年轻的校长，因而陈松林的一些想法得到教师们的认可，学校开始有了良好的发展势头。在这里，他获得了从事校长工作最初步的体验与经历，也对教育有了更深层次的理解——学生不是简单的接受者，他们每个人都有自己独特的个性；学校教育不是简单地完成国家课程，按照程序进行学期安排。学校教育是一项系统工程，它关乎学生一生的发展。所以，学校必须为学生制定整体培养目标和具体培养计划，为学生创造各种参与教育活动的机会，让他们体验各种教育活动。

在校长的位置上，陈松林感觉他的压力比做教师、做中层领导大得多。校长的工作不仅仅是教好一个班级的学生，带好几个骨干教师，而是要为全校每一个学生的成长负责！因此，做一个好校长比做一个好教师更难，也更有价值。因此，成为好校长，是他职业生涯的不懈追求。

勇于担当名校长的使命

阅历就是一种财富。通过在学校管理岗位上的不断磨砺，渐渐地，陈松林在学校领导与管理的道路上积累了一些难得的理论思考和实践经验。他用一种坚忍的毅力，一步步践行自己的教育理念，追逐着自己的教育梦想。慢慢地，理想化为现实，学校出现了积极向上、家校和谐、特色鲜明、区域知名的良好状态。为了不断开阔视野，丰富办学与管理经验，2004年，受教育局委派，陈松林来到浙江省宁波市万里国际学校，深入实地学习南方先进的教育管理经验，提升个人专业素养。通过两年多的学习与实践，陈松林犹如涅槃重生一样又回到了工作岗位。此时的他，对学校、对教育的认识和理解，又跨上了一个新层次。文化管理、内涵建设、团队打造、规律探索成为他办学思考的核心。

随着陈松林管理经验的不断丰富，办学理念的不断提升，上级行政管理部门逐渐对其委以重任。2010年，他被任命为唐山市路北区光明实验小学校长。光明实验小学是路北区新建的一所优质学校，是路北区人民和领导寄予殷切期望的一所新兴学校。陈松林被调到这里，是带着使命和责任来的——在尽可能短的时间内，把光明实验小学带入唐山市品牌学校行列。

通过多方面、多维度、多主体的研究论证，陈松林和全校教师就光明实验小学的办学定位和发展路径达成这样的共识：光明的教育要真正做到以学生发展为本，关注学生的生命成长，关注学生学习过程中的体验和感悟，关注学生个性特点和发展规律，做适合学生的教育。定位决定方向，思路决定出路。共识一旦达成，陈松林就和全体教师凝心聚力，全力规划出学校内涵发展蓝图，努力创建多样的教育实践活动。

功夫不负有心人。通过五年多的努力，光明实验小学如今已经成为路北区的一张教育金名片，并成功跨入唐山市乃至河北省的品牌学校行列。好校长造就好学校，同时，名校也成就名校长。随着光明实验小学品牌影响力的不断提升，陈松林名校长的品牌也逐渐形成。2014年，他被河北省教育厅推荐入选教育部国家级名校长行列——校长国培计划·名校长领航工程。

坚忍求索小学教育的真谛

20多年小学教育的探索与历练，使陈松林从初期只关注传授知识，与学生共享快乐课堂的行为层面，发展到如今的致力于教育改革、研究符合学生个性特点和发展规律，积淀具有科学性、前瞻性的办学思想的理论层面。为了追求自己的教育理想，努力创建“适合学生生命成长”的教育，他一直坚持教学实践，坚持理论研修，坚持案例分析，坚持总结凝练。这是一个坚忍的求索和提升的过程，也是涤荡心灵的过程。在这个过程中，陈松林对小学教育的理解慢慢清晰，逐渐形成了自我教育思想和教育行为。他真切地感到：每一个学生都是独特的具有个性的生命体，都是别具一格的。他们的成长，不是学习文化知识，参与学校活动，通过几次升学考试那么简单。他们的成长需要个性呵护、人格塑造、习惯养成以及道德观念、情感态度、人生目标等各方面的滋养和引导。

基于对小学教育本质的认识和理解，多年来，陈松林在教育教学管理中，一直坚持以人为本，尊重个性，用儿童的视角走进学生，理解学生；研究教育，努力做适合学生成长的教育，最终形成了“走进学生心灵，呵护生命成长”的核心办学理念。

反思其20多年的教育经历，陈松林自身专业发展不断发生变化：做一个好教师，他享受教育，享受课堂，了解学生，了解教师状况；做一个困惑的中层领导，他看到学校管理和发展需要解决的问题，看到当今教育体制下教育者许多的困惑和苦恼；做一个好校长，他担当起当前教育改革的重担，领导师生努力向着最美好的教育理想迈进。经历了这三个阶段的变化，陈松林从追求班级学生快乐学习的师者，成长为为每一个学生提供适合的教育理念的办学者，从仅仅追求与自己班级里的学生享受快乐时光的“学生王”，走上了为每一个学生生命成长负责的教育家之路。

（本文由校长国培计划——中小学名校长领航班
浙江省教育行政干部培训中心培养基地提供）

刘殊芳

名家点评

对殊芳的印象

沙培宁

虽然我之前就认识殊芳，但直到2015年年底走进福建省泉州市第五中学（以下简称“泉州五中”）后，才敢说对殊芳有了一点了解。人是活在情境中、关系中的，只有还原了那样的情境与关系，对身处其间的人的认识才会变得真实、生动、丰满、立体。

泉州五中足够厚重与气派，直到我在见到它的一刹那，脑子里便一直盘旋着一个问题：殊芳，这么一个小巧的闽南女子，靠什么才能“压得住”这样一所名校、大校、老校？

我们在泉州五中仅仅逗留了两三天，自然很难找到全部答案，但其中有几点还是颇为鲜明的。她把“人的因素”看得比什么都重要；她打造了一个不坐班、无检查、少会议，靠“自觉”运转的“自动化部队”。

殊芳对“人的因素”的看重，突出表现在她“把教师当教师”而非专业工具的管理。特级教师卢灵说：“以前我对自己的定位就是一个埋头苦干的教书匠——带三四个毕业班，把学生的成绩弄得棒棒的……刘校长来了以后，给我们提供了很多专业发展的平台和机会，如外出培训，鼓励我们写论文、开讲座、参加大赛等。她帮我们实现了自我转型与超越，让我们体验到，原来教师还可以这样创造属于自己的精彩，享受专业发展的幸福！”

在每个教师自我的发现与独特价值的表现上用心、用情、用力，辅之以家长、学生、社会的监督，使殊芳的管理超越了一般的管理限度，在某种程度上达到了“管理无痕”的境界。在这个不坐班、无检查、少会议的学校里，我们处处都可以感受到基于高度自觉的自主管理与自我激励的强大力量。

她始终恪守公平、公正、公开的民主管理原则，在学校营造一种真实的“正义感”。

“先定程序，再定人”，这是殊芳在处理学校问题时定下的“死规矩”之一。类似这样为保证公平、公正、公开而设立的民主管理原则，使教职工真实感受到学校这一方净土中的“正义”与“民主”。一位教师告诉我，如果论资排辈或者按照“潜规则”行事，那么许多有能力的中青年教师就是熬到退休，恐怕也没办法“够”到中教高级的最高档。但现在，泉州五中有多位不到50岁的优秀教师都在学校公开、透明的相关评审中，用成绩和数据说话，顺利拿到中学教师最高档的工资。

她在实现目标引领中，表现出较强的创新领导力，且对“做正确的事”有着一份特殊的执着与勇气。

对于殊芳来说，要带领泉州五中这所百年名校、大校、老校走出发展的“高原期”，实现“今天比昨天更好”的目标，就必须不断寻找学校发展的新的刺激点与生长点。这就需要她具有前瞻判断力与创新领导力。近几年，她在创办国际合作项目、建设创新人才培养基地、开设大学先修课程、配备高端实验室、自主研发教育管理信息化平台等方面，都做了很多创新性的探索。其间，面对种种压力、阻力、不解，甚至抵触，她一方面表现出对“做正确的事”的强大自信、执着与勇气；另一方面，“用心做好”，用看得见的成果与效益，获得大家的认同与支持。这无不表现出一个成熟且优秀的校长所具有的领导特质。

（作者系《中小学管理》杂志社原主编）

执着的超越者

个人小传

刘殊芳，1970年5月出生。1992年毕业于福建师范大学教育系，2002年和2009年先后获得福建师范大学教育专业硕士学位和教育学博士学位。2005年8月任晋江市教师进修学校校长、党支部副书记；2006年11月任晋江市委教育工委常务副书记、晋江市教育局副局长；2010年2月任福建省泉州市第五中学校长；2012年3月任泉州市教育局党组成员、副局长，泉州市第五中学校长、党总支副书记。

成长印象

对自己影响最深的教育理论著作：《一流学校的建设》（陈玉琨　著）。

职业生涯中的重大事件：少时习武，学生时代任班干部，任职晋江市委教育工委常务副书记。

职业生涯中的关键人物：领导、教师、朋友、家人甚至那些喜欢挑刺的人。

办学管理中最有成就的事：在泉州市第五中学创办国际部。

办学管理中最棘手的事：网络舆情无法把控，影响学校正常工作的开展。

教育教学中最有成就的改革创新： 创办学校国际合作项目。该项目已成为福建省对外办学项目中的佼佼者。

学校改革创新最亟待解决的问题： 彻底改变社会各界唯分数至上的育人观，真正落实素质教育；改变对人才和学校的评价标准，让学校不再停留于分数竞争，而是办出特色和水平。

当前发展最需要的帮助： 教育主管部门的长期支持和理解；参加培训，提高治校能力，增加与高水平同行交流的次数。

刘殊芳的学校管理生涯是从校长助理开始的。这些年来，每当遇到挫折时，她便用坚定的信念、执着的态度，勇敢探索，不断地学习和反思，克服一个个困难，解决一个个难题。

学习探索：做好助理获启蒙

2000年2月，刘殊芳被任命为福建省晋江市教师进修学校校长助理，这是她第一次正式地走上学校管理岗位。由于当时在晋江市乃至福建省设校长助理都是首创，“校长助理”这一职位，既不是副校长，也不是中层干部，没有明确的职责概念。因此，至于“校长助理”的工作职责是什么、怎么当好“校长助理”，组织和制度没有明确的相关规定，校长对此也几乎一无所知，更无一点实践经验，只能自己凭着感觉和工作需要去摸索和把握。

从一名普通教师直接到校长助理，虽然职位升迁很大，但刘殊芳始终保持着低调的为人处世态度。低调的作风使她很快赢得了领导和同事的认可，也不断促使她在工作中坚持学习。在与同事和领导频繁的沟通、交流中，她很快熟悉了学校状况，了解了各项工作的性质与流程，因此适应了工作角色，成了一名称职的校长助理。

然而，对于这个没有先例的崭新岗位，仅仅靠学习是不够的，还必须有着积极探索的精神。通过一段时间的思考与实践，关于“校长助理”的定位，刘殊芳作出了这样的概括：校长助理既是领导又是部下。这种身份特征，要求她必须发挥承上启下的作用，成为上级领导和下级员工的桥梁和纽带。在成为上级领导“可以放心的人”“得力干将”的同时，必须把“顾上”与“顾下”结合起来，否则容易失去人心，难以开展工作。

因此，刘殊芳一方面把校长决策的事执行好，另一方面在开创工作新局面上献计献策，发挥参谋作用。她认识到，作为一把手的校长精力有限，不可能对单位内的每项工作都研究得细致，往往是对主要工作或者阶段性重点工作，以及急于处理的工作关注或研究得多，投入精力多。相反，对辅助性工作、阶段性的非重点工作、不急于处理的工作关注会少一些。但作为校长助理，对自己所负责的工作应该做什么、如何做最有发言权。因此，她积极发挥参谋作用，保证学校一些决策的合理性和可操作性，并由此得到领导的肯定，不久就被提任副校长。经过一年时间主持学校全面工作，刘殊芳很快就正式担任晋江市教师进修学校校长，从此与学校、教育管理工作结下了不解之缘。

沟通协调：民主治校初告捷

在担任校长助理期间，对于学校管理，刘殊芳从学校老校长身上获得了四点启示：一是当领导，特别是一把手，一定要学会妥协，有些事不一定就要马上解决；二是与上级部门一定要处理好关系，只有得到上级的支持，自己的设想才能得以推进；三是要善于和各相关部门保持沟通与积极协调；四是当领导一定要保持身心健康，学会自我心理调适。

刘殊芳在作为副校长主持学校全面工作时，学校87%的教师的年龄比她大，只有3个人比她小。当时，学校领导班子成员有4个人，一位将近退休的老书记，一位56岁的副校长，同年上级又从一所初中校长岗位上新安排来了一位已有二十几年管理经验的同志来担任副校长。当上级宣布人事安排时，对于如何协调关系，进行学校管理，不少人替她捏着一把汗。

或许年龄悬殊也是一种优势，刘殊芳对长者处处保持尊重，凡事共同协商决策。几位年长的副校长对她也都很支持，除了同事关系以外，他们对刘殊芳更像对待自己的晚辈。而且，刘殊芳待人真诚，处事稳妥，在这样融洽的氛围中，学校各项工作在有条不紊地推进着，教师们对她也逐步从怀疑到接受，再到信任。

教师进修学校指导基层的教研和进行中小学教师培训工作，面对的是晋江市56所中学、18个教委办、292所小学。为了让教师进修学校真正发挥基层学校和一线教师的指导服务功能，刘殊芳带领班子制定制度，要求教研员、培训员要自觉深入教育教学第一线，进行每学年下乡不少于50个工作日的挂钩蹲点。同时，教师进修学校还要向教育主管部门提出建设性的意见或建议，为晋江市教育发展做好政策服务与咨询工作。按照这样的工作要求，教师们总体工作量是比较大的，但学校氛围好，教师们工作有激情。为了给大家创造一个比较舒适的工作环境，刘殊芳在任期间对学校的食堂、办公室、教学楼等硬件设施逐一进行整修，使整个学校环境发生了较大改变。

在刘殊芳担任校长之前，教师进修学校一直都没有明确提出办学理念，经过两年多的管理实践，她和同事们一起梳理提炼了教师进修学校的核心办学理念。2005年，教师进修学校顺利通过了省级示范性教师培训机构的评估检查。这不仅是对学校办学的一次检验，还是对刘殊芳作为学校管理者的一次全面考核。

带队用人：稳抓管理关键点

在长期学校管理实践磨砺与积极思考的探索之中，刘殊芳逐渐摸索出学校管理的门道和诀窍。她认为，学校管理的核心在于带出一支有执行力的、忠诚敬业的干部队伍，而在学校管理队伍建设之中，重点是抓对工作的投入程度和敬业程度以及对工作能力和水平的提升。为此，刘殊芳在担任晋江市委教育工委常务副书记期间牵头拟订并出台了《晋江市学校领导干部培养意见》，制定并实施科学可行的学校干部培养措施，如委托培训、基地培养、挂职锻炼、重点培养、创设平台等。同时，还配套制定了《晋江市学校领导干部异地挂职锻炼实施方案》，分期分批从晋江市各级各类学校选派一批优秀校级领导干部，到省内外名校挂职锻炼。

如果说校长是一所学校的灵魂，那么优秀的管理团队则是一所学校的脊梁。任泉州市第五中学校长以来，刘殊芳特别重视打造一支优秀的管理团队，提升中层干部的执行力、凝聚力。在内部管理方面，力求做到团结协作与分工负责的统一和谐。在管理中，学校逐步强化处室、年段、教研组“三线并行”的管理网络。每学年根据工作要求，对干部岗位和人员适当调整，进一步明确处室、部门职责。通过竞聘上岗，新增了校级干部；中层行政实行学校聘任制，形成可上可下的用人机制，大胆起用新人担任后备干部、年段长、备课组长等重要职务，在各处室设助理、干事等职位，锻炼年轻人。学校还通过各种方式锻炼、培养干部队伍，如，暑期召开行政研讨培训会，对行政班子进行系统培训；派出中层干部到泉州市教育局、上海格致中学挂职学习，加速青年干部的历练成长。

学校的卓著不能仅仅拥有优秀的管理团队，更要拥有一支优秀的教师团队，形成学校的核心发展力。近些年，泉州市第五中学不仅让教师走出去拓宽视野、吸纳新知，而且每年还邀请一些高水平的专家学者来校为教师做专题讲座，把师资培训质量和层次提升到一个新高度。

健全完善的激励机制，会激发团队更大的潜力和创造力。学校采取一系列方法培养骨干教师。如，评选年度“十佳班主任”，开展“名师工程”，力推教师成名成“家”。为了更好地管理教师队伍，学校制定了相应的教师考评制度。如，教师的教学质量跟踪、课堂跟踪，开展各教研组“推门听课”活动、“以老带新”帮扶活动，新教师每月开设校内公开课活动、学生评教活动等。这些举措助推了新人成长，也让这支队伍整体更优秀，更有活力。

自我超越：突破困境觅大道

就职业生涯而言，刘殊芳可谓年少得志，年纪轻轻就走上了学校的管理岗位，积累了丰富的实践经验。但她深切体会到，要抓好学校教育、做好教学管理工作，仅仅依靠实践中的探索是不够的，还必须加强理论学习和探究，博采众长，广泛阅读各类“有用”或“无用”之书。

为此，她在工作之余攻读了教育专业硕士学位、教育学博士学位，通过了国家二级心理咨询师的资格考试。为比较各国基础教育的不同，她用一年的时间阅读了英、美、法、日、德等十余个国家的多本基础教育书籍。她把阅读各类基础教育权威期刊、教育专家的著作及教师成长专著等，作为自己每天的必修课。在被调至泉州五中担任校长两年后，2012年4月，经过泉州市委组织的公开推荐选拔，她担任泉州市教育局副局长一职，协管人事工作。

从校长助理到泉州五中校长，再到领航名校长，在这十几年教育管理的实践中，刘殊芳有成功，也有挫折；有收获，也有失落；有困难，也有信念。她一步一步突破困境，超越自我，越来越稳健地行走在未来教育家的路上。

（本文由校长国培计划——中小学名校长领航班
浙江省教育行政干部培训中心培养基地提供）

邱成国

将家国情怀根植教育厚土

严华银

邱成国是新疆生产建设兵团农业建设第二师华山中学（以下简称“华山中学”）校长，也是教育部首期名校长领航工程江苏培训中心培养基地学员。我对他的关注，源自其第一次做汇报交流时，提及“教育维稳”的理念。依稀记得当时与会专家对这一理念的质疑及邱校长据理力争的辩解过程。后来，我成了他的指导教师，再后来，更有了带着专家和学员前往他所在学校调研考察的经历。

华山中学之旅的不同寻常，几乎是我们随行所有人的一致感受。一丝不苟是邱成国一直以来的工作态度，为了让我们深入了解当地现状，他不仅安排大家参观学校，还带领我们深入该校对口援助的多所中小学实地走访。

两三天时间，我们从乌鲁木齐到喀什，再到皮山、和田，一路颠簸的同时也充分感受到南疆教育在中央政府的领导和支持下，正得到大幅度改善和提升。所到之处，我们印象最为深刻的是，很多学校的校长、教师、当地的教育行政官员以及维吾尔族家庭，都特别感谢邱成国校长带领华山中学为所在区域教育和学校做出的无私的奉献和支持。

在与邱校长的交流中，我们听到最多的是——“我是‘兵团二代’，生于斯长于斯，看着父辈们创造的南疆稳定和谐的‘家业’被伤害和消解，我寝食难安”“教育可以通过一代代引领，实现文化认同，达成民族和解与和谐”……

我认为，这就是“家国情怀”。

在具体落实层面，邱成国带领着他的团队针对学校的外延发展，以“教育维稳”思想指导帮扶实践，构建兵地一体化的基础教育发展网络，共担教育责任，加速文化融合，促进民族团结，影响十分深远。这种教育思想与教育实践紧密结合的特点，正是教育家型校长最为宝贵的成长潜质，也是作为培训者的我们所乐见和期待的，我们愿意为之竭尽所能。

从屈原的“哀民生之多艰”到杜甫的“丛菊两开他日泪，孤舟一系故园心”，再到顾炎武的“天下兴亡，匹夫有责”，“家国情怀”是一个人对国家和人民最深情的大爱，是对国家富强、人民幸福的理想追求。这种家国之爱，在中华民族的历史上，如浩浩江河，载满浩然正气，源远流长，代代相传。

邱成国校长身上这种闪闪发光的家国情怀，当然传承于古老中华的先贤高圣，也得之于他的兵团父辈的“家国”基因。从表面来看，其中难免有对父辈事业承继和捍卫的“小我”因素，但它径直指向“天下”太平的共同襟怀和理想，显而易见其早已是“小大无界”“家国一体”；从实质来看，家国情怀，也许起因于“家”，但总是汇流向“国”，它向来真诚、厚重，沉甸甸，活生生，深植于大地，而其义直抵云天。

可以设想，胸怀家国，敢于担当，凝练思想，注重实干，这必将推动邱成国在教育家型校长的成长道路上走得更远，更高。

（作者系江苏省教育行政干部培训中心副主任）

天山之南的教育“侠客”

在武侠小说的世界里，“侠”意味着责任与担当，“侠之大者，为国为民”。新疆生产建设兵团农业建设第二师华山中学校长邱成国，则是一名将“家国情怀”注入教育事业的“侠客”。

打造南疆“华山”品牌

邱成国所在的华山中学位于天山之南、昆仑山之北的巴音郭楞蒙古自治州境内的库尔勒市内。华山中学隶属于新疆生产建设兵团农业建设第二师（以下简称“农二师”）。农二师在当地承担着国家赋予的屯垦戍边的职责，而以农二师原名“华山部队”命名的华山中学也渐渐成了南疆之地的教育担当，这与校长邱成国的办学思想不无相关。

在教育界有这么一句话：“特色是一个学校生存的生命线，无特色就无法生长。”把一所学校办成什么样，让这所学校具备什么样的特色，这是华山中学办学所需要解决的根本问题。在邱成国看来，“给不同的学生提供不同的发展空间，因材施教，有教无类”，为学生终身发展奠基，为学生的身心健康奠基，让学生们既具备浓浓的本土情怀，又具备宽广的国际视野，成长为德、智、体全面发展的人，这才是一所学校、一名教育人应有的担当。在邱成国校长的带领下，华山中学已发展成为拥有8 000余名学生，600多位教职员工的12年一贯制省级示范性优质学校，教育质量在南疆地区首屈一指。

邱成国并不满足于仅仅做优、做强华山中学自身，多年来，他一直探索构建南疆兵地一体化的基础教育发展网络。具体而言，就是围绕自身实践将教育的社会责任具体化和系统化地加以落实，在课程体系、文化建设、师资队伍等方面进行改革与整合，在做好内涵式发展的基础上，追求外延拓展，主动帮助和带动更多学校共同担当起推动社会发展的重任。到目前为止，华山中学已经与南疆50余所中小学签订了援建协议，从学校当地、第二师内部、南疆兵团范围、南疆兵地跨区域四个层次，建立稳固的网络架构，辐射全疆各地。

历经多年的发展，华山中学在库尔勒、巴州、兵团乃至新疆享有了很高的社会声誉，形成了特有的“华山”品牌。“推动教育均衡发展，发挥教育维稳作用”已经成为华山中学的一张名片。

修炼教育家型校长“内功”

成为教育家，是每一名教育人的梦想，邱成国也不例外。顾明远先生认为：“凡是长期从事教育工作，有成熟的教育经验，有自己独立的教育思想，能够按照教育规律办教育，并为教师所公认者，都可称为‘教育家’。”在邱成国的记忆中，自己离这个目标更近一步是在2015年。

2015年6月25日至7月3日，邱成国在江苏教育行政干部培训中心参加第一次集中研修。江苏教育行政干部培训中心是承担校长国培计划——首期中小学名校长领航工程培养任务的8个培养基地之一。中心一直致力于培养一批在全国范围内具有重要影响力、能够在基础教育事业中发挥示范、引领作用的“教育家型校长”。2015年，培训中心开展了7次主题研修活动，助力名校长办学能力的提升和办学思想的凝练。

在培训中心研修的时间里，邱成国需要呈现自己的办学实践情况、办学所处的生态环境以及办学实践的需求，陈述自己在教育实践过程中的优势、劣势与面临的挑战。在此基础上，中心采取导师与名校长双向选择、集体培养的方式，为邱成国聘请了理论导师与实践导师。邱成国与导师结成学习共同体，未来3年为达成培养目标而共同努力。

为了更加全面、深入地了解邱成国的办学实践与思想，更好地帮助其凝练自己的教育思想，2015年8月6日至9日，培训中心组织包括邱成国校长导师在内的专家团队赴华山中学调研。专家们到若羌县学生家中走访，到和田十四师皮山农场学生家中走访，看望与了解学生们的学习和生活情况。被华山中学的帮扶活动所感动，江苏省天一中学校长沈茂德表示："江苏省天一中学与华山中学将进行全面深入的合作，为兵地教育融合发展添一把劲。"

2015年8月8日，"邱成国名校长工作室"成立。"名校长工作室"是以名校长为带头人，引领地区中青年校长成长，推动区域校长队伍建设，促进基础教育优质、均衡发展的重要路径，是校长国培计划——首期中小学名校长领航工程在培养名校长过程中的重要内容。邱成国构建南疆兵地一体化基础教育发展网络的教育理想开始落地生根。

助燃红枣之乡教育火种

2015年高考成绩公布后不久，华山中学和农二师党委收到了来自红枣之乡若羌县的三封感谢信："感谢兵团党委支持地方发展的好政策，感谢二师党委、华山中学无私的支持和帮助……""若羌县2015年高考成绩喜人，这是二师党委大力支持和华山中学无私援助的结果……""感谢华山中学对若羌县中学的支教援助，开展联合办学……"三封信言辞恳切，满载着若羌县干部群众对华山中学教育援助的谢意。这是"邱成国名校长工作室"引领地方教育优质发展的一次实践。

若羌县是我国县域面积第一大县，也是著名的红枣之乡。"红枣经济"给当地人带来了可观的收入。可红枣富县却带来了让人意想不到的后果：农民“口袋”富了，脑袋却没随之变富。一方面，一些家长因为不愁钱了，对学生受教育却不那么上心了；另一方面，家长因为有了钱，索性在库尔勒市等地买房，把学生送进城里就读了。若羌县的教育陷入了恶性循环。

为了扭转局面，邱成国把帮扶力量送到了若羌县，他在审慎思考后决定安排副校长栾雪辉和另一名骨干教师到若羌县中学担任校长和副校长，并先后派出20多名教师赴若羌县开展业务培训，同时，分批吸纳若羌县中学教师和学生近200人次到华山中学进行体验式学习。华山中学还组织近80人的师生团队赴若羌县，开展了同台文艺汇演和篮球友谊赛等交流活动。华山中学优质教育资源不断地注入若羌县的教育“洼地”，华山中学成熟的办学理念、先进的管理制度很快在若羌县中学扎下了根。

随着教育生态的逐渐恢复，若羌县中学焕发了生机，也促进了若羌县教育事业的整体复苏。经过不到一年的援建帮扶，2015年，若羌县中学的中、高考实现巨大突破，高考的各项指标由以往巴音郭楞蒙古自治州各县垫底跃居全州各县前列。

2015年年终，兵团全面推广华山中学经验，启动了28所兵团学校支援帮扶地方学校的试点，并将不断扩大试点范围，全方位深入推动兵地教育融合发展。

为基础教育发展合作校“造血”

2006年挂牌成立的新疆生产建设兵团第二师第三十八团，是国家基于长远发展战略在塔克拉玛干沙漠腹地投资兴建的新型生态团场，对稳定南疆具有十分重要的战略意义。新建团场干部职工子女教育问题是基础性工程，办好新建团场的学校教育刻不容缓。邱成国接下了援助第三十八团中学发展的硬任务。

为确定帮扶措施，邱成国多次前往距库尔勒市800千米之外的第三十八团进行调研诊断，并安排学校德育处主任张文志任第三十八团中学校长。为扭转第三十八团中学教师懈怠、教学质量滑坡、生源流失的局面，他带领华山中学骨干教师前去做培训、上示范课。尊师重教的意义和“发展学生，幸福家庭”的主张，是邱成国在与第三十八团中学的教师、家长交流时一直挂在嘴边的话。

和田十四师皮山农场也是邱成国基础教育发展合作网络中的一员。十四师皮山农场是南疆少数民族聚居区的样本。这是一个维吾尔族人口占比超过95%的国家级贫困团场。这里封闭落后，宗教氛围浓厚，文化生活单一，教育质量低下，家长大多数没接受过学校教育，不通汉语。

邱成国认为，学校是民族团结的一线阵地，课堂是文化认同的主渠道，优质教育是争夺下一代的主要依靠，基础教育关乎新疆的未来。于是，华山中学申报了“南疆基础教育对促进社会稳定的现状调查和策略研究”课题，联合华中师范大学、塔里木大学等高校力量，主动向十四师皮山农场伸出援手，启动了引领帮扶援助和田十四师皮山农场教育发展试点工作。

邱成国亲自带队将由5位女教师组成的首批支援教师队伍送抵1 400千米之外的十四师皮山农场。走进皮山农场的华山中学骨干教师刘小丽等5人分别任职农场教育中心主任和4所中小学副校长等职，开始了一场和困难较劲的修行。她们从走访学生家庭开始，了解最基层的情况，积极参与学校管理，指导课堂教学，开讲座，上示范课，设计校园文化建设方案，组织师生文体活动。虽然牺牲了所有周末时间，但她们忙得不亦乐乎。

华山中学作为援助大后方，提供了全方位的支持，组织了“共学共居共乐、交往交流交融”师生结对扶贫帮困活动，开展了多次捐助。邱成国校长率领华山中学艺体教师团队深入南疆若羌县、第三十八团、皮山农场一线送课交流并开展了同台演出等文化交流活动。在皮山农场学校，邱成国深入连队和家庭走访，走进校园推门听课，并向十四师皮山农场政委、场长、主管教育的领导、教育中心干部、学校领导们反映了情况，就改进学生考试方式、完善教师评价管理、注重汉族教师发展等方面提出了意见和建议。

“皮山农场教师工作态度在转变，各学校管理水平在提高，学生们上学积极性也高了，家长的观念也在改变。”皮山农场教育中心主任麦麦提敏·如孜买提说。

华山中学对皮山农场的援助在当地产生了积极的影响。看到皮山农场教育在短时间内就发生了显著变化，邻近的和田地区皮山县委、县教育局主动联系华山中学，提出要到华山中学考察学习，并希望华山中学也能派出援教团队实施联合办学。

邱成国说，从根本上讲，华山中学所要努力打造的兵地一体化基础教育发展网络完全不同于集团化和捆绑式发展的名校帮扶模式，它具有更加平等、开放、自主和广泛的合作基础。走合作办学的路子，要因地制宜、因势利导，要让当地教育有依靠，通过实地参与输出先进教育思想，通过心贴心交流和手把手帮扶，帮助薄弱学校走出困境，又要助力当地学校的自主发展，这远比托管和接管要有价值得多。华山中学看重的是助力造血、生长能力。

“在偏远地区特别是少数民族聚居贫困地区做帮扶援助是与各种困难较劲的持久战，重在交心，贵在坚持。不求功在当下，但一定利在千秋。”像一名侠客一样，邱成国将推动区域教育发展的责任负于肩上，为自己成为一名教育家型校长不断地加码、前行。

（本文由校长国培计划——中小学名校长领航班
江苏教育行政干部培训中心培养基地提供）

迟玉英

名家点评

教育亦可貌相

李更生

我是相信“人可貌相”的。美丽的容颜、高雅的气质、端庄的笑容、文明的行为、健康的体魄，后面一定有美丽、健康、和谐的灵魂和精神作支撑。美能吸引人、感动人、净化人、陶冶人、惊艳人，说明美具备一种力量。

爱美之心，人皆有之。一个人追求美，叫爱美；一群人追求美，叫尚美；一个人领着一群人追求美、展示美、创造美，那就叫美育。迟玉英就是一个从爱美到尚美再到育美的“美丽”领航者。她用她的美丽、智慧和对美的追求，努力构建一种“尚美教育”文化，通过“尚美教育”，培养学生认识美、发现美、追求美、展现美和创造美的力量。她将“美”渗透于学校教育、教学、生活等各个环节，培养具有美的理想、美的情操、美的素养、美的人格的人，以实现师生“求真、至善、尚美”的全面发展。

“以美立校，本真育人”是她的办学宗旨。“以美立校”就是以“美”作为学校建设的主旨，各项工作紧紧围绕“美”的主题展开，将“美”渗透于教育活动、课堂教学、学校环境、师生言行之中，要求教师以自己美的心灵、美的言行、美的人格，潜移默化地影响学生，从而产生一种教育的力量，使学校时时处处呈现出“美”的气息与形象，人人事事展现出“尚美”的精神与活力。“本真育人”就是要求学校的一切教育活动要遵循人身心发展的基本规律和教育自身的基本常识，只有遵循规律、尊重常识的教育才是“本真”的，而只有源自本真的“美”才最为生动，也最富有生命力。

一枝独秀不是春。多年来，迟玉英在她所在的乌鲁木齐市第十三小学践行着“尚美”的教育理想。改革并入的第八十八小学，作为乌鲁木齐市第十三小学的新校区，也一同成为追逐美丽教育的同行者。

康德曾说："美是通往情感、知识与道德的桥梁。"因此，美才是教育人共同追求的一种梦想。同时，中小学阶段正值人生的童年和少年时代，真善美和梦想是儿童、少年生命的内在需要，校长的第一职责就是要充当人类真善美的天使和守护者。为此，作为领航者的校长应永远保持着一种"黎明的感觉"，充满着青春美丽。

迟玉英，就是这样一个追逐"求真、至善、尚美"教育理想的美丽领航者。通过名校长工作室的辐射和引领作用，她正在带领着更多的同行者，在追求美丽教育的大海上扬帆起航。

（作者系浙江省教育行政干部培训中心干训部主任）

尚美教育“传道者”

个人小传

迟玉英，1970年8月生于新疆乌鲁木齐市。1988年7月毕业于乌鲁木齐市师范学校（今新疆高等专科学校）；2001年2月，获得四川师范大学本科学历。2005年1月开始任乌鲁木齐市第十五小学校长，2011年3月至今任乌鲁木齐市第十三小学校长。2015年年底，兼任被合并的乌鲁木齐市第八十八小学校长。目前专业职称为小学高级，任教学科为数学。

乌鲁木齐市第十三小学校长迟玉英的“爱美之心”声名在外。在迟玉英的心中，儿童永远是纯真美丽的，从事儿童教育的事业也是青春美丽的。因此，热爱儿童教育事业的人——教育者，也一定永远是青春美丽的。

“苏霍姆林斯基曾说，美是道德纯洁、精神丰富、体魄健全的强大源泉。康德也说，美是情感、知识与道德的桥梁。我希望我们每一个人都因为美而行走、因为美而行动、因为美而存在。在学校品牌的建设过程中，我倡导‘尚美’教育，即培养学生认识美、发现美、追求美和创造美的教育。它充分挖掘教育资源中美的因素，与学校的育人活动有机结合，将美渗透于教育、教学、环境等各个环节，培养具有美的理想、美的情操、美的素养、美的人格的人，以实现人的全面发展。”这是迟玉英的办学宣言。

如今，在南疆与北疆的教育大地上，迟玉英正用一个“尚美”的灵魂去唤醒另外的一个个美丽的灵魂。

心路历程：在热爱中发现美

从一名普通的教师成长为一名有着十余年校长资历的教育管理者，迟玉英经历了很多，有收获，也有困惑；有喜悦，也有烦恼，但是她一直义无反顾地坚守在一线校长这个岗位上，因为她深爱着这份美丽而神圣的事业。

1988年7月，迟玉英从乌鲁木齐市师范学校（今新疆高等专科学校）毕业，成了一名普通教师，她用优异的教育教学成绩赢得了同行、家长以及学生的尊重。而现在支撑着她的则是对教育的真正热爱和对校长职业价值的全新理解。当她发现一名校长能够使一所学校发生巨大的变化，并得到社会各界和广大家长的充分肯定的时候，当她看到一届届学生能够在校长的办学理念之下幸福快乐、健康成长的时候，当她意识到无数个家庭的未来系于校长的每一个决定、每一言、每一行的时候，尤其是当她接触到不少年事已高、功成名就却依然痴迷于教育事业的老校长以后，看到了真正热爱教育、献身教育的大有人在时，体会到了校长职业的价值和幸福所在，为教育奋斗终生的信念在她的内心变得越来越坚定。

迟玉英经常说着这样一句话：作为教师，不热爱自己的职业是一种罪过；作为校长，不热爱自己的事业是一种罪恶。基于这样的想法，她每天都提醒着自己，只要还在校长这个岗位上，就要为学生负责，就必须真正热爱教育、热爱学生。

除了对教育事业的热爱，迟玉英还有着好学、乐学、善学的好习惯。在平时的工作之中，迟玉英始终用学习的思维去对待每一份工作。经常抽时间读书、看报、上网查阅资料，并认真做记录、写心得。在向别人学习的过程中，又不断地结合自己的办学实践和身边的实例进行反思，随时撰写教育随感和专业论文。迟玉英多次参加校长培训，每一次培训她都将之当作获得成长的最好契机；在参加教育部小学校长培训中心的全国小学校长研修班期间，她认真聆听每一位教授、专家、学员的讲座和发言。她的“回归本元、根植幸福”的办学理念就是在北京师范大学教授“回到原点看人”的讲座中受到启发而产生的。

即便是在平时的日常生活之中，迟玉英也没有关闭学习的“雷达”。她说她的每一个细胞都一直处于一种打开的状态，从点滴小事中获得启示，从遇到的每一个人物身上获得教益，从每一件接触到的物品中获得灵感。在研究中学习，十多年来，迟玉英一直在学习的状态中研究，在研究中实现自己的学习。虽然身为一校之长，每天要处理各种纷繁复杂的日常事务，但她仍然不忘用研究的思维来学习和对待每事每物。

在不断地学习与实践的过程中，迟玉英作为一名教育管理者，身上背负着的责任感和使命感促使她开始深度思考：“什么样的教育才是对学生未来负责的真教育，什么样的管理才是专业化的学校管理？”在参加全国优秀小学校长高级研修班期间，迟玉英虚心向国内先进学校的校长学习，在导师的指导下，对多年的办学实践进行了梳理，进而明确了“尚美教育”的办学思路。她认为：“学校应当是最美的世界，是世界上最美的地方。”

实践探索：在教育中孕育美

走在迟玉英所在的乌鲁木齐市第十三小学（以下简称“乌市十三小”），可以发现学校的方方面面都被她注入了“美”的灵魂。

建设和美校园，凝结成“本而唯美，真而向上”的校园文化。走进乌市十三小的校门，浓厚的文化气息扑面而来，以“尚美教育”为主题内容的文化墙呈现出现代艺术气息。走进园内，“一训三风”醒目庄严，由“起航、腾飞、传承、尊师”四大主题构成的雕塑墙熠熠生辉，使人驻足沉思；每个班级门口都有一块展示学生作品的“尚美舞台”，为学生们展示才华提供了广阔的舞台，无处不体现着浓浓的人文气息。

迟玉英说："学校文化建设不仅要表现在物质建设上，如校舍的建设、环境的布置等，还要表现在精神文化建设上，如良好的校风、凝聚的团队等。其实，文化的核心是培育具有独立人格的人，让自由与平等成为学校文化的核心精神。"

孕育甜美之子，构建"本而礼正，真而灵动"的学生文化。迟玉英以美形、美心、美行、美性的"四美"教育理念，在学生的情智教育与道德教育之间搭起了一座座桥梁。她通过开展各种主题的教育活动真正塑造学生的尚美内心。如，在爱国主义教育月中，国旗下的讲话内容贴近学生实际、贴近生活，富有深刻的教育意义；建队日活动增强了学生对少先队的认同感和归属感；在缅怀雷锋的日子里，学生们重温雷锋的事迹，感受着榜样的力量所带来的影响等。此外，学校还经常在重大纪念日组织各种教育活动，让学生在过节日的同时，体会不同的情感。

在美心、美形之外，如何引导学生以美养行、以美怡情也是迟玉英经常思考的问题。于是，在她的推动之下，各个班级的美育工作一一推进。在学雷锋、家庭感恩以及敬老月系列活动中，学生走出学校、走出家庭，将美付之于行动，懂得了以助人为美，以爱心为美，以责任为美。学校根据学生需求组建了器乐、合唱、英语、书法、小记者、讲解团等12个社团，给学生搭建了一个充分展示自我的尚美舞台。学生根据自己的兴趣自主参加，每周的周二、周四、周五下午有主题地开展活动。学校讲解团的学生们在承担参观讲解任务的同时，还要承担学校文化建设讲解任务，这个过程不但锻炼了能力，更使学生们对学校文化有了深入理解，从而达到认同。

成就雅美之师，构建"本而慧美，真而厚德"的教师文化。迟玉英以身作则，要求学校教师必须以"三美"，即师德美、仪表美、人格美正行。乌市十三小教学工作的主旨是"美教、精艺"，使教育教学的方法更"美"，更"精"，提高教育教学的艺术性、审美性，从而达到教育教学的最大效益。迟玉英提出教师要终身培训和学习，用书籍养文气，用学习养底气，用互动养灵气，做知书达理之人，塑技艺精美之师。

除此之外，课堂之美、课程之美、管理之美等也是学校"尚美"文化的重要组成部分。在迟玉英尚美主义教育理念的引领下，学校教育教学以人为本，日渐办成了一所环境和美、学生阳光、教师优秀、质量一流的精致学校。

行动领航：在示范中传递美

近年来，乌市十三小在校长工作室、名师工作室、国培基地学校、中国教育部影子校长培训基地的平台上，加大了与本区、外区、疆内以及全国学校的联系和合作，开阔了管理者和教师的眼界与教育教学思路，为促进学校发展起到了积极的作用。

2012年11月，在新疆维吾尔自治区教育厅新疆教育干部培训学院的指导下，成立了以迟玉英为主持人的名校长工作室。名校长工作室的工作宗旨是“导师引领、同伴协作、科研主导、创新实践”。在这样的平台下，迟玉英将她的“爱美之心”放大到了天山区、乌鲁木齐市乃至整个新疆维吾尔自治区的基础教育领域，对名校长工作室成员学校的校长、教师队伍的发展发挥着重要的示范、引领作用。

乌鲁木齐市第十三小学、乌鲁木齐市第九十二小学、乌鲁木齐市第十四小学、乌鲁木齐市第五小学和乌鲁木齐市第十五小学这5所学校的迟玉英名校长工作室成员学校通过互访，在不同层面上真切地感受到了不同学校在办学思想、办学理念上的不同思考，明确了自身学校的定位与文化特色。通过校长工作室平台，成员之间实现了经验的交流、智慧的分享。同时，通过校长工作室多次的活动，也增进了成员之间的了解与友谊，促进城乡学校之间的理解。

2013年10月21日，迟玉英又带领工作室成员奔赴北疆成员学校（呼图壁县第三小学、玛纳斯县第二小学、沙湾县第一小学和乌苏市第五小学）进行了为期5天的交流互访活动。在互访中，成员们发现所到学校都能非常重视品牌校建设，能够结合学校实际，从关注师生的发展、优化育人环境、提升办学品位等方面，提出自己学校的特色办学方案，并积极实施。如，玛纳斯县第二小学以学习为动力、以变化为起点、以发展为主题，坚持走“尚美立校，求真育人”的学校品牌建设之路。乌苏市第五小学根据“童趣”这一品牌定位，形成了“童趣教育”文化，建设“童趣教育”学科品牌。

4年来，在迟玉英及其学校的示范带动下，乌鲁木齐市各中小学的品牌建设拉开序幕，通过工作室成员之间深入而热烈地交流和研讨，各个学校均在学校管理与发展方面受到了启发，并结合本校、本地区的实际情况和特点，积极探索学校发展的新途径，明确发展方向，制定学校品牌建设方案；学校特色教研初见成效，各校在工作室的活动中，不断摸索适合本校实际的校本教研的新路径、新方法、新模式，并且获得了明显的成效，校长专业素养及管理水平有着明显的提升。校长工作室成员的成长促进了其所在学校的发展。校长在学校管理、教育教学和师生发展方面的示范、引领和指导作用，潜移默化地渗透在了校园里、课堂上，并最终体现在学校各方面的可喜变化之中。

在走访北疆七校后，迟玉英曾这样感慨："校长有梦，学校就有希望。这个梦就是每一位教师的目标，我们更是感到自己肩头的责任重大：向精品优质办学看齐，坚定信念，加大教育实践力度，为学生的人生办好教育。"

从一个普通教师成长为一个好校长，从一个好校长成长为一个北疆乃至全疆的教育领航者，迟玉英认为自己一直处于成长与学习状态。学校与学校之间达到"各美其美，美人之美，美美与共"的境界，这是迟玉英的教育理想，所以她将会一直坚持走下去，将"美"的教育种子播撒到更远的地方！

（本文由校长国培计划——中小学名校长领航班
浙江省教育行政干部培训中心培养基地提供）

柯中明

名家点评

从独善其身到兼济天下

石中英

“独善其身”和“兼济天下”是儒家提出的人生理想，语出《孟子·尽心上》，为后世儒家广泛信奉和恪守。在儒家看来，一个人哪怕在最窘困的境况下，也可以并应该满怀伦理的精神，做到独善其身。但独善其身显然并不是儒家的最高人生理想，儒家最高的人生理想是“兼济天下”，即肩负起服务社会、惠及天下的责任。在儒家看来，由独善其身到兼济天下，是一次人生境界的跃升，也是人一生至关重要的价值转变。

柯中明是广州市番禺区市桥中心小学的校长，也是教育部中小学（统一）名校长领航班的首批学员。作为校长，他在十多年的办学实践中，先后在薄弱校、窗口学校和龙头学校服务过，摸索出了一整套的学校管理经验，提出了“根教育”的理念，致力于培养“有根的现代中国人”。其办学成绩得到了学生们、家长、同行和社区相关人员的一致肯定和广泛赞誉。但是，他并不满足于自身教育教学和管理艺术的提高，而是努力利用各种机会和平台，带动更多的教师和校长在深化教育教学改革、促进义务教育均衡发展的道路上一起前进，正在经历着从独善其身到兼济天下的价值观的转变和人生境界的跃升。

作为一名校长，柯中明心中所关注的不仅是自己所领导学校的教育教学和管理改进，而且利用教育部以及省、市、区等提供的多层次平台，建立不同层级的校长工作室，与一同研修的校长们学习和领会党的教育工作方针，交流教育教学和管理工作经验，研究教育均衡发展和教育质量提升所面临的新挑战、新问题，致力于为一个不断扩大的名师名校长群体服务，真正发挥了领航班学员的领头雁作用。此外，他还利用各种机会，深入番禺市、广东省以及全国的其他教育欠发达地区的学校、课堂，向校长和教师传经送宝，担任起“影子培训”导师的角色。近几年来，经过他亲自指导的校长就有150多名，至于听过他报告的恐怕有几千人。他对教育本源的深层探索、他以人为本的学校管理经验、他的实事求是的工作作风，正在影响和启迪越来越多的校长和教师，一起为造就德、智、体、美全面发展的社会主义建设者和接班人而共同努力。

我从内心里赞赏柯中明校长的这种行为，也期待更多的名师名校长早日完成从独善其身到兼济天下的价值转变和境界提升，引领自己的教育同行们一道为推动新时期教育改革与创新而不懈奋斗！

（作者系北京师范大学教授、博士生导师）

教育生命之根的守护者

个人小传

柯中明，1971年12月生于江西省九江市。1990年7月从江西省九江师范学校毕业，获得中师学历，1999年7月从北京工商大学进修毕业，获得本科学历。2002年—2009年，在广州市番禺区一所农村小学——沙湾镇红基学校任校长；2009年—2015年在广州市番禺区市桥实验小学任校长；2015年至今在广州市番禺区市桥中心小学任校长。曾任小学语文教师，现任教学科为思想品德，副高级职称。

广州市番禺区市桥中心小学校长柯中明在广州教育圈内有一个特别的称号——“根哥”。为什么会被称为“根哥”呢？名校长领航工程华南师范大学基地的导师王红教授给出了答案：他一方面在播种“根教育”的文化，另一方面把服务教育作为自己的终身追求。在柯中明看来，“根哥”之于他，是一段段教育“闯关”成功后的奖励，也是一份沉甸甸的责任。

起航：不“捞”世界“捞”教育

校长好当吗？如果把这个问题抛给从老家江西跑到广州当校长的柯中明，他肯定会苦笑。2002年9月，柯中明通过公开招考，被任命为广州市番禺区沙湾镇红基学校校长。当他走进学校后，才知道这是一所村小。学校所处的地方叫“紫坭村”，位于番禺区与顺德区交界处。

当地人喜欢把外来人员称为“捞仔”。“捞仔”的大意是“捞世界”的外地人，来挣钱的外地人，来抢占机会的外地人。在当地人眼中，柯中明就是一个“捞仔”。而从“捞仔”开始到最终带领村小实现了“弯道超越”，他经历了一道道关卡。

融入当地，走进基层，方能落地生根——这对外来的“捞仔”校长来说尤其重要。柯中明刚上任，就有一道关卡横在他面前：不会说当地话怎么和学生、家长沟通？

刚工作不久，为了与家长早日相识，友好合作，柯中明召开了全校性的家长会。家长会预定时间是周末晚上七点半，可700多名家长在八点半左右才到齐。柯中明一眼看过去：家长们有穿着短裤的，有趿着拖鞋的，甚至还有将双脚架在前排椅背上的。他拿起话筒刚说了句开场白，场面就嘈杂起来。“你讲的话我听不懂！你不会讲紫泥话（即当地人讲的话），到我们这里来做什么校长！”有家长站了起来，大声叫嚷。柯中明虽然惊出了一身冷汗，但只能硬着头皮继续讲下去。

痛定思痛，柯中明决定要争取到家长们的支持。他组织教师进行了“走千家”家校联系活动。很多时候，他还独自一人骑着自行车穿梭于村头巷尾，与村民促膝谈心，为他们的家庭教育提供建议。功夫不负有心人！村民最终接受了他，认他做校长，还把他认作村里的一员。

家长的工作在慢慢推进，校内的各项工作同样不能耽误。在校内的各项工作中，调整好教师的工作态度是当务之急。柯中明上任后大概过了不到三个月，教师队伍中迟到早退现象增加了，来请假的人次也增加了。最明显的事情是，原本用普通话同他汇报工作的教师绝大部分用起了粤语。柯中明意识到：教师在用语言向他表达不满，但原因何在？“校长，您已经几个月没有给大家发补贴了！”一个早几年到校的外地教师偷偷告诉柯中明。

如何解决教师的福利问题呢？向村委会要？学校教育质量提不上去，学生成绩拿不出手，村里铁定不会答应拨这笔钱。柯中明仔细琢磨后，开出了这样的良方：先带领全体教师，做出成绩，然后用这个成绩到村领导那里汇报，用实力为教师争取福利！而且，要让同事和其他学校同行信服，也只有做出成绩这条根本之策。

于是，柯中明开始沉下心来。一方面，他深入了解学校的情况，分析学校的办学优势和劣势，制定合适的办学策略；另一方面，他也积极学习粤语，利用一切机会讲粤语，还特别聘请学生当他的“粤语教师”，同时也关注当地的一些风俗民情，以便更好地融入当地。

柯中明首先调整了办学思路，在学校内部提出了工作“三不比”的策略。一是学校不与镇区的中心校、重点校比考试的综合排名，学校按照自己的步子走路；二是教师不与镇区中心校、重点校的教师比教学基本功大赛，根据自身的实际情况，走自己的专业发展路；三是学校学生不与镇区的中心校、重点校的学生去比各项技能大赛等，要根据自己的实际情况，让学生们在学校好好学习，好好生活。

学校教师一听这个“三不比”，都认为柯中明是个实在的人，不好高骛远，不盲目跟风，因此，他们开始潜心课堂教学基本功的训练。事实证明柯中明的良方对症。经过全体教师的努力，学生的精神面貌在短短的几个月内发生了巨变，柯中明也在村干部那里树立了“干实事”的形象，赢得了他们的尊重，教师的福利待遇与学校的办学业绩实现了同步增长，教师的专业发展整体提升十分迅速，学校培养了一大批骨干教师。

任沙湾镇红基学校校长7年，柯中明对于他闯过的道道关卡记忆犹新。在他看来，这些“拦路虎”已经逐渐转化为自己成长的动力。

续航：变“土气”为接地气

由于在沙湾镇红基学校的办校成绩突出，2009年8月，柯中明被任命为广州市番禺区市桥实验小学校长。这对他来讲是一次挑战，也是一次机遇。因为市桥实验小学是番禺区的一个窗口学校，也是区基础教育领域实施改革的一个基地，能到市桥实验小学工作，在一定程度上是一种荣誉。

柯中明的任命文件一公布，引起了很多人的关注：高兴者有之，冷观者也有之，还有一种说法更为犀利：实验小学来了个“乡下仔”——在一般人的眼中，城里教师“高大上”，乡下教师是与“土气”和“水平差”划等号的。于是，柯中明开始思考：如何成为一个真正的“城里的”校长？如何带领实验小学从“优秀”走向“卓越”？

开学没几天，一场“暴风骤雨”便降临番禺区市桥实验小学：全省教师“代转公”政策全面推行。所谓“代转公”，其实就是让代课教师转为公办教师。但这项政策对学校来说不亚于一场“大地震”！因为市桥实验小学创办于2002年，是全区唯一一所人事体制改革的公办学校。学校除了校长一人是公办编制以外，其余所有教师全部由校长择优录用，实行双向自主选择，如果现在要“转制”，对于这批精英教师来讲不是福音是“炸弹”——他们中一大批教师由于学历的原因达不到广州市入户条件，不能转为公办教师，只能转岗或分流。眼睁睁地看着昔日能力一般的同事由于拥有当地户口可以转为公办教师，而自己却面临着解聘或分流的命运，他们心中开始变得愤懑。

2009年9月9日夜晚，近40名教师聚集在一起，商量利用第二天全市庆祝教师节这个机会准备集体到省政府静坐。如果此事引发群体性事件，后果极为严重。柯中明知道后当机立断，一边向上级领导汇报了情况，一边坐镇学校密切留意、思考对策。晚上12点，几十名教师因为信任柯中明放弃了静坐。感动之余，柯中明抓住机会与他们一起商量如何把困难反映上去，争取特殊问题特殊处理。上级领导，了解情况后终于对市桥实验小学的政策做了适应性调整，因此，柯中明与学校教师建立了深厚的情谊。

柯中明一直在思考，市桥实验小学作为窗口学校，要发挥示范、引领作用，应该首先从哪个方面寻找改革实验的突破口呢？最终，柯中明得出这样的结论：学校文化是学校的灵魂，是学风、教风、校风，积极的学校文化如同春风，能吹暖每个师生的心窝，因此文化建设就是突破口。

厘理清思路之后，柯中明决定在实验小学来一场轰轰烈烈的“新文化运动”。实验小学的校训是“做有根的现代中国人”，这句话给柯中明带来了灵感：水有源，木有根。那么，教育有根吗？它的根是什么？循着这样的思路，他开始了一连串的追问，并进行了梳理，后来提出了“根教育文化”的概念。这一概念的出现随即得到了师生的情感共鸣。经过6年“根教育文化”的培育，“根教育”终于在市桥实验小学扎根、开花、结果，成为学校最大的特色。

领航：以“套娃”思维促区域均衡

2015年10月8日，柯中明又被调到番禺区市桥中心小学任校长。市桥中心小学是区小学重点学校，是当地老百姓、领导、家长、同行心中的真正品牌学校。柯中明认为，像市桥中心小学这样的品牌学校在区域教育中应当发挥重要的引领作用。

于是，他通过区、市、省、国家教育主管部门为他成立的四级“校长工作室”这个平台，和校长同行共享办学经验、碰撞办学思想、创新办学实践。这个四级工作室，如同一个“套娃”，一级辐射一级，一层覆盖一层，一层推动一层，在各个区域内有效带动了一批校长，改变了一批学校，起到了良好的示范、引领、辐射作用。

作为“教育部—中国移动中小学校长影子培训项目”的指导教师，自2006年至今，10年来已累计培训中西部中小学校长152名，柯校长以一种同伴的心态，和“影子校长”一起紧抓管理的重点：一起走进课堂，把握住学校工作的核心；一起走进学生，站稳教育的原点；一起诊断学校，找到校长实践的起点。柯中明的这些方法有效提升了这些中西部地区小学校长的办学和治校能力，在全国范围内对义务教育均衡发展和城乡教育协调发展做出了贡献，其经验收录在教育部人事司等单位编辑出版的《如影随形：走进影子培训基地学校》一书中，向全国公开推荐。柯中明曾在国家教育行政学院的组织下，深入陕西商洛、安康等地的山区，为“乡村教师”提升工程而奔波忙碌，他的办学经验和办学思想得到了当地教育局和参训校长的一致好评。

依托于广东省教育厅成立的“柯中明名校长工作室”，他带领着来自省内相关地市的校长一起探讨学校的管理、学校的改进与提升等问题。自2008年起，柯中明每年为全省革命老区、边远山区农村小学校长上课，传授经验，共享管理的智慧，至今已经有25期了。在授课的同时，他敞开校门，热情欢迎，把任职的学校作为这些边远山区校长进修、学习的基地，实现了办学思想与办学实践的有机统一，为这些校长同行提供了一个可借鉴的样本。与此同时，他还每年深入边远地区，走进学校，跟当地的校长同行一起探讨，一起学习，对当地学校进行发展诊断，为他们分忧解难。在此基础上，他和其中的一些学校还结成了“城乡学校共同发展联盟”。这些学校有边远山区的教学点，也有城市中的薄弱民办学校，经过几年的努力，这些“联盟学校”发生了很大的改变。在办学实践层面相互探讨的同时，柯中明还积极学习、主动思考，依靠便利的通接手段，大家一起切磋，一起反思，组成学习共同体，一起提升办学思想。

作为广州市卓越校长培养工程的实践导师和广州市番禺区名校长工作室主持人，柯中明还积极在市区内带领着工作室的校长一起努力，一起探索，为区域内的教育均衡发展而尽心尽力。他深知“领航”二字背后的责任与期待，平日里他不敢丝毫马虎，严格要求自己，积极探索教育的真谛，积极投入到办学实践中。

强者遇挫愈强，勇者遇险愈勇。面对艰难与挑战，柯中明又开始抖擞精神，投入新的航程之中。

（本文由校长国培计划——中小学名校长领航班
教育部小学校长培训中心培养基地提供）

陈 罡

名家点评

守正出新与立己达人

张东娇

我所认识的校长中，陈罡校长是非常独特的：年纪轻轻却颇有定力，坚守信念又不断创新；云淡风轻之中见智慧，脚踏实地之余有抱负。

陈罡校长是一位价值坚守者。《大学》说过：“知止而后有定，定而后能静，静而后能安，安而后能虑，虑而后能得。”陈罡就是因为清楚自己想要达到的教育境界，所以才能够志向坚定，勇往直前。坚守“博雅教育”的理念，坚守“博雅精神，儿童世界”的学校核心价值观，与学校教师一起去探寻教育的真谛。博雅精神下的儿童世界，是一个具有崇高教育理念的世界。这个儿童世界不仅培养儿童世界中中国儿童，还培养儿童世界中的世界儿童。

陈罡校长是一位童年守护人。一直以来，他把对儿童的认识、发现、发展作为学校的核心来对待。他为了儿童世界的缔造、为了重构学校的儿童生活，不断地学习、思考、研究、创新。我相信，在这样的学校里学习的学生们，他们童年的底色不是灰暗的，而是五彩斑斓、生机勃勃的。

陈罡校长是一位管理创新者。他提出“协商管理”的理念，并进行了长期的研究、实践。在协商管理的研究过程中，他建立协商平台、制定议事规则、绘制组织结构图、尝试级部管理和项目管理改革。这一系列基于理论研究的实践，足可见其本人的思考力和创新力。与此同时，他又尝试以“整合”的理念来探索学校的变革，组织结构变革、课程整合改革……在思考中研究、在实践中探索，带来的必然是学校的创新、创新的学校。

陈罡校长还是一位专业领路人。他是一位优秀的数学教师，也是一位优秀的数学名师工作室主持人，培养了多位特级教师、教坛新星、全国赛课一等奖获得者，是安徽省颇有影响力的教研专家；他是一位名校长，也是一位优秀的名校长工作室主持人，倾尽全力帮助工作室成员的学校共同发展；他笔耕不辍，用文字表达思想，让自己的教育理念影响更多的人；他讲学的足迹遍及大江南北，甚至雪域高原的校长们也聆听过他的办学理念和实践经验分享会。

作为陈罡校长在教育部领航班学习的导师，“守正出新与立己达人”是我对他的欣赏，也是对他更大的期待，期待陈罡校长和他所在的学校能够实现自己的教育理想，为中国的基础教育改革创新而不断奋斗！

（作者系北京师范大学教授、博士生导师）

亮点探索

“儿童世界”的引路人

个人小传

陈罡，1978年9月生于安徽省合肥市。1998年毕业于安徽省合肥师范学校，获得大专学历；2003年从安徽省教育学院进修毕业，获得本科学历。1998年至今，一直在安徽省合肥市屯溪路小学（以下简称“屯溪路小学”）任教，2011年担任学校校长，为中国教育学会小学数学教学专业委员会理事、安徽省特级教师。

2011年，年仅33岁的陈罡被任命为合肥市屯溪路小学校长。他毕业后一直都在屯溪路小学工作。不同于其他校长大谈特谈学校的教学质量、办学品质，陈罡的办学育人话题总是围绕“儿童的需要”“儿童的兴趣”“儿童的成长”“儿童的今天与未来”，他俨然已把“儿童世界”悄然无声地融入学校的办学体系和治校方针中。

实践“儿童视角”办学理念

陈罡从数学教师到德育主任、副校长，最后成为一校之长，教育人的责任感和使命感促使他不断思考：学校到底要培养什么样的人？如何科学地做好学校管理工作？如何带领全体教师共同追求教育理想？他认真梳理了学校50多年的办学历史，厘清了学校的发展轨迹，借助区域教育推进校园文化建设的契机，明确提出了“博雅精神，儿童世界”的核心办学理念。

何为“博雅”？就是指培养具有知识渊博、人格独立、心灵自由的人的教育。他清楚地认识到，“把儿童立场放在本心，从儿童视角出发”是纲，抓住这个纲，课程建设、教学发展等问题都可以迎刃而解。

2015年年初，大洋彼岸的6位美国校长，要到陈罡所在的屯溪路小学参观交流，学校起初准备的接待方案相对“程式化”，还是以学校领导层作为接待主体。但当学校教师拿着接待外国校长的方案与学生们讨论时，学生们很认真地提议道：“美国校长肯定是来看我们的，既然这样，就该由我们全程接待。”

陈罡认为博雅精神的提出就是要培养学生独立、自由的个性，因此尊重和采纳了他们的建议。于是，学生们开始了一系列策划活动：他们在全校布告栏张贴海报，认真地为美国校长的到来征集小导游，征集英语口语表达好的学生参与接待，还别出心裁地在全校征集书法好的同学，组织同学们在当天教美国校长学中国书法。体现学生们创意的接待活动得到了美国校长的赞赏。“没想到中国的学生这么大胆、开朗、自信，在这里，我们体验到了一种与众不同的学校文化。”告别时，一位美国校长说。

屯溪路小学举办的足球嘉年华活动，开幕式上没有传统的校长讲话，有的是学生们自己的健身操表演、趣味足球游戏、别开生面的师生球队对抗赛。这些活动由学生们商定流程，自己宣布活动启动。从一年级到六年级，班班都有足球队，年级循环比赛。在开幕式上，陈罡校长作为队员参加教师队征战攻入一球，助攻一球，阵阵欢呼声把学生们带入一个欢乐、奋进、拼搏的足球世界。

这只是陈罡“儿童视角”的一个个缩影，学校像这样全程由学生们参与设计的活动还有每年的“六一”游戏日、达标运动会、读书节、科技节、艺术节、乒乓球联赛、毕业典礼等。“只有尊重学生们的意愿开展活动，才能真正激发他们参与的积极性。”陈罡说，从“儿童视角”出发，就是为每一个学生提供多方面发展的可能。

培养教师系统性思维方式

在学校，陈罡十分注重培养教师的思维方式，帮助学校教师树立系统思考的能力和培养研究的意识。学校推进的每一项工作，都是基于全局的观点观察并通过研究执行的。

陈罡介绍说，学校的组织结构图历时3年多才定型，几易其稿。成稿的有3个版本，这3个版本又讨论了十几稿。之所以这么重视，是因为他希望学校管理团队的成员都明白在学校的整个管理结构当中他们的位置在哪里，和周边组织机构的关系是什么，职责是什么，主要目标是什么，承担哪些任务。他认为，从全局到部分，每个人对自己工作的意义认识得越清楚，责任感就越强。

学校课程研究院在研究学校课程体系构建时，陈罡的要求简单而明确，即一定要紧紧围绕学校的育人目标，综合考虑国家课程、地方课程和校本课程。从实际出发，在全校的课程体系框架下去思考每一门课程的开设和评价为什么要设置，和培养学生的整体目标之间有什么关系，如何设置以及达到什么目标。

系统思考也要求教师遇事思考不能仅仅局限在班级、级部或者校区，每一项工作都不是孤立存在的，而要放在学校环境中整体思考。

2015年下学期，针对体育教学相对薄弱的情况，陈罡提出增加体育课时，中低年级课程由原先的每周三节增加到每天一节。但是级部在排课时遇到了问题：每天上午第三节课开始排，操场怎么都不够用。陈罡建议从第一节课开始排，但是学校教师立刻产生质疑：体育课怎么能排在第一节课？虽然滨湖校区每年“五一”之后大课间调整到上午8:30，第一节课开始的教学安排无人质疑，但在屯溪路校区这种不符合传统排课习惯的提法遭到了反对。为此，陈罡组织语文、数学、体育和课程研究院的教师一起进行了专项实验研究：将第一节课语文、第二节课其他课的学生与第一节课体育、第二节课其他课的学生的学习状态和学习效果进行对比分析。通过课堂观察记录（学生个体、小组和全体）、学生和授课教师课前课后问卷访谈、学生学习效果分析等，最终得出结论：两种排法与学生学习状态没有直接关系；后一种排法学生学习效果相对较好。陈罡的这种通过研究去解决问题的方式，一方面改变了学校以往遇事仅凭经验决断的现象；另一方面，这种研究意识又由教师传递给学生，在课堂、教学上体现出来。

马尔库塞在《审美之维》中说：“观念和文化的东西是不能改变世界的，但它可以改变人，而人是能够改变世界的。”陈罡希望通过观念和核心价值观来改变教师，教师改变学生，从而，培养一种系统的思维方式。

追求卓越的责任和担当

2012年，陈罡带领学校教师在管理实践中尝试“协商管理”。一是完善制度，制定“协商会议”议事规则。如，学校基于“罗伯特议事规则”，创立了“年级组协商会议”。二是改进机制，综合了矩阵式和事业部式两种组织结构形式的优点，绘制学校组织结构图。三是探索方法，建立管理协商平台，包括建立和完善会议协商平台及网络协商平台。多元、开放、互动的协商管理，克服了管理仅限于手段的片面性和“管理”行为的人为性、单向性、封闭性、控制性、约束性、垂直性的弊端，更多地体现了学校治理的特点。

2015年8月，陈罡在学校推行“级部管理改革”，其关键点是规划引领、重心下移、充分授权、自主发展。学校原有传统部门的管理职能全部放到级部，级部全体教师组建教学小组、德育小组等实现自主管理、自行决策；资源保障、统筹支持等服务职能合并成立一个全新机构——服务中心。另外，学校还成立了课程研究院、学术委员会、价值教育研究中心等机构，为级部工作提供课程研发、课程统筹、教学研讨等。六年级级部的陈家敏主任发现，级部管理能更有效针对学生的年龄特点，全员参与也能调动教师参与学校管理的积极性。同时，根据各个级部的反馈，直接从学生中来，决策更迅速，更符合“儿童世界”的特点。

陈罡说：“对一所学校来说，制度可能是办校基础，课程可以重构校园生活，而文化则可以让学校和学生卓越，我们的目标就是用‘博雅’文化塑造学生的价值观。”

2016年3月，开学不久的屯溪路小学推行了一项新举措：教师不需要每天四次打卡，只需外出时在签到簿上填写时间和事由。这一举措推行后，多数人不理解甚至反对。大家担心：想迟到就迟到，想早退就早退，这样学校岂不乱套了？为了解答大家的疑惑，陈罡组织学校教师进行交流讨论，他阐述这样做的目的究竟是什么。同时，他建议大家不要单独看这一举动的行为本身，而要看这一举动有可能给学校带来什么。学校倡导的价值观，是希望学生们拥有“独立、求是、平等、博爱、自由、担当”的品格，教师的自由、独立则是完成这一教育目标的必要条件。经过一次次的对话和协商，学校全员最终达成了推行新举措的共识。

推行1个多月以来，教师们在实践中感受到，考勤手续的简化节约了时间。更重要的是，“诚信品质”在教师之间相互影响。在陈罡看来，学校原先的许多检查是建立在约束、控制的前提下，充满着不信任。激励举措辅以相关机制的建立，将会激发教师的责任、荣誉和担当。

搭建互助共享的教育平台

屯溪路小学新街校区，原先是包河区仅剩的3所村小之一，学生仅有112名。当合肥市教育局表达出要让屯溪路小学去接管的意愿后，陈罡的第一反应是茫然：城区学校和村小，距离屯溪路小学似乎太遥远了。

然而，通过对屯溪路小学新街校区的实地考察，陈罡改变了看法。学校里淳朴的学生们并不知道将要被接管，都高兴地欢迎他。那份善良与可爱感动了陈罡，他想要为这些学生做些力所能及的事，城区学校的校长一样可以做好乡村小学的校长。

2012年9月，根据教育局“最美乡村学校”的项目设计，陈罡抽调了包括副校长在内的9名骨干教师到新街校区，开设了与屯溪路校区一样的课程。于是，新街校区的学生有了许多“第一次”：第一次去博物馆春游，第一次穿上校服，第一次对话外教，第一次练起了大合唱，第一次走上了区里的大舞台……

当时，屯溪路小学新街校区每个年级一个班的现状导致一名教师要兼任2～3门课的教学任务：语文教师要兼教思想品德课，数学教师要兼教信息技术课等。但在实际教学过程中，这一切又难以落到实地。陈罡认为教师要“像父母教育学生一样当教师”，关心学生每一门课的学习。于是，陈罡决定改革传统教学模式，进行课例研究：品德与艺术双师教学、语文与阅读整合、科学和种植课程整合等。

“现在学校开展的课程整合，就是源于在新街校区的课例研究实验，说起来，我们都要感谢那段经历，感恩它对于我们今天所开展课程整合的反哺。”陈罡说。

一路走来，陈罡从不吝啬与他人分享智慧和经验，希望团结更多的同仁在教育道路上探索前行。从区小学数学名师工作室、区名校长工作室到市小学数学名师工作室，从石头汤阅读联盟到区核心价值观联盟，陈罡在忙完自己学校事务后，还以义务讲座、辅导上课、帮扶校长的方式，带动了区域教育的发展。

在担任安徽省特色小学研究会秘书长期间，他尝试开展了定点对口帮扶、名师观摩等交流活动，为全省小学教育搭建交流平台。现在，每个月的15号，全省的十几所学校都会派出教师，参加学校举行的课程整合研究课观摩。

教育部国培校长领航班理论导师北京师范大学的张东娇教授曾经评价陈罡，称他是“价值坚守者、童年守护人、管理创新者、专业引路人”。然而陈罡觉得自己在领航上还需要做更多的工作。围绕着关爱儿童这一“圆点”，他想要画出一个超出自己学校、超出地域的美丽教育梦想。

（本文由校长国培计划——中小学名校长领航班
教育部小学校长培训中心培养基地提供）

刘艳伟

钟爱阳光的校长

龚孝华

在北京的国家校长领航班里，刘艳伟校长给我留下了深刻印象的，不是她的全国劳模称号，而是她阳光的个性和她的“阳光教育”思想。看得出，她对“阳光教育”情有独钟。

她把自己定位在做一个有思想的校长，告诉自己一个好校长不是用权威压人，不是用行政手段管人，而是用思想、学识影响人，用理想信念和人格魅力感召人、凝聚人。她最钟爱的阳光，不耀眼，却能照亮全校师生发展的路，不炽热，却能温暖全校师生创新发展的心。

在她眼里，校长最重要的是做师生的导师，而导师最重要的是引导人、推动人、发展人。有思想的校长对教育应该有自己独立的思考，提出独到的见解，能根据学校实际情况进行创造性的探索。一个没有思想的校长，是无法接受新知识、新观念、新技术，无法带领教师开拓创新，无法形成独特的办学风格的。一个没有思想的校长只能是教条经验式地管理学校，只能是文件、政策、法规的机械执行者，不可能鼓动、激发教师的创造激情和工作热情，也不可能把学生培养成为创造型人才。

在哈尔滨“刘艳伟校长办学思想交流会”上，她提出，目前初中学生学习压力大、心理负担重，一直困扰着学校的管理和学生的成长。要解决好这些问题，首先要有正确的思想，为每一个学生提供身心自由、幸福愉快的文化环境，使学校成为学生一生中最留恋、最值得回味的地方，让学生在学校能够实现他们的理想，让学生在离开学校的时候，仍然热情不减，并把这种阳光心态带到未来的生活中，感染身边的每一个人。

为此，她一直坚守“阳光教育”思想。她说：“她和她的学校，能够像阳光一样去温暖每一个学生，用阳光唤醒原本存在于学生内心美好的东西，帮助学生长成最美丽的花朵，让每一个学生都能在校园里快乐、健康地学习，让每一个学生都拥有一个阳光的心态。”

在她的眼里，“阳光教育”就是注重培养学生强健的体魄和健康的心理品质，让学生离开学校的时候，带着“渴求知识的火花”“浓厚的学习兴趣”“质疑的学习精神”，而不是装着满脑子的知识，却带着厌学的情绪和心态走向高一级的学校、走向社会。她认为，“阳光教育的核心就是让学生的品行端正、心态平和、精神充盈”。在她的眼里，这些比知识更重要。

她相信：“没有一个不进步的学生，没有一位不发展的教师”。她说：“教育是一个旅程，而不是一个终点，是内化于教育本身的神圣使命。”她很珍惜与教师、学生和家长的每一次美好相遇，用真情、知识、智慧去赴一场又一场美丽的相约。

在今天看来，这不就是以培养学生核心素养为主线和导向，辨析教育的核心知识，辨识学生发展的关键期，懂得激发学生的思维，知道保护学生的好奇心，真正从“学科教学”转向“学科教育”的创新与实践吗?

她是在“用心去思考，用心去实践”。而我在她的身上看到了她的校园里的阳光灿烂，看到了她与她的阳光教育的魅力与智慧！

（作者系广东省中小学校长培训中心副主任兼办公室主任）

阳光下的约会

个人小传

刘艳伟，1965年5月出生。她毕业于哈尔滨师范大学，1986年担任化学教师，从教30年。2009年任黑龙江省哈尔滨市第十七中学校长。

成长经历

对自己影响最深的教育理论著作：《爱的教育》（艾得蒙多·德·亚米契斯 著）、《朱永新教育文集》（朱永新 著）。

职业生涯中的重大事件：担任校长期间传承与发扬了“阳光教育”，使学校成为哈尔滨市优质和特色学校。

办学管理中最有成就感的事：培养出7位优秀副校长，输送两位优秀校长。

办学管理中最棘手的事：时代在变化，要适应新型家长和学生的需求。

教育教学中最有成就的改革创新：丰富了“阳光教育”理念，倡导了“学导相兼之五学法”的教学模式，创立了“我的成长看百天”“校长有约”阳光教育特色课程。

学校改革创新最亟待解决的问题：打造阳光教师，培育阳光学生，真正落实素质教育，不以分数论英雄，让学生全面发展。

作为具有近百年历史的哈尔滨市第十七中学（以下简称“十七中”）的校长，刘艳伟整整30年奋斗在教育第一线。从化学教师到教务主任，再到副校长，她一步一个脚印，2009年全票通过成为校长。教学管理经验丰富的她，脚踏实地，求新立异，在师生、家长心中，她是一位名副其实从基层扎扎实实干出来的得民心、有责任、敢担当的“理想型校长”。

教育品牌：向上向善，阳光普照

未来教育家、省先进教育工作者等荣誉对于刘艳伟来说，只代表过去。她最在乎的是，学生亲切地称呼她为“阳光校长”“阳光使者”。刘艳伟希望每一个学生“带着憧憬和希望走进十七中，带着满意和幸福走出十七中，让校园处处充满阳光”，从而构建起“阳光教育”。“阳光教育”是学校多年来历史传承的成果，确保了学生受教育的主体地位，是新课程改革理念的“落地生根”，是实现减负增效的有效途径，它改善了师生关系，也大大提升了学校的办学品位与核心竞争力。

“阳光十七”教育理念，源于刘艳伟提出的“向上向善”的普惠理念。她最自豪的就是她的学生热爱生活，积极乐观，敢于创新，与人为善。从2009年任校长以来，刘艳伟精心打造“阳光十七”教育品牌，以期共建阳光校园。尊重学生个体差异，鼓励学生大胆创新，做最好的自己。在阳光校园的熏陶下，学生品学兼优，才艺双全，幸福成长。“智慧之星”“艺术之星”“品德之星”“科技之星”，群星璀璨！

学导相兼：解放大脑，解放思维

“学校发展犹如参天大树，根深则叶茂，叶茂则果硕。打造和壮大优良师资队伍，培养名师才是作为百姓最‘信赖’学校的‘根基’。”刘艳伟朴实生动的比喻刚柔并济。她用“精中求新，实中求活”的先进科学教育理念打造教师队伍，形成名师团队。课堂上追求四个解放：解放学生的大脑，解放学生的心灵，解放学生的双手，解放学生的思维，充分体现学生的主体地位。以学生自学为主，教师适时点拨、指导为辅的“学导相兼之五学法”教学模式逐步形成，并全方位植入课堂教学：自学——互学——群学——点学——检学，从而引领教师教学行为，促进学生学习行为。本着“以学为中心”“先学后教”的课堂理念，引导教师们从关注“怎么教”转向“教什么和怎么教”。

刘艳伟深入课堂，从不同层面的骨干教师、青年教师的引领课、研讨课入手，师师互评，生生互评，专家点拨。“学导相兼之五学法”课堂教学模式百花齐放，名师队伍初具规模，已形成数学教师胡宁的“体验教学法”、物理教师马海英的“问题教学法”、生物教师赵晓秋的“自主学习教学法”等。为了让更多的教师共同学习，共同借鉴，共同成长，刘艳伟校长组织校领导班子将学校课堂教学实践中的好经验、好方法积累起来，出版了相关教学设计与案例的书籍。

近年来，刘艳伟校长为教师搭建平台，选拔优秀中青年教师参加上级教育主管部门或教科研机构组织的培训班、研讨班进修考察，分批、分阶段组织教师到外地名校培训，拓宽视野。学校先后派出8人参加南岗区骨干教师北师大研修班，近30人到长春、沈阳、大连参加东北三省四市课堂教学观摩。教师们的身影遍布成都、青岛、上海、扬州、西安等全国各地，均获得佳绩。教师们感恩于刘校长的创新、前瞻、大爱，感恩于她的“铸名师、树名校”，身先士卒，以德示范。私下里，大家亲切地称呼她为“小刘校长”“刘姐”。

在刘艳伟的精心打造下，一支师德高尚、敬业奉献、业务精良的师资队伍正在茁壮成长。

百日成长：以德树人，唤醒灵魂

“进校园，衣冠整，遵校训，展学风……”在学生们铿锵有力的《十七中学子铭》齐颂声中，“我的成长看百天”主题实践活动在刘艳伟的组织下揭开序幕，“少年智则国智，少年富则国富，少年强则国强……”在孔子像前，伴着悠扬的歌声，十七中学初四学子用稚嫩却有力的声音宣誓：永远不失拼搏之勤奋，奋斗之勇气！

“拜谒圣贤，助力中考”誓师大会也是十七中学“我的成长看百天”系列活动的一个缩影。在初中4年的一个个充满挑战和收获的“百天”，见证了学生的每一点进步和成长。

从2010年开始，刘艳伟校长设计了“我的成长看百天”主题实践活动，将学生在校学习生活的时间划分为8个一百天，每个一百天都要有明确的目标，记录学生成长的足迹。教师要让学生在参加活动的过程中，感受到自身的价值和潜力。初三学生李浩然一脸兴奋地说：“‘我们成长看百天’活动不仅给了我展示自我的舞台，更让我懂得了感恩，我要用实际行动来感恩教师、感恩父母，用实际行动来爱护我们的校园。”初一学生杨睿涵在活动中进行了书画才艺展示，并说：“我在这次活动中真实地看到了自己的成长和进步，和同学们一样发现了自己的闪光点，也找到了自信。”也许只有看到学生为自己今昔的变化而欢笑、雀跃、感动、流泪时，才能真正体会到他们发自内心的满足和成长的幸福。

刘艳伟的创新理念与成长模式，让学生将自己在“百天”里的成长点滴定格在照片中，摄录进视频中，挫折的泪水伴着成功的喜悦，如溪水般在画面中悄悄流淌，流进教师和家长的眼里，更流进他们的心里。刘艳伟常说，“多一把尺子就多一个好学生。”一百天，虽然只是人生长卷中短短的一瞬，但它可以让学生看见自己短期内的成长，也能让教师和家长对学生给予更有效的关注和评价。

作为教育部首批名校长领航工程的领航校长、刘艳伟名校长工作室的主持人，她把“阳光教育”当作一种普惠教育，关注每一个学生的成长当作核心理念。她创办了“校长有约”栏目，在自己的办公室约谈学生嘉宾，“校长有约”栏目围绕着学生最喜欢的课堂、对教师和班级的评价展开访谈，交流之中渗透着关爱，聆听之中彰显着阳光。

教育帮扶：阳光教育，行动领航

近年来，刘艳伟和她的阳光教育团队把先进的教育理念、教育思想和办学经验与策略传递给了无数前来索取经验的学校和教师。特别是哈尔滨市南岗区教育局成立“十七中教育集团”以来，刘校长对集团内的薄弱学校无私帮扶，强化集团办学五统一，坚持教育发展促均衡。各成员校通过交流研讨活动积极主动分享教育教学经验，在学习中自我提升、在交流中自我反思、在探讨中共同进步。集团内的薄弱学校，通过多种渠道和交流平台共同发展、共同进步，无论是办学理念还是教育质量都得到了提升。刘艳伟作为团长率领“十七集团”携手哈尔滨市第七十中学、哈尔滨市第三十七中学、哈尔滨市第二十中学及哈尔滨农垦局高中，勠力同心，打造哈尔滨市南岗教育优质品牌。

“赠人玫瑰，手留余香”，行动是对阳光教育的最好诠释。在黑龙江省五常市有一所兴隆乡后梨小学（以下简称“后梨小学”），后梨小学老校区建于1977年，校舍年久失修已经成为危房，无法满足正常教学使用。刘艳伟得知后，与共建单位一同发起了援建后梨希望小学的倡议。学校筹资25万元，捐助了学校急需的课桌椅、黑板、计算机、投影仪、电子白板等设施设备以及用于师资培训和建设学生阅览室的图书。刘艳伟将阳光教育的理念不断深化，发挥自身办学优势，发挥名校辐射引领作用，开启帮扶支教的新模式，为后梨小学的建设和发展不断助力。

2015年，“刘艳伟校长工作室”挂牌成立，工作室将承担培训授课、送教下乡、教育教学改革、传帮带等任务。刘校长表示，很快还将建立网上工作室，开展网上协同研修，定期组织在线交流、研讨、答疑等活动，并为教育行政部门决策提供合理建议。通过“校长工作室”，提升成员的政治思想、师德修养、领导能力和工作作风，拓宽成员的教育视野，提高成员的教育管理和创新能力，使成员的办学理念更加系统化、特色化，使成员所在学校的办学质量和办学效益有了明显提高。

上善若水，厚德载物。这位阳光教育的先行者以品牌为精神，以特色为血脉，以激情为力量，将十七中推向教育的巅峰。“用感恩之心做人，用仁爱之心做事”，刘艳伟校长守教育之宁静，求教育之本真，务教育之实质，用爱心、信心、恒心让阳光普照！

（本文由校长国培计划——中小学名校长领航班
广东省中小学校长培训中心培养基地提供）

隋桂凤

从做深实践到做实理念

刘　力

优秀的校长是有其独立教育思想的，是能够对教育的本质问题进行根本研究的。隋桂凤校长对“新劳动教育”的研究，清晰地展现了守正与创新的关系，是实践与理论的高度融合，解决了许多正处于上升期的学校面临的实践系统与理论系统相分离，或者理论思考层次不清、系统混乱的问题。新劳动教育是马克思主义教育与生产劳动相结合的教育原理的现代体现，是具有新的时代精神的劳动教育创新，也是当前深化课改的学校特色办学实践。

作为校长，隋桂凤清楚地知道教育的根本目的是育人，是对人的健康人格和学习力的培养，也就是对人的核心素养的培养。目前，许多国家的课改都指向深度学习，把关注点放在运用所学基础知识去解决课外、校外新情境中的新问题、新任务的能力上。这是对“双基”课堂的补充与延伸，也是校本课程实效性的外在表现。隋桂凤校长的“新劳动教育”理论思考和牡丹江市立新实验小学的“劳动育人”办学实践为学生提供了进行“深度学习”的平台。学生在劳动自治、劳动逸美、劳动焕新三个领域的校本学习活动中拓宽视野、培养能力、提高素养，让“立学焕新，打好人生底色”的育人目标落地生根，“劳动育人”的办学思想也赢得家长、学生、社会的一致肯定和高度赞誉。

隋桂凤校长办学思想的形成，充分体现了“从实践中来，到实践中去”的发展规律。“劳动育人”的办学思想，建立在立新实验小学半个多世纪的实践研究基础上，

“新劳动教育”理论则在实践中总结提升，与时俱进，创新发展。隋桂凤校长“做深实践，做实理念”的过程，体现了教育部领航工程的培养目的——向思想者迈进，向教育家型校长迈进，引领更多来自基层学校、来自实践一线的校长走向专业发展的高层面。

（作者系教育部领航工程浙江基地首席导师，
浙江大学教授、博士生导师）

将新劳动教育绘成人生底色

个人小传

隋桂凤，1965年生于辽宁。1985年7月毕业于牡丹江师范学校，获得中师学历；1996年从哈尔滨师范大学进修毕业，获得本科学历。2006年—2008年，任黑龙江省牡丹江市北山小学校长。2008年8月至今，任牡丹江市立新实验小学校长。目前专业职称为中学高级，任教学科为语文。

成长印象

对自己影响最深的教育理论著作：《陶行知文集》（陶行知　著）、《夏山学校》（A. S. 尼尔　著）。

对自己影响最大的教育家：陶行知、于漪、苏霍姆林斯基。

成长关键词：坚持、学习、行动。

教育教学中最有成就感的改革创新：形成了以“劳动育人，文化立校”为核心的办学思路和以“立学焕新，打好人生底色”为目标的育人理念，让学校办学特色成功转型，教师队伍和学生均处于健康发展状态。

学校改革创新最亟待解决的问题：时间和空间的问题。所谓“时间”问题主要集中在校本课程课时不足上，所谓“空间”问题是指实践场地、劳技室等活动场所不足。

有的人把青春写在纸上，有的人把青春印在脚下。写在纸上，飘逸潇洒；印在脚下，敦厚实在。牡丹江市立新实验小学校长隋桂凤，便是一位将青春印在脚下，把工作干成事业，用教育深度书写人生价值的教育者。

“除了阳光和空气是大自然的馈赠，其他的一切都要通过劳动获得。”这是隋桂凤的座右铭。从教30余年，隋桂凤陪伴了立新实验小学近30年，她的教育理念与立新实验小学的劳动教育传统交织，传承与创新融合，成为彼此身上最醒目的标记。

劳动育人：焕新学校传统特色

1985年，隋桂凤被分配到牡丹江市立新实验小学（以下简称“立新实验小学”）任教。当时，立新实验小学的劳动教育已经是学校的传统特色。1958年，中共中央国务院在《关于教育工作的指示》中提出，“培养有社会主义觉悟的有文化的劳动者”。于是，当时的立新实验小学在这一社会背景下，积极响应国家教育方针，全校师生一起动手建起了“红领巾饲养场”，开始了以“下场劳动”为主要形式的劳动教育。从那时起，劳动教育便在学校扎下了根。学校历任领导班子都有这样的共识：劳动教育如果只停留在养鸡喂兔、种地摘果上，就会被时代抛弃。因此，传承与发展学校特色，不断地调整和发展劳动教育的内涵与途径，成为历任校长需要担当的使命。

2008年，隋桂凤接手校长工作。此时，立新实验小学的劳动教育已经持续了半个多世纪。传统的劳动教育思想与实践早已融入立新师生的学习与生活，但一些问题也逐渐显露出来。比如，劳动教育顶层设计不够，课程缺乏系统性，教学内容和形式比较单一，部分学生和家长在思想上抵触、行为上怠慢等。隋桂凤意识到这些问题的存在，开始思考如何在学校原有劳动教育特色基础上再发展。

正当心中的学校发展蓝图渐趋清晰之时，2009年，国家又颁布了《国家中长期教育改革和发展规划纲要（2010—2020年）》，强调“教育与生产劳动相结合”“教育与社会实践相结合”。隋桂凤认为，学校教育要将课程内容与学生生活、现代社会联系起来，将课程实施、课程评价与实践结合起来，使学生学到能够应用于生活的知识，也就是学生必须参加社会实践活动，在实践活动中巩固和运用所学的知识。于是，隋桂凤将立新实验小学的劳动教育改为“劳动育人”，提出“新劳动教育”的办学理念，将办学特色与教育理念紧密融合，并使之成为教育理念的落脚点。“我们的教育也要和社会发展要求相适应，让教育发展和人才培养满足社会的需要。立新要培养会学习、能创造的人，实现‘立学焕新，打好人生底色’的办学目标。”隋桂凤说。

在具体规划层面，隋桂凤以“陶行知生活教育理论”为支撑，创建劳动教育的两种环境：生态环境和常态环境，开设三级九类劳动校本课程，让学生在劳动教育中“学生活的知识、学生存的技能、学生命的意义”。在隋桂凤搭建的课程框架中，基础课程包括培养学生生活技能的自我服务课、以在“六园”中观察研究为主的基地观察课、以校园岗位实践为主的校园实践课；拓展课程包括以其他学科在课堂教学中渗透劳动教育为主的学科渗透课，以培养学生家庭责任感和社会责任感为主的家庭体验课，以走进社会、参观学习、拓阔视野为主的社会实践课；创意课程包括在“六室”中进行的技能训练课，以劳动科研、劳动创新为主题的科技实验课和班班有内容、班班有特色的班级创意课。

文化立校：支起校园管理网络

作为一位小学校长，隋桂凤的目光始终关注着学校学生的健康成长。她发现，儿童的世界和成人的世界不一样。他们对大自然有一种天然的亲近，成人看到水坑绕开走，学生却故意走向水坑。在学校里，沙坑里的沙子被学生一捧一捧地运到塑胶跑道上；下雨后，几个低年级的学生在后小院的墙根挖蚯蚓，上课铃声响了也不愿意回班级；学校教学楼前的花坛，春天，工人师傅栽上花苗，有的学生去偷偷拔起来，看看还能不能活；还有的学生给花浇上自己喝的牛奶……

如何守护学生的童年，让教师和学生共同成长呢？隋桂凤认为，校园文化的建设是关键，经过深思熟虑，她提出了“文化立校”的学校管理理念。“‘文化立校’的思想始于我当学校校长时提出的‘教研文化’，也是对立新近百年文化积淀的传承和创新，所以，‘文化立校’之‘文化’指的就是‘劳动文化’。”在新的时代背景下，隋桂凤为学校的传统文化注入新鲜的血液。

2009年，隋桂凤和学校领导班子在理论和实践两个层面进行了反复论证，在“劳动育人”的特色发展基础上吸纳、融合新教育理念，最终将“梦想文化”“书香文化”“绿茵文化”和“微尘文化”作为“文化立校”思想的四个支点，学校的教师工作作风、校园文化氛围、师生面貌等层面开始发生变化。

构建梦想文化，就是要引领立新师生树立人生理想，培育进取意识，形成追求卓越、争先创优之风。在教师层面，学校开展师德沙龙、漫谈活动，树立正风、正气，提升教师“人格魅力”；通过教师培训工程和名师培养工程，全面提高教师业务能力，并开展“名师讲堂”“一日校长”等实践活动，提升教师的“学识魅力”。在学生层面，鼓励学生树立人生理想和努力为之奋斗的信念。隋桂凤把校园打造成“梦开始的地方”，学校南楼的文化建设就是以“梦想文化”为主题设计的。

构建书香文化，就是要引导师生主动学习，积淀人生底蕴，形成学习、钻研、探究之风。通过“书香文化”建设，在师生中形成喜读、乐读的氛围，让他们养成终身学习的好习惯。为了给学生创造更加舒适、自由的读书环境，2013年暑假，学校将南教学楼的主楼梯及楼梯平台上的教师办公室整体改造为开放式书吧，取名为“杏林书吧”，师生的阅读兴趣得到了进一步的激发与鼓励。

构建绿茵文化。隋桂凤力图在城市的车水马龙之间营造一方绿洲，用生命的翠绿装点立新的校园；与之相辉映的小动物园则以它们的活泼与灵动，吸引着学生们的目光。学校“智趣课堂”教学改革实验也为师生提供了一个崭新的平台，师生自主探究、合作的教学方式逐步形成；“大课间”改革将原有的课间操打造成了融体育游戏、韵律操、广播体操于一体的综合活动时间。

构建微尘文化，就是将学校管理做到分工明确，责任到人，学校的每一项工作都要做到问效问责到人，最大限度地提高了校园管理效率。同时，学校以校务公开为落脚点，及时反映学校各项工作的进展情况和重大决策的制订、实施过程。隋桂凤认为，学校管理的规范化、精细化、科学化是学校可持续发展的有力保障。

以点带面：促进联盟校共同发展

“作为一位校长，仅仅办好自己的学校是不够的，而应该追求成为一位教育家型的校长，其教育理念要在同类学校中能够起到示范、引领作用，具有较高的社会认可度、关注度和影响力。”这是隋桂凤对于校长角色的定位，她也以此激励自己在区域教育中发挥更大的作用。

作为黑龙江省干部培训中心的兼职培训者，隋桂凤经常往返于哈尔滨市和牡丹江市之间，为来自黑龙江农垦总局和各地市的校长们做培训，将校本课程建设、教师队伍建设、校长专业发展方面的经验和做法与他们分享。隋桂凤不仅在自己的普通教育学团队中发挥传帮带作用，还在市教育局组织开展的各级各类校长培训班中做讲座，将特色办学思想播撒开来，并指导兄弟学校开展特色建设。作为硕士生导师，隋桂凤经常到大学课堂中讲学，并为师范学校的学生提供到立新实验小学见习的机会。

隋桂凤“校长工作室”成立后，她致力于为校长交流搭建更为广阔的平台。在工作室里，隋桂凤通常将学习与解决问题联系在一起。工作室校长来自省内各地，隋桂凤就利用微信建立交流平台，经常发布先进的教育理念和好的经验和做法，引发大家的讨论，共同探讨学校在教育理念、日常管理、特色办学等方面遇到的问题和解决的办法。她深知“领航”二字背后的责任与期待，将自己在“新劳动教育”研究中总结出来的思想与经验分解开来，为兄弟学校的发展提供范例。与此同时，她还牵头组建了“八校联盟发展共同体”，将兄弟学校的发展和立新的发展紧密联系，与校长同行们一起探讨，一起学习，对学校的发展进行诊断，为他们分忧解难。

在“八校联盟发展共同体”中，隋桂凤主要从教师和校长两个层面组织开展活动，一起解决学校发展中遇到的共性问题。在教师层面，她和联盟校校长一起开展小主题教学研究活动，让每校教师同上一节课，课后互相点评，发现总结问题，探讨问题根源，探寻解决路径，总结教学经验。教师们在活动中畅所欲言，既解决了实际问题，又拉近了联盟校的距离。在校长层面，隋桂凤引领大家以特色学校建设为主要问题，先后开展了“办学特色核心理念研讨”“校本课程的设计与实施”“办学特色与办学思想、育人目标关系的论证”等主题交流活动。在“校本课程的设计与实施”研讨活动中，隋桂凤立足自身，将“新劳动教育”三类十门特色校本课程的课程目标、设计过程、实施策略等进行深刻剖析，引导校长们对比分析，逐一发现实践中的盲区，以点带面，促进联盟校共同发展。

在隋桂凤看来，教育思想并不以学校为分界线，将自己的教育理念与实践经验分享给其他学校的过程，其实也是一个自我审视和收获更多办校启示的过程。教育之于隋桂凤，已经不仅仅是一项职业，更是值得她奋斗终生的事业。正如她在诠释自身教学理念时所说，立学是人的内在修养不断充盈的原动力，焕新是人的外在发展能够突破自我的内驱力，她的教育理想在这种源动力和内驱力之下，正变得愈加丰盈和多彩。

（本文由校长国培计划——中小学名校长领航班
浙江省教育行政干部培训中心培养基地提供）

赵桂霞

名家点评

战战兢兢与扎扎实实

毛亚庆

赵桂霞校长是一位有态度、有追求的教育人，这是她留给我最深的印象。在赵桂霞校长看来，课改不仅是“课”改。她的言中之意是，课改是面子，还应该包含着更有内涵的里子。我想，这内涵从她曾经写过的两本书《战战兢兢做教育》《建设一所新学校》中可以看出，即她对教育规律的尊重和对理想学校的追求。

“战战兢兢”，是她做教育的态度。教育有其自身发展的规律，我们对教育要有崇敬之情和敬畏之心，要遵循教育规律来办教育，不能主观臆断。在不断的教育追问中，她和团队构建了要追寻的教育理想并最终使其能够落地。赵桂霞担任潍坊广文中学校长已有十年，她始终追寻着自己的教育理想——不以升学率为唯一评判指标，而是更加关注学生源自内心的接纳和认同，更加关注“人”的发展。教育应是促进人的身体、心智、情感的完整、均衡的发展，而非只是智能的单一发展。这是赵校长做教育的态度，也充分体现了她对教育规律的尊重，这在当下基础教育领域功利化思想盛行的时代背景下尤为可贵。

“建设新学校”，是赵桂霞对理想学校的追求。出任校长之初，建设一所什么样的“理想学校”，成为她首先要思考清楚的一个问题。通过多年的理论和实践的探索，她找到了自己对“理想学校”的答案：就是要建设学生喜欢、教师幸福、家长满意、社会认可的“新学校”。而构建“新学校”的育人之道，就是构建适合学生的课程，建设高效愉悦的课堂，培育成功幸福的教师，搭建自主体验的平台，加强科学民主的管理。

“新学校”的探索触及了教育的真谛，契合了学生的成长规律，回归了教育的本质。在这种变革探索中，赵桂霞经历了焦虑与挣扎的煎熬，经历了困境与抉择的艰辛，经历了断裂与转折的阵痛，但她与广文人持之以恒、锲而不舍的坚守，也收获了希望与成功的喜悦，理想“新学校”的雏形开始显现出来。

赵桂霞被誉为“长”在教室里的教师，“种”在校园里的校长，一线成长起来的“草根教育家”。中国基础教育的现实发展需要一批像她一样尊重教育规律，战战兢兢做教育、扎扎实实谋求学校发展的校长。

（作者系教育部小学校长培训中心主任，

北京师范大学教授、博士生导师）

课改不仅是“课”改

人物小传

赵桂霞，1981年开始执教，先后任教于高密市井沟镇中心小学、诸城市纺织厂职工子弟学校、潍坊第一中学，任教学科为思想品德。1997年调入潍坊市教育局，先后任科员、基教科负责人等职。2004年任潍坊市教育科学研究院副院长。2006年至今，任潍坊广文中学（以下简称“广文中学”）校长，兼任山东省人民政府督学。

成长之最

对自己影响最深的教育理论著作：《教育的目的》（艾尔弗雷德·诺思·怀特海　著）、《帕夫雷什中学》（B. A. 苏霍姆林斯基　著）、《为了自由呼吸的教育》（李希贵　著）。

教育教学中最有成就的改革创新：2008年，构建“三位一体”的课程体系并付诸实施后，似乎是一夜之间，校园的生态变了！课程是教育的核心，是育人的重要载体，课程创新是学校创新的永恒主题。

学校改革创新最亟待解决的问题：支撑课程的深层次变革，还需要学校干部和教师团队更新教育理念。课程的深层次变革对教师专业发展的方向也提出了新要求，更加注重学术素养、职业境界的提升。

2006年，赵桂霞出任广文中学校长。此时的广文中学刚刚由潍坊一中、原潍坊二中的初中部整合成立，是一所名副其实的“新学校”。在设计新学校时，赵桂霞想起了自己在心中勾勒多年的“理想学校”形象：有《窗边的小豆豆》里黑柳彻子式的校长，有《谁拿走了学生的幸福》中那般自主的学生们，有《帕夫雷什中学》里那样拥有丰富多彩精神生活的教师，有《夏山学校》里那种民主自由的教育方式，等等。

理想中的学校能不能变为现实？赵桂霞选择了以课改为支点，开始了一场真正意义上的“新学校”变形记。

课改动力：激发和引导学生自我发展

2015年9月1日，开学第一天。山东省潍坊广文中学的校园却与以往不同：课间没有了嘈杂声，只看见学生们三三两两，或手捧资料，或肩背书包，穿梭在教学楼之间。一场以选课走班为特征的“育人模式”改革，在广文中学的校园内悄然启动。为了这场改革，广文中学准备了十年。

从2006年广文中学成立开始，围绕理想学校的建设，赵桂霞选择从课程入手改造学校。基于“全面发展，个性突出，广文特质”的育人目标，对国家课程、地方课程、学校课程进行整合，构建起包括“学科课程、活动课程、特色课程”三位一体的广文课程体系，并形成了“适才教育，为每个学生提供适合的教育”的核心理念。2014年3月，学校召开三届一次教代会，赵桂霞代表校务会做了题为“深入实施‘适才教育’，继续追梦‘理想学校’”的报告。她高兴地宣布，理想学校已经初步建成。

下班后，她乘出租车回家，司机恰巧是广文中学2004级一位学生的家长。司机见到赵桂霞就打开了话匣子，对她说，自己学生在初中时学习不用督促，各门功课也从没有落下。没想到进入大学后，这个学生就像换了个人似的：本来在中学表现优秀的他，却沉溺于网络游戏不能自拔。大学第一学年就有3门功课挂科，临近毕业还有一门课程没有通过，能否顺利毕业都不能确定。

听着家长充满苦恼和焦虑的话语，赵桂霞脸上的兴奋一扫而光。为什么会出现这样大的反差？经过深入交谈，赵桂霞意识到，中学时学生们有教师管、家长督，而一到大学，外在控制力消失后，他们便容易迷失方向。

什么样的教育是好教育？什么样的学校是好学校？司机家长的故事让赵桂霞陷入思索。她知道，广文中学从课程改革入手进行变革，就是因为课程是学校育人的重要载体，是学校教育的核心要素。三类课程的实施虽然改变了校园的生态，学生学习的“内在动力”也被激活，但有一种课程形态对学生的影响是最大的，那就是丰富多元、充满选择的课程。如，在每周四下午一小时的社团课上，学生们注意力专注、全员参与、主动探究、合作共享和追问创造等表现得尤为明显。如果占学生在校时间80%的学科课程没有选择，也就不能从根本上改变课堂生态。学校必须调整学科课程现有结构，在保证国家课程标准落地的前提下，给学生选择的空间，从根本上解决学生的自我发展问题。

深层课改：顶层设计逐步推进

2014年暑假，赵桂霞在学校战略发展研讨会上抛出了关于课程深层改革的设想。让她没想到的是，支持这一设想的人数仅占与会人员的三分之一。绝大部分学校干部担心学校没有北京的条件，没有大城市学校的师资水平，更没有那样的生源，一旦改革失败了将不可收拾。甚至一位年龄大的干部私下告诫她退休前尽量求稳、少折腾。听到学校要再次改革的风声，家长的质疑也随之而来：可不能让我的学生做改革的实验品！教师也开始抱怨工作量太大。

面对阻力和挑战，赵桂霞也有所动摇：现在广文中学的教学在全省乃至全国都小有名气，还需要再进行改革吗？在教育部中小学名校长领航班培训学习的经历，不但让她对深化课程改革的信念坚定不移，而且路线图越来越清晰。

赵桂霞认为，在绝大部分学校干部和骨干教师还没有认同改革的时候，用行政力量来推动是充满风险的。于是，她想到了“同化”。2014—2015学年，广文中学派骨干教师赴北京市第四中学、北京师范大学第二附属中学、北京市十一学校等导师学校深度学习，白天与北京学校的教师一起讨论、听课、研究，晚上记录下自己的所思所想、所感所悟，发回学校。学校教师借骨干教师的眼睛看这些学校改革的背后在发生着什么，改革的本质和核心点在哪里，广文中学能够借鉴什么。这样，在深度学习的旅程中，寻找广文中学如何继续前进的答案。

语文首席教师韩文联谈到她在北京十一学校的深度学习时写道：“我入职的时候，只知道教知识，要分数；后来，我开始聪明地教给学生方法；再后来，我开始教给学生状态，与学生建立情感联系；2014年学校转型，我开始探讨从学科教学走向学科教育，关注学生一生的发展；今天，我才知道，我实际是在教自己。”

通过这种“同化”方式，广文中学的干部、教师对深化课程改革、实施选课走班的认同度越来越高。2015年7月，学校三届二次教代会一致通过了《关于深化课程改革、加强立德树人的实施意见》。2015年新学年开始后，广文中学学科课程选课走班正式启动，以课程改革为核心的育人模式改革悄然开始。

不止于课改：学科与管理改革并行

育人模式的改革，最重要的是课程。如何开发课程？赵桂霞最初的想法是“拿来主义”，但经过考察发现，任何一所学校的改革都无法移花接木，自我创造应该是每个学校改革的必经之路。

改革只能走自己的路，于是学校各学科开始寻找自己的改革道路。如，语文学科重新整合了原有仅按主题设计单元的做法，而代之以主题组合、专题组合、能力点兼文体组合、文体兼主题组合的多元组合模式，有效实现了语文学科人文性与工具性的和谐统一。数学学科设计为三层，结构一致，内容难度不同。数学首席教师周洪涛说，一般人认为广文中学开发数学课程，是因为两校的生源差异、中考试题不同，或是编写者逻辑思考不同，但最根本的却是基因不同，只有从自身出发才能建设最理想的数学课程。

目前，广文中学形成了“基础+分层分类综合”的学科课程体系。所谓“基础+分层”，是指基于学生的学习基础、学习能力、学习方式和课程难度的不同，在基础课程实施以后的学段，对数学、物理、化学课程进行分层设计。基于学生的兴趣爱好、才能潜质和发展方向的不同，对语文、英语、体育、美术、音乐、技术课程进行“基础+分类”设计。在思想品德、历史、地理、生物学科，实施自己开发的“基础课程”。对特色课程进行分类设计，对社团课程进行“分层+分类”设计，另外还开发国内外游学、综合实践、项目研究等综合课程，关注学生多元发展。

为了给学校课改提供充足的空间资源，赵桂霞组织二线教职工加班加点建设学科教室。学校仓库、地下室被清空，改为学生活动教室；教师办公桌搬进了教室，教师办公室则成了教室或教师研讨室；实验室、图书室打开了，教学与资源之间的一切阻隔消失了。

学科教室的建设又促进了课堂教学改革。广文中学开始实施小班化教学，教学班人数不超过32人。教师创新性地在班内探索分区教学，让不同学习进度、不同学习方式的学生，在同一教室的不同区域学习同一课程，增加教师对学生关注的深度和广度，实现课堂上教师对学生的个别关注和个别辅导。

选课走班后，过去以行政班为单位、以班主任为核心的传统学生管理模式也需要更新。于是，赵桂霞开始实施分布式领导下的项目管理。学校将学生常规管理的诸多任务分解到不同岗位，确定各自的领导职责，采取项目组负责的方式，由项目主管领衔组建一个项目组，如自习项目组、午餐项目组、午休项目组、大课间项目组、晚宿项目组等。分布式领导下的项目管理的实施，让越来越多的教师对育人有了系统的思考，成为学生真正意义上的顾问、导师和朋友，全员育人也从纸上落到了地上。

课改迁移：工作室助成员校提升

2015年12月26日，教育部“校长国培计划”——首期中小学名校长领航班“赵桂霞名校长工作室”挂牌成立，一大批志同道合的中青年校长先后加入，学校管理成员也自愿加入。由于经常举办读书沙龙、定期研讨、挂职交流、外出学习等活动，工作室成了成员校校长解决问题、寻找答案、自我成长的平台。在领航班导师毛亚庆教授和北京四中校长刘长铭导师的指导、鼓励下，赵桂霞和她的管理团队坚定着改革的信心。

经过不懈的研究与创新，“走班制下的学部运行机制”“团队捆绑制评价考核办法”“小学段课程实施方案”等一系列学校运行机制在研究中诞生。团队的每一个成员也在研究中形成了对教育本质的认识，产生了对课程深层变革、选课走班的认同。在焦虑与挣扎中，赵桂霞和广文人经历了抉择的艰难，经历了转折的阵痛，“自由”“选择”等现代教育元素开始成功地嫁接到传统教育的体系中。同一学校不再千人共用同一种教材，同一年级不再数百人共学同一门学科。每个学生可以根据自己对未来的规划设计，基于自己的兴趣爱好，选择适合自己层次和类别的课程。广文中学的课程形态发生的深刻改变，也唤醒了教师的工作热情和学生的学习积极性。

改革的成效也让工作室的每个成员信心倍增。滨海县第三中学王金彦校长带领学校骨干教师在广文中学进行了为期一周的学习；教育部、省教育厅先后多次组织各地中小学校长来学校挂职培训；福建晋江市教育局与广文中学签署校长挂职锻炼协议；临朐、安丘等县市初中学校专门邀请赵桂霞介绍经验和做法，帮助学校发展；中国教育学会初中教育专业委员会在这里召开“初中教育创新现场会议”。广文中学的课改影响了更多的地域。

对于赵桂霞来说，课改不仅仅是“课”改，更是一场探索教育本质的旅程，是其教育思想成长的注脚。对于工作室成员校和其他来自各地的中小学校长来说，广文中学的课改则为他们提供了可以借鉴的蓝图和成长的助力，而这份助力将促使他们寻找到更多的教育拼图，最终建成自己心目中的“理想学校”。

（本文由校长国培计划——中小学名校长领航班
教育部小学校长培训中心培养基地提供）

严忠俊

课程教学领导力才是校长核心素养

严华银

在对“教育家型校长”的观察和研究中，我们有许多有意义和有价值的发现。如，掌控学校管理权的一校之“长”，恰恰很少轻易动用自己的管理权。在这些校长所在的学校，虽然很少见到行政权力掌控的踪影，但校长的人格、主张和思想等的影响力却很深远。在严忠俊校长所在的浙江省湖州市吴兴高级中学，我也深深地感受到了这一点。与严忠俊校长接触久了，你会发现他不仅在行政管理上拥有丰富的经验，而且在转型期高中教育教学及其管理的改革和发展上表现出了其行政权力之外的领导力。他可以称得上是一位极富领导力的校长，其领导力的关键又在哪里呢？

在严忠俊看来，校长在学校建设发展中最核心、最关键的工作，应该在学校整体的课程建设和教学推进方面。他认为，如果将校长的素养做出主次之分的话，“课程教学领导力”应该是其核心素养，因为该项工作关乎学校发展的全部要素。课程是学生成长的主要资源，也是教师工作的主要内容，甚至是全部内容。尤其对于应试“雾霾”极为深重的高中，若要突围和转型，最为稳妥的便是从课程的“改良”做起。正是基于这样的认知和理念，严忠俊发出了吴兴高中课程建设的“动员令”。在严忠俊的专业引领下，教师共同通过学习、探索和总结，构建出基于吴兴高中教育发展历史、高中教学现状以及学生未来发展需求的“博才”课程体系，培养具有中国灵魂、世界胸怀的公民。

不仅如此，严忠俊十分重视教师队伍建设。他深知，再好的课程没有一流的教师，也无法实现其价值和目标。所以在他的学校，教师队伍建设成为其学校工作的重中之重。一方面，课程的开发和建设成为教师发展的主要抓手；另一方面，学校搭建了大量的教师发展平台。课程的实施、教学的推进，变成了教师成长最为重要的路径。

根据美英研究“领导力”的学者们的共识，“领导力”不是管理，也不是职位，而是一种“向前迈进”并且能够“鼓舞他人”的变革行为。严忠俊校长在学校治理中，针对高中教育的问题和困境，瞄准高中课程建设这一“枢纽”，以教师发展和课程实施的推进作为抓手，脚踏实地，稳扎稳打，远见卓识与“鼓舞他人”的践行兼而有之。严忠俊对教育充满热情，这股热情必将陪伴着他一步一个脚印成长为“教育家型校长”，并实现“校长教育家”的梦想。

（作者系江苏省教育行政干部培训中心常务副主任）

一条教育理念奉行30年

人物小传

严忠俊，1986年开始执教，先后任教于浙江省湖州中学、浙江省湖州市吴兴高级中学，任教学科为高中物理。2011年调入浙江省吴兴区教育局，先后任局长、党委书记等职。2014年至今，任浙江省湖州市吴兴高级中学校长、党总支书记。

成长之最

对自己影响最深的教育理论著作：《宇宙的精灵》。

教育教学中最有成就的改革创新：2008年，提出“三个转移”的新目标，即“传统管理向现代管理转移；规模发展向内涵发展转移；争创名校向成为名校转移”，坚持走内涵发展之路，同时，构建独具特色的“一体两翼”的博才教育课程体系。

学校改革创新最亟待解决的问题：在实施绩效工资考核背景下，如何调动教师的内驱力和工作积极性。

对于浙江省湖州市吴兴高级中学（以下简称“吴兴高级中学”）校长严忠俊来说，有一条始终奉行不悖的教育理念——教育即发展。在30年的教育生涯中，他一直在学习、探索，并努力将学习和探索的成果施之于教育实践，在理念与实践的交织中书写了一段段关于教育、关于学校“发展”的动人故事。

多管齐下，破解合并校发展困境

2001年，原浙江省湖州市第四中学、湖州市第八中学、湖州市第十二中学等几所学校高中部合并组建成吴兴高级中学，而校长一职则落在了严忠俊的肩上。此前，教育领域内存在着一条“合并中学难发展”的魔咒，再加上新学校面临着生源差、办学条件简陋、多校融合困难等诸多难题，这让刚接手这所新学校的严忠俊感到压力很大。

然而，从踏进吴兴高级中学的那一刻起，“教育即发展”的理念就一直在他的心头回响。他暗自发誓，作为学校“掌门人”，一定要以促进学生、教师、学校发展为己任。于是，他从多方面入手，为学校破茧蜕变蓄势。

在学校发展上，严忠俊确立了“以人为本，促进成长”的办学理念，从“抓校风、抓质量”入手，将刚性管理与柔性教育相结合。一方面，他建章立制，实施“扁平化管理”模式、年级部负责制，提高了管理效率；另一方面，他努力构建学校文化、“一训三风”，建设了校园勒石名言文化景观、编印了《名言勒石传大音》校本教材等。

发展无止境。2008年，严忠俊又提出了“三个转移”的新目标，即“传统管理向现代管理转移；规模发展向内涵发展转移；争创名校向成为名校转移”，坚持走内涵发展之路。与此同时，学校独具特色的“一体两翼”博才教育课程体系也逐渐搭架成型。

在教师发展上，严忠俊秉承“学而不厌”的理念。在他看来，学风首先是对教师的要求。师，生之范也。教师有了“学而不厌”的追求，才有“诲人不倦”的底气。因此，为了促进青年教师快速成长，他狠抓“135青年教师校本培训工程”（即一年成长，三年成熟，五年成才）。他还主动为青年教师搭台，让青年教师到名校跟岗培训，让青年教师在省市级教研活动中积累经验。

随着学校的发展，教师培训的重点也开始转移，培训内容也从教学技能转向教学科研。为帮助教师提高教科研水平，学校经常邀请高校专家、省市名师来校讲座，并主动和华东师范大学课程与教学研究所合作开展研究。严忠俊最常挂在嘴边的话就是："教师是学校的最大财富""走教科研之路，是教师发展的最大捷径"。

在学生发展上，严忠俊秉持"天生我材必有用"的信念。在他看来，"我材"非"彼材"，世间的"我材"是多样性的，教育就是要跟随"我材"的特性，为学生的"个性发展"服务。

在具体实施层面，他主持构建了学校的"博学·博爱·博闻"三大课程群，来支持学校的博才教育、博爱文化。学校组织教师开发了132门选修课，其中省市级精品课程有38门。此外，学校还建设了红十字实践基地，纵深推进了博才教育课程体系中的"博爱课程群"建设。

在一系列发展举措收效后，严忠俊又有了一个新的愿景，那就是把吴兴高级中学建设成为更有品位、更有活力、更有影响力的特色示范学校。为此，他带领行政团队围绕"博才教育"特色进行了顶层设计：一个规划，四大工程，N项行动。历经半年打磨，《吴兴高级中学"博才教育"中长期发展规划》浮出水面。现在，学校文化建设提升工程、师德师能建设提升工程、学生素养培育提升工程、师生服务保障提升工程这四大工程，列在了严忠俊的校事议程表上，他又踏上了新的征程。

上下求索，将理念升华为实践动力

32岁破格晋升为中学高级教师，36岁成为省物理特级教师，2010年被评为浙江省功勋教师……严忠俊的个人成长史，正是一位教师自我教育、自我发展的样本。

1986年，大学毕业的严忠俊被分配到浙江省湖州中学任教。初出茅庐，他就立志要做一位一流的物理教师。刚入职时，他连续四年带初三毕业班。由于教学成绩突出，1990年转入高中部教学，连续五年任教高三毕业班，成为毕业班“专业户”。

严忠俊对科研有着特殊的热情，备课时喜欢对教材进行系统的分析和研究，课后喜欢反思教学的困境。想不明白，他就跑到新华书店、图书馆看书、看杂志，或是向老教师请教。他及时记录疑惑、思考、解决路径及启示，并整理成论文发表。超常的付出让他品尝到了快速成长的甜头。他的课堂教学极有特色，课堂节奏松弛有度，处理教材深入浅出，尤其注重发挥学生的主体作用，让学生主动学习，激活学生思维，做到与学生“思维共振”“情感共鸣”。1993年到1998年，他连续5年执教毕业班，拼命三郎式的工作作风也为他带来了高质量的教学成果。

成为校长后，严忠俊个人的成长之路并未画上句号。2015年，他入训江苏教育行政干部培训中心，成为“国培计划”首期中小学名校长领航班的一员，开启了向教育家型校长发展的进阶之路。

严忠俊通过自我规划制定了个人三年发展规划。他重新梳理了自己的成长历程，对自我的优势与劣势、挑战与机遇有了更清晰的认识，从而确立了发展目标与行动路径。自我阅读是严忠俊的内在渴望，培训中心为所有学员提供了“走近教育家”分类阅读活动指导计划，严忠俊在阅读之余还经常在学校行政会、教工会、教研活动中与教师分享他的读书体会。作为学员，严忠俊沉潜下来，厘清自己的教育生涯、办学行为与教育理想，提炼出藏在现象背后最本质的东西。对他来说，理性的飞跃尽管步履维艰，但也最能感受到“洞见”的喜悦。

培训中心还通过定制“菜单”、双导师制、搭建平台来实现外力助长。培训中心为严忠俊量身定制了一份个性化的培训“菜单”。为此，中心派专家到吴兴高级中学开展调查，通过校长自述、师生座谈、问卷调查、环境视察等环节收集相关数据，进行现场会诊，最终为严忠俊定制了一份包含“反思澄清、优化重构、岗位实践、总结反思”四个模块的培训计划，这一专业发展培训计划定时定点，定人定法，有过程路径，有终端评估。

培训中心还特意为严忠俊指定了两位导师：一位理论导师，来自华东师范大学的博导范国睿教授；一位实践导师，来自江苏省锡山高级中学的唐江澎校长。范教授建议要敏锐地感知大数据对教育的影响，要预见未来教育的发展趋势。唐校长首先从价值论的角度指出，办学的一切目的是学生，这才是教育的终极意义；其次从方法论的角度指导他要冷静科学地明确当下的历史方位感，清晰地知道自己从哪里出发，又将向哪里前行。

2015年至今，江苏省教育厅行政培训中心又举行了5次集中培训，严忠俊由此获得思维启发、理论提升，从自己的实践中提炼出学校进一步发展的实践动力，进一步完善独具特色的博才教育体系。

辐射发展，在互助中担当领航角色

2015年10月19日，中小学校长“国培计划”卓越校长领航工程名校长领航班暨严忠俊校长工作室启动仪式在吴兴高级中学举行。工作室不仅是展示严忠俊办学才能的窗口，还是引领青年教师成长的指路明灯，对促进其办学思想的校内实践与校外辐射具有重要意义。

依托“国培计划”卓越校长领航工程，湖州市教育局为工作室遴选了十位学员，共同组成了合作学习和协同研究共同体。严忠俊领导工作室通过如下三大途径对学员进行深度培养。

所以，需求导向，个性化培养。严忠俊校长工作室是“国培计划”中浙江省唯一一个高中名校长工作室，压力与动力并存。严忠俊充分发挥团队力量，与学员共同探讨制定了工作室发展规划，对于学员个人的三年发展规划，他强调要把个人研究计划与学校创新实践融为一体，切忌形成“过度关注自身价值、过分追求成名成家”的浮躁风气，在问题研究和创新实践中实现发展，用研究推动学校改革创新，用学校改革创新丰富研究成果。

问题驱动，研究学校中的真问题。作为领航校长，要引领基础教育发展，实现教育家办学，所研究的问题不能仅仅关注个人及所在学校的追求，而应在推动区域教育发展乃至整个基础教育发展中发挥领航作用。严忠俊要求学员们放眼基础教育，聚焦学校问题，在研究真问题中谋求发展。

品质修炼，收获满满情怀。工作室是合作学习和协同研究的共同体，严忠俊致力于让学员们在共同体中共同学习，共同研讨，潜心修炼，做一个有教育情怀的校长，快速成长为教育家型校长。苏霍姆林斯基说过，领导学校，首先是教育思想上的领导，其次才是行政上的领导。处于教育改革大潮中的学校管理者，面对变革，应该及时把握教育的真实面貌，以先进的教育思想引领学校前进。严忠俊撰写的《高中教育在吴高》诠释了个人的教育思想，更流露了他满满的教育情怀，学员们在研读后深受启迪。

学员徐雪莉副校长以“培养生命、完善生命、生成生命——用新型育人观打造学习共同体”为题，写下了这样的感悟：“著名教育家费巴拉说过，校长手里不应该拿着鞭子，而应该举着旗帜，走在前面。这里所说的‘旗帜’，是指校长的教育教学理念，包括育人观。一名优秀校长的管理，应是一种思想、理念和思维方式的管理。校长，应是学校的旗手，是学校的精神领袖，是先行者，是指挥家。”在她看来，严忠俊手里拿着的正是引领学校发展的旗帜，上面写着“天生我材必有用”。吴兴高级中学正是以“天生我材必有用”的新型育人观为全校工作的指导思想，以全面推进素质教育为目标，以优化课堂为重点，以提高教学质量为中心，在实践中不断生成教育智慧，不断推进、深化课程改革，实现了由传统教学到现代教学的嬗变。

领航的意义不只在于自身光芒的显露，更在于一个“领”字。苍穹之上，雁群飞过，人们欣赏的是领飞大雁身后齐整的队伍与昂扬的姿态。在严忠俊看来，自己在领航之路上还有更多工作要做。从吴兴高级中学强势崛起成为湖州基础教育的一个典范，到个人终身学习走向教育家型校长，再到作为领航者引领更多人发展，“教育即发展”的思想始终是严忠俊教育生涯的主线，而他还将会继续信奉这一教育信条，为教育的发展担起更多的责任。

（本文由校长国培计划——中小学名校长领航班
江苏省教育行政干部培训中心培养基地提供）

周大战

名家点评

在行动中诠释生本教育

王　红

周大战校长是教育部首批国家级名校长领航工程华南师范大学基地的学员。令人钦佩的是，他是首批名校长领航工程64名学员中唯一一位来自乡镇农村学校的校长。他在湖南省永州冷水滩马坪学校默默做了10年的课堂教学改革。十年如一日的坚持，他不仅让学校在课改中受益良多，也推动了当地基础教育的发展。

一直以来，周大战校长都在以行动践行“以生为本”的教育理念。他为人朴实低调，虽然课改取得了非常突出的成效，却从未大肆宣传。桃李不言，下自成蹊。近年来，马坪学校的课改成果吸引了不少前来参观学习的同行。颇为可贵的是，马坪学校地处农村，学校发展虽需要资金，但却绝不向同行收取“门票钱”，而是本着“共享教育思想财富”的理念与同行交流。课改后，周边城区里的学生也都被吸引到了马坪学校读书。究其原因，这与周大战校长的课改核心理念有关。他的改革，让学生们的思维得到了解放，打破了中国学生最典型的“学习障碍”——没有问题、不善反思、不善质疑。于是，他将马坪学校的课改核心定位为“提问式教学”——所有教学的起点都是“学生提问”。周大战认为，唯有教学生提问题才是以学生为本，若教的都是教师为学生准备的问题，给学生再多的时间也是以师为本。这是我所见过的对“以生为本”最精彩地阐释。

对于一所农村学校的校长而言，能让自身学校焕发蓬勃生机已实属不易，但周大战校长却不忘将自己总结出的办学实践经验与教育同行共享。有人说，周大战校长的教学智慧是在农村土地上闪耀的红宝石，熠熠生辉。华南师范大学基地与之共同探讨智慧教育的“核心基础、思维课堂”，则是致力于为基础教育引入一汪活水，汲取更多来自乡村学校的办学智慧！

（作者系华南师范大学基础教育培训与研究院教授、博士生导师）

学生的问题才是教学的起点

个人小传

周大战，1993年在湖南省永州市冷水滩区易家桥中学参加教育工作。先后任教于湖南省高溪市镇中学、永州市冷水滩区马坪学校。2015年至今，任湖南省长沙市高新区东方红小学校长，为湖南省“百校联盟”常务理事。

成长之最

对自己影响最深的教育理论著作：《给教师的建议》（B. A. 苏霍姆林斯基　著）。

办学管理中最有成就感的事：所在农村学校向城区学校输送了几十名课改骨干教师。

办学管理中最棘手的事：想留的教师留不住，想要的教师要不到。

教育教学中最有成就的改革创新：创建了阳光生态课堂。

学校改革创新最亟待解决的问题：从根本上改变教师的教法和学生的学法。

10年的时间，对于一位农村学校校长来说，可以做不少事情：改善学校基础设施、兴建学生活动场地、配置教室教学设备等。但在湖南省长沙市高新区东方红小学校长周大战看来，他在冷水滩区马坪学校的10年，就只做了一件事——推动学校课堂教学改革。周大战认为，唯有把课改这件事情落到实处，才能改变农村学校教育低质的现状，而这也将会成为农村基础教育发力的支点。

改变课堂：在试错中找到改革路径

冷水滩区马坪学校地处城郊，除了两栋简陋的教学楼之外，还有不完备的教学设施、专业不对口的教师、无心学习的留守儿童、“填鸭式”的课堂教学……好学生留不住，好教师想进城，当地老百姓曾戏称马坪学校为“马跑”学校。面对留下来的厌学学生，周大战陷入沉思：每一个学生都有求知的欲望、好学的天性，而我们的传统教育却把人的这种天性逐渐磨灭了。能不能找到一种方法让学生上课不睡觉？能不能找到一种方法让学生在课内和课外一样生龙活虎？能不能找到一种方法让学生像喜欢网络游戏一样喜欢上课……追本溯源，学生厌学的原因是“满堂灌”的教学方法，它让学生好学的热情变冷变淡。学校教育应该为学生们做点什么呢？改变课堂！只有一节节课改变了，教育才会改变，学生们才能得到改变。

周大战的课改尝试是从失败开始的。2006年下学期，学校选择小学一年级进行改革试点。周大战认为传统课堂班额较大，一个教师管理不过来，他主张两个教师同时进课堂。在第一节课改研究课上，本想形成学生行为自然、思想自由的课堂氛围，却导致课堂上出现了学生们又喊又叫的状况。结果，第一堂课的教学任务、教学目标均没有达到。评课时，教师不约而同地保持沉默，静静等待校长的态度。周大战毫不犹豫地说：“课如何上，可以讨论，但课改是要进行的，这个不需要讨论。”不足两个月，两个教师进课堂的方式遭遇严峻挑战——若不约束学生行为，课堂就乱了；若约束学生行为，则学生端坐整齐，不出声、不提问，又回归到传统课堂。另外，两个教师同时上一堂课，思想不一致，在教师总数一定的情况下，工作量成倍增加了。

一方面由于受传统教学惯性的影响，很多教师和家长对新的课堂教学方式不理解。教师心生疑惑：“我们这么苦口婆心地讲，学生还学不好呢！何况现在还允许学生在课堂走动，闹哄哄的。”一些家长更不理解：“咱们送学生来上学，你们教师现在想办法自己不教了，倒让学生自己学？”

另一方面的阻力，来自课堂教学改革本身。尽管课改在实验班取得了一定的成功，但是由于时间不长，学生的学习效果还不是很明显。此外，小组合作的方法还比较单调，教学环节还不清晰，教师感觉很难把握。同时，参与改革的一些教师也有怨言：以前备一节课只需要1小时，现在却要3小时，太累、太辛苦！曾有一位领导到马坪学校视察，走了一圈之后对周大战说：“照你们这样，上课时间学校没有一个班是安静的，都在吵吵闹闹，你这校长是怎么当的呀？”

面对领导的疑惑、教师的微词和家长的不解，周大战并未动摇课改的决心。他对失败进行了反思，他认为试点也有成功之处：一是一堂课中有两个教师，对学生的引导明显提高；二是学生行为自然、思想自由时，学生的提问、答问无拘无束，气氛活跃，思维敏捷。

一番深思熟虑之后，他决定调整课改策略，从做通教师的思想工作开始，改革激励评价机制，加强校本教研培训，反复阐述课改理念和具体做法，对每个教师的教案进行精心指导，教师则在不断摸索中获得了专业成长。为了把一堂课中有两名教师这一优点保留下来，周大战想到了遴选学生做“小教师”的办法。一个班分几个小组，每个小组选“小教师”。这些“小教师”，成了教师的得力助手。课堂教学由起初的两名教师管理演变为“一位教师和六个小教师”的共同管理。

周大战制定出学校教学改革的实验方案，确立学校教学改革的目标、内容、步骤、途径和方法。他走近教师和学生，从多个视角去发现差异，寻找课改中的问题。教师对待课改的态度也发生了变化：从怀疑、排斥到将信将疑、被动接受，再到深信不疑、主动参与。在这个过程中，还发生了不少小插曲。有一次，初中英语教师冯淑英午餐时间拿着碗筷走进食堂，转了一圈就出来了，同事们问她为什么不吃饭，她说已经吃过了，原来她满脑子都在想课改，却将吃饭的事忘记了。

深入探索：课堂因学生提问而活跃

2008年3月的一天，周大战在小学五年级听钟华林教师的数学课。在教师点评时，一名学生叫嚷着说自己会出题，钟老师便让他到小黑板上板书，一大批学生兴趣盎然，自发地围了过去。这一小插曲激发了周大战的灵感：既然学生对自己编的题感兴趣，那么上课就让学生编题，教师通过讲授学生编的题来完成教学任务，实现教学目标。理科的编题教学探索出的操作方式是：学生先编造自己的数学题，小教师在组内组织讨论，然后在小黑板上公示；教师整合小黑板上的问题，通过解决学生编造的数学题来完成教学目标。这一改变增强了学生的学习主动性，课堂效果显著提高。

课改在探索中发展。教室里，讲台不见了，黑板由一块变为几块，学生自由组成学习小组，在自由活动中快乐学习；在课堂上，教师只做课堂的引导者和启发者。翻开教师集体讨论确定的教案，上面没有具体哪一个问题的解说，只有每堂课的明晰教学目标和具体导学的流程。每一堂课都会经过这样的准备过程：教师预先由学科教研组集体备课，准备如何应对和解答学生提问的问题，准备如何引导学生激起探究提问的火花，准备如何既要生动活泼又要完成教学目标。在这样精心准备的课堂上，学生以提问为乐，以提出不同的见解而自豪，合作探究，交流互动，兴趣高涨。课堂也因学生提问题和编题而精彩纷呈。教师上课不再是传统课堂上的“独唱”，教室里也看不到学生昏昏欲睡的场景。所看到和听到的是教师引导、激励、肯定的话语和学生在小组中积极活跃的身影。

“教学模式的改变不仅给学生更多的话语权和交流、合作的机会，更培养了学生的个性和人格。”周大战如是说。这种乐学、高效、沸腾的课堂，充满个性化学习的气息，焕发勃勃生机，学生在学习生活中享受快乐，享受成长。许多城区学校学生宁愿搭乘公交车到马坪学校来上学，甚至连离该校约半小时车程的东安县芦洪市镇一些学生也纷纷来校就读。

周大战说，冷水滩区马坪学校教育出来的学生自主学习的积极性高，他们遇到问题会主动查资料，相互交流与探讨，创新意识很强。“传统教育重视解决问题，而我们的教育强调提出问题，这比解决问题更重要。问题是学生提出的，他就会有兴趣去主动想问题。”推行课改以来，冷水滩区马坪学校学生的学业成绩不降反升，2013年小学部六年级毕业测试成绩位列全市公办学校第三名，仅次于梅湾小学和滨江小学这两所拥有优质生源的城区学校。由于课改的成功，学校学生人数从300人增加到了700多人，班级数也增加了一倍，不少学生都是从城区“倒流”而来，“马跑”学校成了“宝马”学校。

新一轮“拓荒”：在行动中帮扶农村校

在课改成功后，周大战时常反思课改中的问题，总结经验，他认为自己课改成功的经验在于发挥了教师队伍学习、教研、成长共同体的力量。他介绍说，马坪学校的课堂教学改革是以教研组为团队的，在此基础上进行校本教研活动。教研组通过集体备课“以思维碰撞思维”“以智慧点燃智慧”“以情感沟通情感”，采取“提出案例、集体研讨、借鉴补充”的备课策略。教研组长安排每位教师认真完成重点备课内容，提前写好预案。在集体研究时，主备教师说课，其他教师提出改进意见，形成共识。此外，组内成员可以推门听课。而这样的方式也为教师搭建了学习与交流的平台，教师的观点一起碰撞、交锋、交流、融会，学校课堂教学改革得以深入发展。有教师笑道：“我不在自己的课堂，便在别人的课堂。”除了备课和听课外，教研组还会及时组织大家反思评课，反思学生的自主性是否得到了充分体现，小组合作互动是否得到了充分体现，学生的展示是否得到了充分发挥；再是反思教师教学导航的设计是否准确，教学环节的承接是否自然，教学效果的凸现是否明显。随着校本教研活动的不断深入开展，教研组的每位成员在长时间的工作中不断磨合，不仅使教研组成为学校的“小教务处”，而且还成为教师们的“小家庭”，教师们不管是教学上的问题，还是生活中碰到的小矛盾，教研组全体人员都会齐心协力帮助解决。

冷水滩区马坪学校的成功课改让周大战意识到，课改能帮助学校实现质的飞跃。这一点虽然不少学校都清楚，但却苦于找不到合适的方法。如何有效地与同行分享自己的课改经验，成为萦绕在周大战心中的问题。

2015年9月，周大战又开始了新一轮的拓荒——赴任长沙高新区东方红小学校长。面对这所全新的学校，周大战发挥了自己的长处，他以“办智慧的教育”为办学思想，以构建“思维课堂”为目标，以“自由、自然、自律、自育”为原则，以“提问—编题—实践”教学体系为教学方式，改变学校行政管理模式，推动学校管理“去行政化”，做出了新的改革尝试。

2016年4月15日，中小学校长国家级培训计划卓越校长领航工程名校长领航班周大战工作室在长沙高新区正式挂牌成立。这无疑为周大战提供了一个与同行分享自己教改实践经验的新平台。但对于周大战来说，这也是一份沉甸甸的责任。

工作室成立后，便承担了湖南省骨干校长培训、送教下乡、教育教学改革推进等任务。周大战在处理完自己学校的行政事务之余，还会为国培计划农村助力校长工程授课，以自己多年积累的课改经验，促进农村教育改革。周大战的工作室还依托华南师范大学“核心基础思维课堂”课题成果，结合学校“办智慧教育”的主题，发挥学校改革试验多年积累的成果优势，凝聚工作室校长共识，开展教育教学改革，推进学校管理行动研究，引导农村学校进一步改革，推进教育均衡。此外，他成立了一个领航校长工作室的网站，建立教育教学及学校管理资源库，成为领航名校长工作室远程示范引领的平台，为进入工作坊的校长成长和学校发展提供资源共享与实践指导。他希望能通过工作室这一平台，帮助更多的农村学校走出一条特色办学办校的道路。

不少人评价周大战时，会说他人如其名——与教育问题死磕，从不怯场。周大战则认为，要有与教育问题大战几百回合的勇气，就需要勇于创新、奋斗不止的精气神。当谈到他的教育梦想时，他的回答很简单——“当一名好校长，办一所好学校，带一批好教师，育一群好学生，足矣。”

（本文由校长国培计划——中小学名校长领航班
华南师范大学培养基地提供）

程誉技

名家点评

教育贵在一颗持久心

熊　焰

“知之者不如好之者，好之者不如乐之者。”程誉技校长正是这样一个醉心于求知与教育的人。由于喜欢教师职业的责任与担当，喜欢与学生们一起快乐成长，尽管有更好的工作机会，他还是选择了留在教育第一线，与教育结下了长达32年的深厚缘分。

喜欢，就会乐此不疲。在浙江省临海市开发区任大洋小学校长时，正值学校创办之初。面对着由区内7个小学合并而成的“七拼八凑”的学校，程誉技并没有畏难而退，他总是信心满满，干劲十足。他认为对于一所合并校而言，更需要营造出一种心齐、气顺、劲足、实干、和谐的学校氛围。因此，无论对待教师还是学生，他都坚持做到四个“多一点”，即“多一点尊重，多一点理解，多一点赏识，多一点鼓励”。创办幸福学校，致力于为儿童的幸福人生奠基，这就是程誉技的教育情怀。

小学教育是基础教育的基础。程誉技认为，小学教育也是发展人生、幸福人生的基础，学生未来的可持续发展也应是关注的焦点。于是，他提出了“三基础、育新人”的教育理念，即通过“健康基础”“习惯基础”和“能力基础”，让儿童的幸福人生从健康起航、让习惯护航、乘能力远航。程誉技将“全面发展，学有所长，学有后劲”作为哲商小学的发展目标，带领着他的教师团队“铺好”哲商学子“幸福人生的底色”。

好的教育是真正培养人的幸福能力，尊重人性和教育规律，学校努力实现教育目标的过程本身也是快乐和幸福的。本着这样的理念，程誉技倡导“引领广大哲商学子在经常性的成功体验中持续发展”，在学校里要“让学生享有读书的快乐，让教师享受教书的幸福”。在他的“幸福词典”里，满足“紧张有度、学有所成”需要带来的“幸福”，才是他们广大哲商学子所要追求的，因为它能发展大家“感受和创造幸福的能力”。

基于课程建设和实施来推进幸福学校的建设具有现实和长远意义。因此，程誉技推动建设学校“乐学型课程”，开发了“春游·秋行”“多彩·课堂”“童心·哲商”三大系列，满足学生的多元化、个性化需求。“乐学型课程”的开发和实施，是注重“乐教乐学”，并使培养学生“快乐地、积极主动地学习”的“乐学”走向“会学”，从而让学生更好地体验到当前学习生活的快乐，并为他们未来的人生幸福奠基。

（作者系广东第二师范学院教授）

幸福教育词典从“轻负高质”写起

个人小传

程誉技，1987年考入浙江教育学院教育管理系小学教育专业，脱产学习。毕业后，进入浙江省临海市哲商小学（以下简称“哲商小学”）任教，历任校政教主任、教导主任、副校长等职。2000年，因工作需要调任大洋小学校长。其间，获浙江大学“公共事业管理”本科学历，并修完西南师范大学“教育经济和管理”研究生课程。2008年至今，担任哲商小学校长、书记等职，系中学高级教师、浙江省特级教师。

19年前的一天，程誉技陷入了两难的选择：当时的教委张主任希望调他到市教委工作，而他所在哲商小学的王校长则希望他能留下来。一份是不少人羡慕的机关工作，一份是清贫忙碌的教师工作，选择权落在了程誉技自己的手上。在去与留之间，他选择了后者。他说，自己是块做教师的料，想为学生们未来做些实实在在的事。

“一切为了每一个学生的幸福人生奠基”，是程誉技的执着追求和教育信条。无论是在城乡接合部大洋小学担任校长，还是在临海名校哲商小学履职，他始终秉持着这一教育信条，而这一信条也成为他幸福教育思想的经纬线。

兴趣导行，开发乐学型课程

小学教育是基础教育的基础，也是儿童接受系统性教育的起点。程誉技认为，学校应该为学生的幸福人生奠基，同样也需要给学生的学习生活一个快乐的起点。原先的知识灌输型教育，不仅无法激发学生的学习兴趣，而且也会磨损学生的多样个性。因此，将学校课程“乐学化”，成为程誉技和他领导的哲商小学教师团队的共同目标。

2012年以来，快乐的“教与学”成为哲商小学课程建设的基调。程誉技在原先国家课程的基础上推进“乐学型课程”开发、“高效课堂”建设以及“快乐班队”和“幸福科组”创建活动，努力促进广大哲商学子“全面发展，学有所长，学有后劲”，引领全校师生创造和分享“幸福校园”建设成果。

“乐学型课程”的开发，分为两个层面：一是对国家核心课程的“乐学化”教学探索；二是积极利用学校及周边丰富而独特的资源，开发主题为“乐学课程、特色哲商”的系列校本课程，促进学生全面而个性化的发展。

在程誉技的主导下，哲商小学的一批以童心、童趣为主题的校本课程，像雨后春笋般涌现出来。例如，开发“春游秋行”“一级一品”等与文化考察相结合以及以育德为主旋律的拓展性实践类课程；实施“童心名家”校本课程，精选适合的古今中外优秀作品典籍，按照“多彩的世界”“认识我自己”“文明的力量”“心灵的对话”“思考的快意”“自由的向往”等多元主题编撰成册，分级阅读，并进一步完善和落实阅读考级制度。学校的红领巾“兴趣与社团”活动，则将校本课程细化为“班本课程”。每周三下午，学校低年级以班级为形式开展社团活动，高年级则开始了选课走班，学生自选社团，张扬自身个性。

程誉技认为，目前基础教育提倡“轻负高质”，但提高课堂效率，为学生提供高质量的教育，仍然需要强调“乐学”“会学”。

哲商小学按照“两大回归、三个突出”的要求，在探索中建设了“本真高效课堂”。“两大回归”，即回归学习的本质——学会学习，就是树立为了学生人生幸福着想的教学信仰，让学生能利用教学内容学习；回归动力的本源——激发兴趣，就是通过挖掘学科的内在魅力激发学生持久的学习兴趣。“三个突出”，即在目标上突出学生学会学习，在教学上突出学生思维训练，在过程中突出展示与诊断。而与此配套实施的“教学六认真”与“四精四必”检查制度，则更加体现了哲商小学的校本特色。

记录“教历”，开展教师微型研究

教育领域内流行着这样一个说法——“一个好校长就是一所好学校”，但程誉技总会及时补上一句：“还必须有一支好的教师队伍。”教师队伍的建设对于学校至关重要，他们是学校课程开发和建设、学生教学和管理的主要参与者，一所学校只有“好校长”一个“光杆司令”怎么行？教育改革已经进入深水区，教师是改革的关键，改革最终必将发生在课堂上。回顾自己从一名普通的师范生，成长为省特级教师的历程，程誉技认为：优秀教师的成长离不开在“课堂实践与反思”中“学会教学”。

通过多年的实践，程誉技坚持“教师为本”“教科兴校”和“教研强师”的思路，在学校规划、建章立制和实践活动中，切实抓好教师的校本研修工作。其中，抓住微型研究，突出青年教师培养，就是哲商小学校本研修两个朴素而又比较有效的策略。

“微型研究”，是相对于“重大”题材或“严格”的教育教学研究课题而言的。它强调教研的选题来源于教师平时的课堂教学和学生教育管理的实践，强调运用教育行动研究的方法，解决教育教学中的实际问题。这一研究，可以是教师个人独立研究，也可以是具有共同兴趣的教师合作攻关。通过短期的行动研究，教师运用“提出问题—归因分析—制定措施—采取行动—评估反思—产生新问题—重新再归因—制定新措施—采取新行动”这一循环往复的操作策略，展开指向问题解决的实质性研究。

众所周知，医生给病人看病都有记病历的习惯。为了促进教师抓好微型研究，程誉技在大洋小学时就提倡教师通过记“教历”的方式开展教学研究。学校要求教师在日常教学活动过程中，把自己认为最有感触的一节课或一件事简要描述下来，作归因分析并提出措施，展开研究，在实践探索过程中及时分析、评估、修正。

“青年教师强，则学校发展潜力大”，这是程誉技常说的一句话。基于这样的认识，他非常重视青年教师队伍建设，聘请校内外专家、名师，组织顾问、指导队伍；积极建立组织，做出规划，让青年教师同伴互助并明确努力方向；创建“青年教师成长联盟”，开展名师讲堂、名著研读、“成长论坛”和“联盟在线”等工程，促进了青年教师的专业成长。

以校为本，传承学校精神文化

程誉技在大力倡导教书育人、管理育人、服务育人的同时，更追求文化育人。在他看来，一所学校的精神文化是校园文化建设的核心内容，好的精神文化能在校园里不断散发着“正能量”，起到凝心聚力、励志导行、催人奋进的作用。学校的精神文化会在师生身上流动，学生从入学到毕业，教师从进校到退休，周而复始。精神文化也在动态的积淀过程中，不断地被传承和创新，就如同一棵树，在一代又一代的师生“浇灌”下，常绿常新，根深叶茂；同时，她的浓郁气息也被师生吸入“肺腑”，滋养全身。

每所学校都有自己的历史和特点，都有自己的人和事、情和物。只有立足校本的“精神文化”才能真正成为师生的“精神”和“文化”。程誉技目前所在的哲商小学，是一所以辛亥革命先烈杨哲商的名字命名的百年名校，曾两次被列入“中国名校录”。历史积淀得天独厚，学校以此教育广大师生。同时，哲商小学还动员广大师生以“榜样就在我们的身边”为主题，通过寻找、宣传身边同伴中体现学校正面精神文化的人和事，以达到鼓励同伴和激励自我的作用。如，将历届优秀哲商学子的画像及其座右铭制成镜框，与中外名人画像镜框并列挂在学校走廊里；定期开展“十大尽心尽职哲商师表人物”以及“十大感动哲商人物和事件”的推选、表彰。学校还把每年的杨哲商牺牲日定为学校“英雄节”。

为动员更多的学校成员以主人翁的姿态积极参与，程誉技结合百年校史的整理和校志的撰写，动员广大哲商人做了大量工作。哲商小学组织师生通过寻访、座谈、问卷、史料征集、论坛讨论等形式，以“我眼中的（或理解的、推崇的、期待的）哲商精神文化”为题，向历任校长、知名教师、历届知名校友、学校周边社区人员、教育界的前辈和现职领导以及在校的广大师生、学生家长征询意见和建议。通过进一步的讨论、梳理和提炼，凝练成了现有的学校精神文化的文字表述，包括“与时俱进、无私奉献、追求卓越”的“哲商精神”与“乐学、乐教、创优、创新”的校风等。

近几年来，哲商小学还启动了“尘封十年的自我激励”等活动，引导全体六年级学生在毕业时自定一个今后10年的奋斗目标，自拟一句激励自己的座右铭，然后用信封封好，并相约10年后同学会时启封对照，以此在学生的未来成长中打下“哲商精神”的烙印。

共研共行，打造城乡教育共同体

2002年，临海市委市政府为了改善处在城乡接合部的经济开发区教育比较薄弱的局面，决定由百年名校哲商小学在那里筹建新校，即哲商现代实验小学，实行集团化管理。集团化管理的哲商小学，依托原先的品牌、理念、师资、管理、传统文化等优势，在传承、创新中取得了不俗的办学成果。

在大洋小学与哲商小学担任校长的经历，让程誉技更加深刻地体会到了教育均衡的重要性：不少农村学校，在学校建设、课程改革等方面，正面临着16年前处于城乡接合部的大洋小学遇到的问题，甚至碰到了更多的困境。在程誉技看来，仅凭农村薄弱校自身，无法在短期内有效解决这些教育问题，而在区域教育中作为“排头兵”“领头雁”

存在的名校就需要发挥引领与帮扶的作用。作为哲商小学的校长，程誉技将这份教育责任与担当化为具体的行动，帮助农村薄弱校完成蜕变。

在新哲商筹建之初，临海经济开发区将他们的两所村小撤并，在新哲商边上新建撤并而成的托阳小学的新校区。从新校区建设开始，托阳小学就交给哲商小学托管。从2005年托阳小学新校园启用，一直到2012年上级领导决定交还大洋街道中心校管理前，托阳小学的校长、教导主任都是哲商选派的。托管的7年时间里，托阳小学的教师培训、教学研究、教育教学管理等，都与哲商现代实验小学捆绑进行，取得了较大的发展。

2012年，临海市开始把市区名校与农村学校结成“城乡教育共同体”，把名校的管理经验移植到农村去，促进名校资源真正与农村学校共享。2012年9月，尤溪镇中心校与百年名校哲商小学正式结盟。依托名校的资源优势和先进的办学理念、管理理念，尤溪镇中心校驶上了发展的快车道。2013年9月，哲商现代实验小学与小芝镇中心校结成城乡教育共同体。两所学校的发展从“单干”走向“抱团”，小芝中心校内部管理也发生了深刻变化。

如今，程誉技带领的哲商团队，已经与临海市尤溪镇中心校、小芝镇中心校以及邵家渡中心校三所乡镇级中心校，结为城乡教育共同体学校，推动了当地教育的均衡发展。

除结对帮扶外，程誉技还通过直接担任城乡接合部新组建薄弱校的校长、在岗帮带影子校长以及承办教师研修活动等，帮助更多学校实现自身发展，传递幸福教育的理念。程誉技认为，无论是发展自身学校，还是帮扶薄弱校，都是在实践自己的教育理念，而他也会在这条路上越走越远，直至实现自己的教育理想。

（本文由校长国培计划——中小学名校长领航班
广东省中小学校长培训中心培养基地提供）

索朗

名家点评

以至诚之心为至善之事

沙培宁

对于西藏自治区拉萨市达孜县中学的师生们来说，校园中最鲜活、最富有意蕴的教育符号莫过于他们的校长——索朗。在我看来，用“至诚至善”来形容索朗并不过分。

我对“至诚至善”的解释其实很简单，就是一个人能像对自己的家人那样，对待其他人。它是一种纯纯粹粹、干干净净、朴朴素素、彻彻底底，甚至不惜以牺牲自己的利益为代价的爱。在24年的执教生涯中，索朗不论是作为一位普通教师，还是一校之长，他都用行动对“人文关怀”给出了自己特殊的解读。这种“特殊”在于，他对学生和教师的关怀不是一种外在的岗位要求，而是一种被他视为“本分”的自然而然的东西，是他对自我的一种诉求与交代。在他那里，以至诚之心为至善之事已成一种常态。他将父爱般的温暖传递给了18个被他帮扶的贫困学生，更将人性的光辉播撒在校园的每一个角落。

这种“至诚至善”的人性力量，能将一校之长的善良演化为整个学校的和谐，而这体现了校长最核心的能力，即凝聚人心的能力。当教师在价值与情感层面由衷地认同他们的校长、认同组织目标时，他们就会以最积极的生命状态投入到实现共同愿景的努力中。他们从校长那里所接受的那种感染、那种价值，会扩散、传递、延续，进而成为一种弥漫在整个校园中的精神与文化。而这种精神与文化，一定会使学校发展达到单纯的制度管理所难以企及的境界与高度。我们正是在这个意义上说，人性的力量，即教育的力量，亦即推动学校发展的力量。

索朗以“仁”为己任，弘毅坚执。在相对艰苦的条件下，他以开放的、适度超前的思路，为学校发展定出了“高标”；带领全体教职工，为所“欲为”，为所“难为”，在推动山区教育现代化、提高教师专业发展水平、提升学校教育教学质量等方面，都创造了独特的经验。近几年，他积极倡导和践行“幸福乡村教育”，在深度理解教师群体特征的基础上，精准把握教师之需，帮助教师在研究与探索中，体验教育本身的价值与魅力，努力实现职业价值观与生活价值观的统一，激发教师队伍发展的内驱力。他还注重运用多种乡村元素，通过多种载体和形式，培育师生发现幸福、感受幸福、表达幸福、创造幸福的能力。

在我心目中，索朗就是这样一个“至诚至善”使人幸福，并将他人之幸福视作自身之幸福的人。

（作者系《中小学管理》杂志社原主编）

在雪域高原上播种未来

个人小传

索朗，藏族，1992年7月毕业于西藏自治区拉萨师范学校，同年8月被分配到拉萨市达孜县中学，开始教职生涯。1998年，被调入达孜县塔杰乡塔杰完全小学任校长；2000年5月始，在达孜县教育局任教研室主任；2004年6月至今，任西藏自治区拉萨市达孜县中学（以下简称“达孜县中学”）校长。

达孜县位于西藏自治区的中南部，索朗生于斯，长于斯。1988年7月，他以优异的成绩考上拉萨师范学校。当班主任问他为什么选择师范这个专业时，索朗回答道：“因为师范毕业以后，我就可以到我的家乡当一位真正的人民教师。”在成长的过程中，他深刻感受到了当地牧民对教育的渴望。

“索朗”一词在藏语中代表着福气，达孜县中学校长索朗则承载着这份福德，从一位普通教师成长为位名校长，在达孜县的教育原野中默默耕耘了24个春秋，将这份福气传递给了学校教师、学生以及更多的人。

建设数字校园，推进牧区教育现代化

自1992年从拉萨师范学校毕业之后，索朗放弃了城市优越的条件，回到家乡的达孜县中学任教。当时的达孜县中学是达孜县唯一一所完全制学校，基础十分薄弱。学校生源以本县农牧民子女为主，不少学生的家距离学校很远。由于道路情况很差，大部分学生步行来校读书。索朗看到学生们求学的艰辛和对知识的不懈追求，更加坚定了自己投身教育事业的信心和决心。

面对当时千疮百孔、百废待兴的达孜县中学，索朗和学校中层领导干部开始了艰苦的"创业"过程。他以校为家，想方设法改善办学条件，经过多方筹资初步完成了校园基础设施建设，优化育人环境。在此过程中，索朗考虑到由于学校地处偏远，学生所接受到的教育信息相对滞后，而信息化工具则能缩小地域带来的教育差距。于是，在学校建设过程中，索朗将信息化作为主要着力点，在自治区率先建立起了以微机室、电子白板、多功能展示厅、地面卫星接收站为主体的网络教学。近年来，他还争取资金为各教室配备了彩电、VCD等教学设备，实现了光盘教学"班班通"。如今，达孜县中学的每个教室都配备了投影仪，每位教师都有了办公电脑，学校教育信息化的步伐不断加快，学生信息技术水平与创新能力得到显著提高。达孜县中学的"数字校园"建设工作走在了全区的前列。

2010年以来，"幸福教学"成为达孜县中学课程建设的基调。索朗在原先国家课程的基础上推进幸福课程开发、"高效课堂"建设和"幸福班队"与"幸福科组"创建活动，引领全校师生创造和分享"幸福校园"建设成果。

教学质量是学校的生命线。索朗从到达孜县中学担任校长的那一天起，就从抓好常规工作入手，把每项工作做细、做实。达孜县中学在全区率先实行了量化考评制度和聘任制度，形成了较为完善的人性化教育教学体系。索朗非常重视校园文化的建设，为陶冶学生的道德情操，发挥环境育人功能，他对育人环境进行了精心布置，让学校的每一个角落都闪烁着教育的光芒，让每一堵墙、每一块砖都会说话，让学生每天沉浸在温馨、幸福的育人氛围里。

达孜县中学的教学楼里还建立了德育室，定期分年级、分班级在德育室对学生进行爱国主义教育。为了丰富校园生活，减少生源流失，索朗在学校成立了文艺队。每周的最后一天下午，达孜县中学将会举行丰富多彩的文体活动。每到这一天，都会有上百名家长、农牧民群众来学校观看演出。索朗把学生家庭和社会都纳入学校的育人体系，共同推动和见证学生们的进步。

耐心劝学导学，资助山区贫困儿童

索朗对于教学与管理十分有耐心，尤其在面对刚入学的学生时，他的教育与关心更是细致入微。他常常会手把手地教刚入学的新生，直到教会为止。有时，他还会自己掏钱买学习用品、蜡烛或玩具逗他们开心，让他们喜欢学习，对学习产生兴趣。对于厌学的学生，索朗往往会对他们进行耐心、细致的说服教育，直到把学生引领到正确的学习轨道上来。

不论在做普通教师时期，还是在担任校长以后，索朗都十分关心家庭困难学生的学习和成长。他每年都从自己的工资中拿出一部分钱，资助因经济困难而读不了书的学生。从2008年到现在，他先后帮扶18名学生，为他们送钱送物，保障他们的学习和生活，其中7人已经考上大学。现如今，他帮助过的学生有的已经参加工作，并在他的影响下，开始帮助其他人。索朗认为，自己做的这些事情，对于一名教育者来说，是微不足道的，学生们的健康快乐地成长，是值得每一名教育者珍藏的财富。

达孜县唐嘎乡有一个叫查果的学生，是达孜县中学2006届的毕业生，如今她也成了一名教师。查果在校的时候，家里除了常年卧病在床的父亲外，还有一个年幼的弟弟，家庭的重担都压在了这个16岁女学生的身上。查果上学路上最重要的事情，就是捡路上的饮料瓶和废铁卖钱来补贴家用。尽管家境困难，但她一直坚持学习。索朗了解到这一情况后，被她的精神深深感动。他查看了查果的学习成绩后，发现她各方面都很优秀，如果能继续学习下去，一定会有很好的未来。于是，索朗不仅资助查果和她弟弟的学业，还为查果家提供经济和生活上的帮扶。如今，查果已经参加工作，并且也在资助两名学生读书，而她的弟弟在西藏大学读书。索朗说：“我坚信她和所有的学生一样都是我遇到的最好的学生，这是我的幸运，更是我的骄傲。”

在担任校长工作以来，索朗始终坚持把感情的投入作为自身工作的标准。他常常勉励自己：“只要人人都献出一点爱，这个世界将变得更加美好。”

坚持以人为本，提升教师队伍幸福感

索朗“以人为本”的教育理念，不仅仅体现在对学生的关爱上。在学校教师队伍的建设上，他也将人文关怀渗透其中，着力打造教学实力过硬的师资队伍。他认为，教师持续健康成长是学校力量的源泉，没有教师个人的专业成长就没有高品质的教育。

在教师队伍培训方面，索朗大力倡导继续教育和终身教育，将“学习型”教师作为教师队伍的发展目标。对于刚刚大学毕业的年轻教师，索朗采用“师徒结对”传帮带的方式，帮助年轻教师尽快进入工作状态。为激发学校教师发展的主动性，他通过“请进来”和“走出去”的方式，为教师搭建交流平台。“请进来”，即邀请市、县教研室专家以及优秀教师进行校内指导培训；“走出去”，即到拉萨市内的江苏中学、拉萨市第三中学、拉萨市第六中学进行校际学习交流。此外，索朗还紧抓学校教师高层次学历进修工作，分期分批送教师参加西藏自治区、拉萨市举行的业务培训；鼓励教师制作并应用多媒体课件，将信息技术与课程进行整合，实现教学过程最优化。

在学校管理中，他采用多种方式，促进教师工作态度的转变和工作效率的提高。在学校的各项活动中，经常能看到索朗的身影。索朗认为，通过在活动中与教师、学生交心、谈心，能更好地了解他们的思想动态，听取并采纳师生对学校工作的意见与建议。担任达孜县中学校长期间，索朗建立并完善了学校教师考评体系，与各中层处室负责人签订目标管理协议书，进一步提高了学校管理工作的规范性和科学性。在用人制度上，学校采取中层岗位因事定岗、择优上岗竞聘制，增强了学校管理的动力和活力。

除制度规范外，索朗更加重视对教师队伍的人文关怀，把解决教师的学习和生活困难作为自己的重要工作内容，认真对待和妥善解决。他倡导和推行“幸福教育”思想，多次诠释“学校发展幸福观”，让教师们在和谐的人际关系中感受到生活的幸福，在有序的校本教研中感受到工作的幸福。

组织义务培训，开启农牧民远程教育模式

2004年，教育部与微软公司合作的助学项目来到达孜县中学。在信息相对闭塞的西藏，对于达孜县中学的发展是难得的机遇。索朗充分发挥先进的技术和设备优势，组织学校相关人员进行技术培训。在专业教师的指导下，学生利用计算机学会了打字、绘画，还能打出自己的作文。各科目教师结合自己的专业，在全区率先完成了初中阶段的电子教案和课件，尤其是藏文教案和课件，对于藏文输入法还不太完善的西藏自治区来说，这是难以想象的。达孜县中学结合当地实际，通过全体教师的努力，在全区率先形成了自己的乡土教材。那时，达孜县中学已有一半的教师能熟练运用电子白板上课。

由于办学和管理方面取得了较好的成果，2006年，达孜县中学承办了拉萨市农牧区常规管理现场会。学校丰富的校园文化生活，给参会的上百名教育部门领导和教师留下了深刻印象，同时，达孜县中学的各项管理制度也被兄弟学校效仿。

在索朗的推动下，达孜县中学教师在完成自己分内工作的同时，还通过网络下载整理农业技术、养殖、卫生防疫等教育资源，把全县的农牧民集中起来分批分时间进行培训。经过培训后，当地不少农牧民掌握了一技之长。学校还将友好单位县武警中队的士兵组织起来进行打字、上网培训，开阔他们的视野。达孜县中学还组织业务精湛的教师

为教育局和达孜县各中小学教师进行理论、业务指导，为达孜县的远程教育提供技术支撑。

由于在农牧民教育上做出的贡献，达孜县中学成了2007年西藏自治区中小学远程教育现场会的第一站。学校学生们的精彩讲解赢得了教育厅带队领导的高度评价。远程教育现场会后，陆续有各地、市、县的学校校领导带队来达孜县中学取经。达孜县中学的远程教育模式在西藏自治区迅速传开，它成了西藏远程教育的一面旗帜。

达孜县中学还结合当地的教育资源，大力开展职业教育。学校通过校企联合办学办班，积极探索开设民族绘画、木工、缝纫、英语导游、石雕等专业，招收当地农牧民，学员就业率达到100%。学校还利用寒暑假，招收当地学员，进行保安、司机、餐饮等培训。几年来，从达孜中学职业教育走出的学员有上千人。

“捧着一颗心来，不带半根草去”，这是著名教育家陶行知先生一生献身于教育事业的真实写照，也是索朗用以激励自己的座右铭。“我要在平凡的岗位上，少说空话、多做实事，让学生欢迎、让社会满意，努力做一名合格的人民教师。”从教20多年，索朗在教育事业中的探索与实践，似乎是对他当初“回家乡做一名真正的人民教师”的诺言的声声回响。

（本文由校长国培计划——中小学名校长领航班浙江省教育行政干部培训中心培养基地提供）

朱毛智

名家点评

追求理想中的中等教育

王　红

20世纪前半叶，北京高等师范学校（北京师范大学前身）教授林砺儒兼任北京高师附中校长。在就职演说《我的中等教育见解》中，他说道："中等教育的任务就是引导少年人格之放射线到各方面去……我认定理想的中等教育，是全人格的教育，绝非何种职业之准备。要全人格的陶冶受得圆满，那么将来个性的分化才算是自然的。"由此，他提出了"全人格教育"的理念，这一理念亦成为后世之范。在我看来，江西省南昌市第十九中学的校长朱毛智，则是全人格教育理念的优秀践行者。

朱毛智校长以"全人格教育"核心理念为统领，以学生为本，提出了"教育即服务"的理念。在朱毛智看来，办人民满意的教育，归根结底是以生为本，这就需要将学生视作服务对象，提高学校服务意识、服务水平和服务质量。要让学生满意，在课程建设上就需要满足学生发展的需求，因此，办课程"超市"就成为必然。有了课程"超市"，学生能更好地根据自己的兴趣和爱好进行选择，发展个性，培养习惯，成就精彩。

为了让家长和社会满意，朱毛智在学校实施仁爱教育，从儒家"仁爱"精神出发，将弘扬优秀传统文化与创新未来科技教育相结合，将人文精神与科学精神相结合，培养学生爱自己、爱他人、爱自然、爱社会、爱国家的情怀。以仁爱文化教育促进学生对中华优秀文化的继承与创新。

学校教育之于学生和家长，与美好未来相连。而美好的未来离不开优质的教师、高质量的教学和家长的配合。为达成家长和学生对学校的期许，朱毛智校长精心打造微团队，在“全人格教育”核心理念的引领下，创造具有个性特色的“思维课堂”，改进课堂教学，促进师生发展，引领教师从知识教学向能力教学迈进、强化学生实践能力和创新能力的培养。

走进南昌市第十九中学，你会看到革命年代井冈山的“红旗精神”在这里得到了传承与发扬，也会看到“全人格教育”理念不再停留在纸上。朱毛智校长正不断通过自己的实践，将“教育即服务”的理念化虚为实，为学生创设一个期许中的美好未来。

（作者系华南师范大学基础教育培训与研究院教授、博士生导师）

将发展选择权还给学生

个人小传

朱毛智，毕业于厦门大学政法学院哲学系，江西师范大学基础心理学专业在职研究生学历，中学高级教师。历任多所学校副校长、校长、党总支书记等职。2012年9月至今，任江西省南昌市第十九中学校长。

成长之最

对自己影响最深的教育理论著作：《过去的中学》（傅国涌　著）。

办学管理中最有成就感的事：看到教育改变一个个学生和家庭，更坚定了教育情怀，愿意终身从事教育工作。

办学管理中最棘手的事：校长被行政化。

教育教学中最有成就的改革创新：创新“全人格教育”模式。

学校改革创新最亟待解决的问题：让教师更有尊严地工作和提高教师生活待遇。

什么样的校长最容易做出成绩？如果将这个问题抛向全国的校长，或许其中多半会回答：名校的校长。诚然，名校的资源优势，更有助于校长在自己的职业履历表上，添上华丽的一笔。然而，江西省南昌市第十九中学（以下简称“南昌市第十九中学”）的校长朱毛智却不以为然：名校为校长带来了光环效应，但同样意味着更大的责任与压力。

南昌市第十九中学是当地的老牌名校，2012年，朱毛智接任校长一职。上任伊始，他便思考，如何创新学校发展理念，让这样一所老牌名校持续、有活力地发展下去。在不断的探索中，他将自己的目光转向了过去的中学——20世纪前半叶，在纷纷攘攘的社会环境中，那些真正以育人为本的理想中学。在此基础上，他创新了“全人格教育”的理念，用自己的行动构筑心目中的理想中学。

课程“超市”：为学生发展提供多元选择

朱毛智记得，自己最喜欢的那本《过去的中学》一书的前言中有这样一句话：“一个人一旦错过了中学时光，要想再补救确实就有点晚了。”他感触颇深，中学并不是作为大学输送带上的一个环节，而应有自己独立的价值。在他看来，让学生在这个重要的人生阶段培养自己的兴趣，张扬自己的个性，是教育的重要任务。

为了促进学生全面而又主动地发展，并满足学生兴趣、需要和特长的个性化发展，朱毛智带领南昌市第十九中学开设了课程“超市”，着力培养学生多元智力，塑造健康的人格。根据学生的发展需求、年龄特点和学校的实际情况，规范开展国家课程，开设并落实校本课程和特色课程。把课堂还给学生，让课堂充满生命活力；把创造还给教师，让教育充满智慧和挑战；把精神生命发展主动权还给师生，让学校充满勃勃生机。

朱毛智积极创造条件开设拓展性课程，成功开设“影视欣赏”“毛衣编织”等18门选修课程，编写了《生活中的物理》《旅游地理》等校本教材。学校初中部因地制宜地开设了劳动技术课、读书课等特色课程。在开展体育艺术“2+1”项目基础上，他提出了体育“N+1”活动，把发展足球、排球、篮球、游泳课作为特色品牌来打造。他提出每个十九中学生都要学会游泳，利用学校硬件优势，把游泳课作为每个十九中学子必须掌握的生存技能课程。从2014年9月开始，每一届高一新生都会在学校游泳馆学习游泳，作为常规体育课，学期结束进行游泳比赛。

南昌市第十九中学丰富的校本课程体系，不仅使学生的人格得到陶冶，知识得到训练，视野得以开阔，而且调动了学校教师的教学积极性。朱毛智认为，琳琅满目的课程“超市”，在一定程度上会增加学校课程建设的压力，但是，为学生提供适合的教育，才是课程建设的根本追求。

以生为本：开展全人格教育模式

中学阶段，是学生人格成长的关键阶段，个人的文明素养，对世界的认识，对社会人生的理解，也都在这个阶段初步成型。因此，朱毛智提出以未成年人思想道德建设为重点，积极实施素质教育，促进学生“全人格教育，多元化发展”。以行为习惯养成、社团活动开展、校园文化建设、社会实践助力为四大抓手，推进课程建设、德育建设和综合实践三大创新，营造全面育人、特色发展的新气象。

他倡导仁爱立人，创新德育活动。他提出在“仁爱”文化的框架下，加强班级文化、寝室文化的建设，营造良好班风、学风、校风，促进学生良好行为习惯的养成。除了开展“养成教育月”“学雷锋”系列主题教育活动外，学校还定期开展特色主题教育活动，做到德育活动月月有主题。

他推动综合实践创新，把新课程理念渗透到教育教学的每一项具体工作中。学校在开展学习月、学科竞赛、体育文化节等活动的同时，为全面培养学生个性特长搭建发展平台，开展了特色鲜明的文体活动，提高学生综合素质，如十九中好声音、英语口语大赛、国学经典朗诵赛、绘画书法展等。他还大力支持学生社团建设，使之成为学生“放飞梦想的地方”。目前社团组织达17个，其中DIY（自己动手做）社、舞蹈社、轮滑社、动漫社等已在全市社团中小有名气。多元化、特色化的课程文化，对学生个性化成长起到积极的促进作用。

为了实践新课程标准和多元育人的理念，朱毛智提议并推动在高中年级开展暑期“寻访红色足迹”社会实践活动，在高一和高二年级积极试行学生校内社会实践活动。学生在实践中自我管理，自我发展，自主学习，增强了责任意识和担当精神。

创新管理：提升教师队伍服务意识

拼搏、淳朴、敬业的“红旗精神”，是南昌市第十九中学教师队伍的特色。在此基础上，朱毛智提出了“教育即服务”理念，倡导提升教师队伍的教育服务意识，即校长带领学校行政团队服务教师，教师服务学生、家长。学校处室工作前移，深入师生，及时发现、解决各种问题，在“仁爱”管理中处处体现人文关怀。

根据学校实际，朱毛智提出把“深耕仁爱文化，增强服务意识，提升办学品质”作为管理目标，大力开展“服务提升年”活动。他常说：“我不讲大道理，只做小事情。”他对教师要求严格，却又不失人文关怀。学校教师家庭有困难时，他会带头捐赠，想各种办法为教师解决困难；教师情绪有波动时，他会主动关心，发现症结，为他们疏通心理障碍。在食堂用餐时，也常会看到朱毛智为学生和教师服务的身影。有教师回忆说，自己印象最深刻的是，校长在为他们递上热菜热饭的同时，会问候一句“你辛苦了”。

在服务学生方面，朱毛智以身作则，每月都会邀请一些“特殊”的学生共进午餐。他们中有的是成绩取得了进步的学生，有的则是刚受过处分或者心理焦虑的学生。他通过“与校长共进午餐”活动，及时了解学生心声，解决学生困难，架起了学校与学生之间的桥梁，对加强学生思想转变和心理疏导、营造良好学风校风起到了促进作用。

此外，在他的推动下，学校建立了“学校管理咨询委员会”，设立“学生校长助理”，由教师、学生、家长共同参与学校民主管理。在家校共建中，教师的问题处理能力和教育服务意识得到了提升。

内外兼修：促进区域教育均衡发展

朱毛智为学校定下的校训是“以天下为己任”，这不仅是学校教育在学生人格培养方面的目标，还是他对自己的严格要求。他意识到，学校仅仅完成自身的发展和蜕变是远远不够的，而且对于当地教育来说，名校还需要承担辐射引领作用，带动当地教育均衡发展。

2012年9月，朱毛智调入南昌市第十九中学。此时，南昌市加快教育均衡发展步伐，通过品牌移植、承办共建等方式，引进名校成熟的教学模式和管理模式，让名校建新校，充分发挥名校辐射和带动作用，让优质教育资源不断扩容。于是，朱毛智带领南昌市第十九中学积极参与其中，在红角洲地区建立了新校，方便当地学生就近入学。朱毛智将老校区“素质化教育、多元化发展、人文化教学、个性化成才”的理念，移植到新校的发展中，并输入优质教师资源，保证新校承继老校的特色不变质。

朱毛智通过积极实践，形成了可以复制的办学理念和经验，取得了可以辐射传播的成果，进行“全人格教育，多元化发展”，开展“仁爱”教育。

2015年6月，朱毛智入选教育部首批中小学名校长领航班成员，在华南师范大学培训基地学习。经过5次集中学习，2016年初，在江西省教育厅和南昌市教育局的支持下，“校长国培计划”首期中小学名校长领航班“朱毛智校长工作室”成立，南昌市第十六中学、南昌市第二十中学、贵溪市流口初级中学、南昌湾里太平狮峰学校和新疆阿克陶县红柳中学校长成为“朱毛智校长工作室”成员。

依托工作室，朱毛智组建了微团队，形成了合作学习体。为了提高工作室的帮扶效益，首先，他建立健全了工作室会议制度。如，每学期召开一次工作室计划会议，讨论本学期工作室计划，确定工作室成员的阶段工作目标、工作室的教育科研课题及专题讲座等内容;每学期召开一次工作室总结会议，安排本学期展示的成果内容及形式，分享成功的经验、探讨存在的问题等。其次，他完善了工作室培训制度。作为工作室主持人，他为成员制订具体的进步计划，安排培训过程。工作室成员必须参与到计划中来，完成工作室的学习、研究任务，并有相应的成果显现，努力实现培养计划所确定的目标。最后，他还建立了工作室档案管理制度，由工作室联络员管理。工作室、工作室主持人及成员的计划、总结、报告、论文、讲座、课题研究成果等材料及时收集、归档、存档，为个人成长和工作室的发展提供依据。

在具体实践层面上，他与成员校校长分享了自己的办学理念与实践经验，并帮助工作室成员校梳理办学理念、办学特色，共同探讨、研究在学校管理与发展方面的实际问题，寻求问题解决方案。他采取主题报告、专题讲座等形式，进一步帮助工作室成员提升修养。

他还结合工作室成员情况，针对管理中的不同层面、成员各自学校发展状况，进行专题研讨、校际交流、案例分析等，进一步锻炼成员的领导力。通过共同学习，交流反思，不断提升工作室成员的教育思想、办学理念，改进领导策略，提升领导力，通过构建学校核心发展力，实现学校、教师和学生和谐、健康的发展。

近三年内，在朱毛智的推动下，南昌市第十九中学为市兄弟学校培养了一批校级领导干部，校长工作室成员校也在不断探索改革创新与特色发展之路。而朱毛智则在自身教育理念与实践的转化过程中，看到理想中的中等教育从纸上落实到了地上，在现实中慢慢成型。

（本文由校长国培计划——中小学名校长领航班
华南师范大学培养基地提供）

宋建东

名家点评

草原钢城里的一首教育长诗

胡淑云

“教育说到底是充满人性光辉的事业，是充满爱的事业。爱是洒向学生心灵的阳光、滋养学生生命的营养。没有爱便没有教育，教育因爱而美丽。”这样理解教育并投身于教育事业的校长不乏其数。但是，当我在北京教育学院培养基地“导学对面初相识”环节，听到宋建东校长说起这番熟悉的话时，心里还是升腾起一种莫名的感动。一年多来，通过名校长领航班培训基地的各种研修活动，特别是两次走进宋建东校长所在的内蒙古包钢第一实验小学，我逐渐理解了她对教育是爱得如何深沉。

宋建东校长对教育问题有一种与生俱来的敏感，街头巷尾、茶余饭后不经意间的闲聊，都能触动她的神经，引发她对教育的深刻思考。这种敏感源于她对教育深深的爱。更为可贵的是，她能够“咬定青山不放松”，将所思所想落实到行动中，制定相应的制度来推动，最终衍生为学校的文化。她不为别的，只为“追寻教育本真”。

在没有“规范化建设”“特色评比”的压力和“专项经费”支持的情况下，她“自讨苦吃”，为学校盖起了乐美楼，只为让师生的生活浸润在艺术、书香创造的气息中，“让每个生命幸福绽放”。

“君子务本，本立而道生。”宋建东校长不断用自己的思想和行动去诠释教育的本质。为了能让患有自闭症的学生随班就读，她抵挡住了来自其他家长的质疑与责难；当脑瘫的学生在综合实践活动课程的展示中，能像其他同学一样自信朗诵时，她的心情常常比家长还激动。人文综合实践课程的探索、生命化课程体系的构建、生命高效课堂的创建等，均源于她对教育本质的深刻理解。她不为别的，只为彰显教育本色，追求教育理想。

在19年的校长生涯中，宋建东校长善于审时度势，在学校发展的每一个节点，敏锐地发现问题，找到“痛点”和“生长点”，不失时机地提出学校发展新愿景，并以她的激情、坚韧和智慧，感召、引领学校教师用心用情、躬行实践，破解难题，不断创新。她不为别的，只为丰富教育的内涵，提升教育的品质。

作为名校长领航班的学员，面对沉甸甸的责任，宋建东更加勤奋务实。她引领工作室成员近期开展的“课堂观察促进教师专业发展”教研活动，一切从实际出发，脚踏实地。她不为别的，只为真帮扶、真示范。

这一切，都源于宋建东校长对教育的真爱。她用自己对教育入骨入髓的爱，在草原钢城谱写了一首美丽的教育长诗。

（作者系北京教育学院教授）

为生命教育绘制“思维导图”

个人小传

宋建东，1982年7月毕业于呼和浩特师范专科学校；2003年7月毕业于内蒙古师范大学，获得大学本科学历，后在华东师范大学研究生课程班结业。1997年1月开始，担任内蒙古包钢第一实验小学校长。1999年，包钢第六小学并入包钢第一实验小学，宋建东继续担任校长至今。

成长之最

对自己影响最深的教育理论著作：《教育的智慧与真情》（肖川　著）。

办学管理中最棘手的事：青年教师补充缓慢，人员不足，资金紧缺。

教育教学中最有成就的改革创新：人文综合实践活动课的探索，生命高效课堂的创建。

学校改革创新最亟待解决的问题：改善办学条件，实现教育内外兼修。

在包钢第一实验小学（以下简称“包钢实验一小），宋建东虽然不是时间最长的陪伴者，却是最有心的陪伴者。她总能和学校教师一起想出教育的各种奇思妙想，有效解决教育中出现的问题。有人称赞她睿智，她却说自己不过是多用些心思而已。尊重并呵护学校里每一个生命的成长，是宋建东始终奉行的教育理念。她用她对教育的挚爱，对师生的真情，对事业的执着和科学先进的办学实践，诠释了“一位好校长就是一所好学校”的命题。

文化浸润，夯实生命成长的沃土

刚担任校长时，宋建东的办公室来了位家长，他气冲冲地反映自己的学生被教师羞辱了。他说：“学生知识没学会，今后还可以再学，但如果自尊心受到伤害了，性格扭曲了，这是一辈子也无法弥补的！”宋建东听完家长的话陷入了沉思：教师和学生在学习上并不是对立的，但当学生们没有达到教师的期望时，教师又常常会有责骂的举动。如何让教师的言行更专业，更艺术，更有教育的意蕴，从而让学生们幸福成长呢？宋建东认为，必须从教师管理层面开始，着力营造尊重和理解生命的文化氛围。

一方面，她从组织教师学习教育理论、确立先进科学的教育理念、开展专题研究实践入手，建设学习型、研究型、实践型学校；另一方面，她从转变管理理念、管理行为入手，为教师以身示范，让教师幸福成长。宋建东认为，管理不仅是组织、控制，还是发现激励，促进成长。2001年，在创造富有生命力的课堂生活中，她引领学校干部们践行辩证听评课制度，以评带促，一改教师害怕校长、学校领导干部进课堂听课的局面，激发了广大教师课堂探索改革的热情。

学校乐美楼的建设也是宋建东校园文化建设的产物。一次，她发现学校郭附表教师业余时间倾心创造出几百幅作品，就产生了建工作室成全教师、成就学生的想法。为此，她千方百计地克服重重困难，积极争取，全身心投入地建起了乐美楼。在建设乐美楼的两年中，她几乎没有一个休息日，常常工作到深夜，但还是咬牙带领着自己的团队坚持了下来。

行走在充满艺术、书香和创造的乐美楼里，包钢实验一小的学生们常常为来宾介绍着各个设施的细节与创意，一砖一瓦、一物一件都倾注了宋建东和学校教师的心血。宋建东说："文化是内化于每个人心的价值追求，是外化于每个人行的自觉行动。这不仅是圆教师的艺术生活梦，也是圆我们的教育理想梦。郭附表教师对艺术的执着与追求，就是一个生命范本，就是一种无形的、无价的教育资源，无声、无痕地影响着学生们和老师们。""尊重生命、激扬生命、成全生命"的文化，成为包钢实验一小师生生命成长的沃土。

课程建构，维护学生发展的根系

宋建东基于生命教育理念，带领她的教师团队，对国家课程、地方课程、校本课程进行目标与内容的有机整合，提出了"一核心"（基于核心素养）、"两维度"（以何为生、为何而生）、"三层次"（珍惜生命、滋养生命、成全生命）的学校课程构想，实施三级校本课程。

珍惜生命课程是生命成长的基础，包钢实验一小主要开设了体育与健康、法制与安全课程。滋养生命课程是生命成长的营养，主要有语言与阅读、艺术与欣赏、科学与创造、数学与思维课程和人文综合实践活动。成全生命课程是学生根据自己的兴趣、爱好、优势，自主选择的课程，以发展学生的兴趣、爱好，形成优势，引导、助力学生成为独特的自己。在宋建东的引领下，学校逐渐形成了"全面、多元、自主选择"的课程文化，增强了课程的综合性、实践性、自主性、拓展性，培养了学生的综合实践能力、创新精神和人文素养，提升了课程的效益。

人文综合实践活动课是宋建东在学校课程构建中的重要探索之一。它综合多个学科，以“主题—探索—表达”为呈现形式，以学生自主学习、研究探索、实践体验、合作交流为课程的基本方式，以贴近学生现实生活实践、社会实践、科学实践为课程的基本内容，培养和发展学生的完整人格、综合素养、创新精神和实践能力。

以小学四年级下学期为例，教师把语文、思想品德，与社会、研究性学习等课程融为一体，开展了主题为“大地母亲”的综合实践活动课程探索。四年级的学生们通过走近田园自主阅读、深入田园学习种植、感悟田园表达创造三个阶段的学习，最后进入“亲近大地感悟生命”为主题的综合实践活动成果汇报。

在这个实践活动课中，学生们将学习的课文《乡下人家》改编成朗朗上口的快板，把学习的田园古诗绘制成古诗配画，把搜集的描写田园风光的古诗词编成古诗新唱。他们用照片和视频记录下了学习种植和动手体验的过程，写下了走进田园学习种植的收获。在成果汇报时，他们创作的田园诗情画意作品赢得了在座教师和家长的掌声。

宋建东认为，课程构架就像生命成长的根系，深触到学校生活的沃土中，这些根系越发达，越丰富，就越能源源不断地为生命成长提供丰富、充足的营养。丰富自主多元选择的课程体系为包钢实验一小的校园生活注入生命的活力。

课堂激活，打造师生互动的乐园

“课堂是师生在学校生活的基本形态，也是师生交往互动、共同成长的乐园。”宋建东说。她希望，学校的课堂生活能成为师生们流连忘返的一道道亮丽风景线。

担任校长后，宋建东明显感觉到，烦琐的事务性工作让她离课堂远了。但她始终坚持深入课堂、研究课堂、引领课堂，与教师一起创造“富有生命力的课堂生活”。在林林总总的课堂改革面前，她和她的团队并不盲目追风，始终坚持纳百家之长，追教育之本，走自己之路。早在2001年课程改革中，她就提出了“创建富有生命力的课堂生活”的课堂改革目标，提出了高效生命课堂的五个特征：一是民主、平等、宽松、和谐的课堂环境；二是知识与技能、过程与方法、情感态度与价值观的三维目标协调实现；三是建立旨在充分调动、发挥学生主体性的多样化的学习方式，使学生主动地、富有个性地学习，真正成为学习的主人；四是让课堂回归自然、回归社会、回归实践；五是师生在课堂生活中共同成长、共同发展。

宋建东坚持用文化引领课堂，用制度管理课堂，用课例研究推动课堂改革。2014年，在总结前期课堂改革的基础上，她提出深化课程改革再创生命高效课堂的新目标。但包钢实验一小始终都没有提出任何模式，这是因为宋建东认为教学有法、教无定法、贵在得法，不能用模式套住教师的创造力，这就是课堂的生命力所在。包钢实验一小的课堂改革是有作战图的，它从知识目标走向核心素养，从单一学习方式走向多种学习方式综合运用，从以教为中心走向以学为中心，以教师为主导、学生为主体、实践为主线，遵循以学定教、以学评教、以学改教三原则；通过自主性策略、激励性策略、创造性策略导入自主探究、合作交流、展示汇报，最终检测反馈、总结提升。走进包钢实验一小的课堂生活，你能明显地感觉到：学生是学习的主人，教师是教研的主人。

在学校一堂“长方体的整理与复习”的数学课上，可以看到宋建东倡导的高效生命课堂的缩影。包钢实验一小数学教师孙玲带着学生们走进了IPAD云课堂。学生在课前完成了前置作业：运用IPAD制作出清晰的思维导图，独立梳理已经学过的长方体相关内容，将散落的知识点串成系统的知识链，形成知识体系。在课堂上，学生们以小组学习的形式交流互动，修正、完善自己的知识体系，并在组内选择一位同学的导图，集体修改后，在班级交流，进一步发现、解决问题。最后，形成由浅入深、由易到难的有层次的逻辑性极强的思维导图，为学生后续制作导图提供范本，养成整理知识的习惯，掌握整理知识的方法，掌握学习技能。

教师的课堂观察活动是课堂交流的重点。针对这节数学课，根据学校生命高效课堂评价标准，从教学目标、教学策略、学生状态三个维度制定了9个观察点，在教学策略中重点观察小组合作学习中的教师行为和学生行为，以及现代信息技术与教学的深度融合。在这样的高效生命课堂中，由学生的学决定课堂的取舍。

望闻问切，唤醒帮扶校发展内驱力

作为名校长领航班的成员，宋建东始终将支教帮扶与辐射引领作为自己的重要使命，但她对支教有自己独特的见解。她说：“一个人只能唤醒另一个人沉睡的生命，却不能代替另一个人的生命。”因此，在她曾经支教帮扶的学校中，或是组织安排的，或是自主联系的，无论哪种情况，她都会首先了解学校的发展情况、校长的成长阶段，从支教学校自身实际和需要出发，寻找支教的着力点，激发学校自身发展的内在动力和活力。

石拐区蒙古族小学是宋建东的支教学校之一。支教之初，她多次深入石拐地区，听取区政府、区教育局的汇报，单独调研区长、教育局局长，实地访民情、察民意，全面了解当地经济社会发展状态和区委、区政府对教育的规划和期望。她还与石拐区蒙古族小学校长郭丽推心置腹，唤醒沉睡在郭校长生命深处对教育的思考、期待与困惑，努力激发起郭校长对办好学校的热情和愿望。在此基础上，她带领着包钢实验一小的优秀团队和蒙小一道为学校发展出规划、出战略、同管理、同教研、同课题、同活动、同检测，两校共同研究解决学校发展中的重大问题和教育教学中的具体问题，在实践中帮助他们树立信心，坚定信念，确立科学的教育理念，改善教育教学方式，提高教育质量。蒙古族小学师生的精神风貌发生了深刻变化。学生走到各项活动的台前，表现精彩，让蒙小教师们体会到：“每个生命都潜藏着巨大的潜能，只要我们善于激发。”由此，学校走上了“自主发展、超越自我”的良性发展之路。

除了“一对一”“面对面”“一校一案”的支教帮扶外，宋建东还开展“联盟学校区域联动教研”活动、“基于学校实际的主题教研”活动、宋建东校长工作室系列活动、项目示范、课题引领等活动。她深入现场，在具体的教育情境中与支教学校、联盟学校的校长、教师一起研教论教，引领教师追问教育本质，回归教育本质，追本创新。宋建东通过建立学习、研究、发展共同体，让包钢实验一小变身为教育发展人才的孵化器，而她自己则坚定地走在“用一个灵魂唤醒另一个灵魂”的教育之路上。

（本文由校长国培计划——中小学名校长领航班
北京教育学院培养基地提供）

王浩波

朝圣者、守望者、使命者

刘　力

管理学上有个工作成就定律，即工作成就等于工作能力和工作态度伦理的平方。能力越强，态度伦理越好，其工作成就越卓越，但大多数人只重视提高领导和管理能力，往往忽视态度和伦理。其实，每个人的能力不可能为零，而态度却可能是零。教育界有领导和管理能力的大有人在，少的是有情怀、有执着精神的教育家——对理念的执着，对职业道德的执着，对工作的执着等。王浩波校长就是这样一位执着地走在教育改革路上的朝圣者、守望者、使命者！

甘做教育的朝圣者。对生命意义的追求是人生最基本的需要，这种需要如果得不到满足，就会陷入空虚迷茫的境地。因此，像王浩波校长一样的雪域高原上的教育人，没有因为办学条件相对艰苦，就放弃心中的梦想和信仰，放弃教育改革的朝圣之路。他们无时无刻不在想着如何建好学生们成长的精神家园，如何向着教育梦想继续前行。在我看来，像王浩波校长这样的教育人生，本身就是一种最好的领航，因为它显示出的不只是个人品质，更是整个雪域高原上教育人的人性光芒！

甘做教育的守望者。《麦田里的守望者》一书中的主人公是一个被学校开除的中学生，貌似玩世不恭，厌倦现存平庸的一切，但他并非没有理想。他想象的是悬崖边有一块大麦田，一大群学生在麦田里玩。而他的理想，是站在悬崖边做一个守望者，拉住朝悬崖边乱跑的学生，防止他们掉下悬崖。今天的学生也很像麦田里的学生，一不小心就会掉下悬崖，而悬崖下是精神的废墟和物欲的深渊。正是有了王浩波这样默默无闻的守望者，才有了西藏学生的未来。他们的全部生活就是守望西藏教育，守望西藏的学生们，这便是他们对教育事业的担当精神。

甘做教育的使命者。王浩波校长以高度的责任感、强烈的使命感和时不我待的紧迫感，正在努力成为教育家型的校长。一名教育家型校长，他一定不会挑剔学生的出身、相貌、性格和天资；一定会从心底里爱每一个来到他的学校的学生，而不会只喜爱能给自己学校争来荣誉的学生；一定会把自己的办学理想变成每一天的努力，把日常繁杂的管理工作与理想追求融为一体；一定会把学校一切工作都变成教育的机会和手段，而不是简单管理学生；一定会有清醒的头脑，对不利于学生的东西，采取积极措施加以消除，努力减少负面影响。而这些特质，正在王浩波校长的身上萌芽。

敬畏教育，做教育的朝圣者、守望者和使命者，这是王浩波校长给我留下的深刻印象。他用自己的奉献精神，为我们在雪域高原上点燃了一盏温暖的教育之灯。

（作者系教育领航工程浙江基地首席导师，浙江大学教授、博士生导师）

办有民族特色的现代学校

个人小传

王浩波，满族，中共党员，研究生学历。1988年6月毕业于西藏大学，同年7月分配至拉萨市第二中学。1998年7月—2002年6月，担任拉萨市第二中学副校长；2002年7月—2006年6月，担任拉萨市第二中学校长；2006年7月—2010年6月，担任拉萨市第八中学校长。2010年7月至今，担任拉萨市第三中学校长。

成长之最

对自己影响最深的教育理论著作：《夏山学校》（A. S. 尼尔　著）。

办学管理中最有成就感的事：办适合每一个学生全面发展的教育，初见成效。

教育教学中最有成就的改革创新：创新在民族区域的“理解教育”。

学校改革创新最亟待解决的问题：让学生真正成为课堂的主体。

2010年的7月1日，对于西藏自治区拉萨市第三中学校长王浩波来说，显得格外特殊——教育部领航名校长工程“王浩波校长工作室”在这天正式挂牌成立了。当接过以自己名字命名的工作室标牌时，王浩波感到自己肩上的担子又重了一些。

作为援藏二代，王浩波身上铭刻着“奉献”的印记。从教28年，他始终坚守在西藏自治区教育的最前线。对于如何在教育中尊重和理解民族差异、探索藏区教改新模式，他从未停下过思考和行动的步伐。

实践探索，走出藏区教育思维定式

1988年，王浩波大学毕业后，踏上了教师工作岗位，他在高原地区的教育征程也拉开了序幕。而在5年的教育实践中，他曾一度陷入对西藏地区教育方式的迷茫。直到他1993年担任拉萨市第二中学德育主任期间，通过对西藏地区教育的深入思考以及实践探索，才逐步意识到德育在教学工作中的重要性，形成了“全面育人应以德育为先”的教育思想雏形。

王浩波在拉萨市第二中学任校长时，以“课堂教学是学生成长阵地”为主题，开始研究和探索民族地区德育如何影响学生的成长。而在拉萨市第八中学任校长期间，他更加注重如何提升西藏自治区基础教育的时效性，探索西藏基础教育动态改革发展，让学生优质成长、智慧成长、精神成长。在不断的教育实践过程中，王浩波的教育思想也逐渐成熟。此时的他，开始追求一种有民族特色的现代学校教育。

自担任拉萨市第三中学校长以来，他立志要让每个学生得到发展，办适合每一个学生全面发展的教育，但学校的现实情况却不容乐观。当时的拉萨市第三中学的基础设施严重不足和落后，教师观念陈旧，生源少、质量差，学生两极分化严重，提高教育教学质量困难重重。在全面系统地研究了学校的人文资源、办学历史，深入细致地分析了学校的现状和发展前景之后，他决心从建设良好校园环境、完善硬件设施入手，发展和践行民族区域理解教育。王浩波说，6年前，学校教师之间流传着一个“笑话”：由于学校路面坑洼不平，一位教师开车进入校园停车后，发现车的排气管竟然不见了。此后，他的车就一直停在学校大门口，再也不敢开进来。

为了改变这种状况，王浩波在资金极度困难的情况下，想方设法自筹资金兴建了综合实验楼、图书办公楼和多媒体教室、微机室、图书室、语音室、实验室、音乐室、舞蹈室、德育室、心理咨询室等现代化教室，而且这些都丝毫不逊色于平原地区大城市的学校。他还主持完善了校园网，先后完成了教师宿舍楼、综合教学楼、自行车库和校园新围墙的建设，建成了300米塑胶跑道，实现了校园全面绿化和硬化，建成了电子白板多媒体教室和教师电子备课室，改善了教师的办公环境，学校面貌发生了翻天覆地的变化。

自1998年担任校长以来，王浩波无论在哪个学校，都始终坚定着一个目标——要办就办一种适合每一个学生全面发展的教育，要办就办一所有民族特色的现代化学校。努力在管理、服务、教学质量以及教师队伍的建设上下功夫，致力于创新和追求学校的可持续发展。

五位一体，构建理解型课程体系

听说拉萨市第三中学“王浩波校长工作室”挂牌，学生家长那仁特意换上了节日的盛装。谈起王浩波，那仁和许多家长一样，脸上露出了赞赏的笑容：“王校长很朴素，没有官架子，对于学生的教育很有想法，能获得国家级名校长工作室授牌，我们都不感觉意外。”那仁说，自己的女儿在学校读初二。由于王浩波实施民族区域理解教育的差异化教学方式，女儿的学习压力得到了有效缓解，成绩提高得很快。在王浩波看来，“理解教育”是将关注点放在每一个学生个体上，去发现差异，从而尊重差异、理解差异、消除差异。在此基础上，他赋予了“理解教育”更为丰富和深刻的内涵：在民族区域为消除由地域及语言结构所造成的误解，增进理解，使教师与学生更好地理解自己与他人，从而获得较好的发展过程。

“全面育人”是素质教育的核心，也是民族区域理解教育的行动纲领。在王浩波的引领下，学校全体教职工秉承“民族理解、培优补差”的办学理念，坚持从学生的德、智、体、美、劳五个方面构建理解型课程，深入推进全面育人的教学理念。

育人先育德，学生综合素质要全面发展和提高，德育是关键。拉萨市第三中学在班级课程表中安排有固定的德育课程，让德育进课堂，入心堂。学校在道德讲堂中定期开展“经典诵读”，让学生感受“孝”“善”“温良恭俭让”，学会做人的道理；通过“道路交通安全”等讲座，提高学生的自我保护意识和责任意识；开展德育实践课程，组织学生到拉鲁湿地（国家级自然保护区）参加义务劳动，提高学生的环保意识，培养学生吃苦耐劳的精神。在这一过程中，师生们认识到劳动的价值和意义，从而锻炼吃苦耐劳的精神，最终实现劳动育人的课程目标。

在智育方面，学校各学科积极开展校本教材研发“四合一”导学案，在内容上进行针对性的筛选，通过“讲、学、评、练”的教学活动，抓紧抓细课堂教学各个环节，尊重学生课堂主体地位，注重学生基本知识、思维能力和技能的培养。此外，学校还组织不同学科兴趣小组，搭建育人平台，激发学生学习兴趣，培养协作精神。在全面育人过程中培优补差，关注每个学生，打造高效课堂。

在体育、美育方面，学校充分发挥传统优势和民族特色。如，学校坚持“阳光体育一小时”，每年组织春季田径比赛和秋季校园篮球、足球比赛，给学生搭建展示自己的平台，增强学生体质，培养学生坚强的意志。每年学校都会举办文化艺术节，为学生提供展现藏民族能歌善舞的艺术才能的平台，而学校的走廊也成为学生们认识美、爱好美和创造美的“画纸”。

差异化培养，搭建多元成长平台

“面向全体学生，全面育人，让每一个三中的学生扬长避短、健康成长是发展和践行民族区域理解教育的目的。”拉萨市第三中学段世春教师说。教育不是缺少美，而是缺少发现美的眼睛。而这也是王浩波实践民族理解教育理念的初衷。

本着“没有差生，只有差异”的培优补差原则，王浩波带领学校教职工宽容、理解学生，尊重学生由于多种因素产生的差异，不把这些低起点的学生拒之门外。不管学生是在哪一方面取得一点点的进步，教师都为之喜悦，给予肯定。全校教师投入大量的时间和精力，发现学生的优点，激发学生的兴趣，发掘学生的潜能。

现在正在上高二的更敦群培，曾与王浩波结下了一段特殊的“交情”。当时正在拉萨市第三中学读初一的他找到王浩波，提出了一个“奇怪”的要求：他要从初一直接跳级到初三。王浩波起先很诧异，但并没有直接拒绝他，而是通过各种途径去了解他的家庭情况。原来他家经济困难，加上自己的学习基础不是很好，他就想通过跳级提前毕业，拿到毕业证，早一点进入社会去打工挣钱。在明白缘由后，王浩波立刻安排学校对他的生活和学习给予特殊的照顾，还自掏腰包解决他的生活费问题。直至今日，他还一直坚持定期资助更敦群培，关心他的学习情况。

为让学生开阔眼界、多元发展、扬长避短，王浩波充分利用社会资源搭建平台，让学生免费在跆拳道、合唱、小提琴社团，美术兴趣小组、实验兴趣小组，足球队、篮球队，等等多样的平台中学习，增强体质，培养兴趣，彰显个性。

在教师培养方面，王浩波的“雷厉风行”是出了名的。他说，自己刚到三中时，很多教师对职称考试不是十分重视，于是他采取“高压政策”，督促教师们去参加职称考试。如今，很多教师都顺利通过职称考试，获得了更高一级的职称，提高了业务水平。

除此之外，王浩波通过安排新老教师“结对子”、汇报课、公开课等多种方式，促进教师教学技能的提升。他还请内地名师、专家来学校做专题讲座和上示范课，派教师去内地学习，开阔教师的视野，增长教师的见识，丰富教师的教学理念，提升教师的教学技能。他还经常鼓励教师读书，倡导教师每年至少读一本教育专著，不断提升专业化理论水平，用理论思想保障培优补差的教学方式能够深入推动民族区域的“理解教育”。

双管齐下，孵化区域名校长梯队

如今，随着西藏自治区首批国家级中小学名校长工作室——“王浩波名校长工作室”落户拉萨市第三中学，王浩波没有停下在教育道路上前行的脚步，倍感责任的沉重。

怎样发挥好名校长的引领作用？仁者见仁，智者见智。作为一名扎根西藏教育多年的教育工作者，王浩波在心里给自己立了一把标尺。他希望以名校长工作室的成立为契机，在思想和行动上，都能对西藏教育的发展起到一定的辐射和引领作用。

在思想引领方面，王浩波认为，如果校长没有自己的教育思想，是带不出一所有特色的学校的。于是，他依托于拉萨市第三中学，在与同行分享学校办学经验和办学理念的基础上，力图帮助工作室成员找到一条适合自己学校发展的道路。

在实践探索方面，为最大限度地发挥工作室对教育均衡发展的推动作用，王浩波主张工作室成员围绕联盟学校所面临的共同问题开展独立或合作研究，通过合作研究中的思想碰撞，使各校长的办学实践和办学思想得到进一步的凝练和提升。因此，工作室需要吸引西藏自治区内一批优秀的青年校长共同发展，形成具有一定影响力的学习研究共同体和人才成长共同体。

王浩波通过创新西藏自治区校长队伍建设模式，引领全区校长人才队伍专业化发展。他主持制定“工作室实施方案”，整合区内、区外相关教育资源构建“工作室研训活动”；建立工作室 “导学制度”，发挥名校长榜样示范、言传身教的作用；倾听校长学员个人的学习需求，综合分析和诊断校长学员的培养需求，坚持按需导学，为每位校长学员制定符合其专业成长需要的、持续的、个性化的培养方案；通过引导学习需求以及对理论学习、跟岗研修、课题研究、实践学习等方面进行全方位指导，整合优质资源，拓展研训渠道，促进参训学员增长教育和管理的实践智慧、思想智慧，帮助其实现专业成长。

王浩波希望，在自己的校长工作室的引领下，孵化一批区内名校长梯队，促进全区城乡教育均衡发展，补上民族教育的那一块“短板”。

（本文由校长国培计划——中小学名校长领航班
浙江省教育行政干部培训中心培养基地提供）

杨刚

名家点评

一位有“温度”的校长

严华银

第一次走进中关村第二小学（以下简称“二小”）时，是初冬季节，但我在与学校的师生交流时，却常常会感受到洋溢着的温馨，如春天般温暖。我想，在这背后，一定站着一位有“温度”的校长。通过两天多对二小的观察、分析，我越来越感受到杨刚校长的魅力。

二小的学生自由而“任性”，他们可以在教室里自由调整座位。学校管理者和教师很少会提出管束或限制学生的说辞和要求。相反，尊重并满足学生的需求成为所有教师工作的重点。学校教师在广泛调研的基础上，提炼出每个年级学生心目中理想教师的“标准”，并将这些标准挂在办公室内，时刻提醒自己。为了让学生乐学、爱学，学校开设提升学生综合素养、满足学生个性成长需求的特色课程更是比比皆是。

二小的教师乐业而进取。二小是合并了多所学校后“三校一体”的学校。多元的教师文化和学校文化之间，并无同类学校那样剧烈持久的碰撞，而是和谐地融合、并存。为什么会如此？与一般的用制度、权威管控不同，杨刚校长实行的是“家园式管理”，学校干部之间、教师之间亲如家人。在这里，教师得到了尊重，每个人都被平等对待；每位教师都可以向校长申述自己的理想，只要言之有据、合理可行，都有机会得到实现。从学校发展到教师成长，从文化建设到课程开发，二小发展的丰富和厚重，正是源于教师的个性张扬、自主发展和积极进取。

二小的文化清新而厚重。当一些学校将学校文化炒成了“热”，鼓成了“潮”，甚至变了味道时，杨刚校长却一直坚持发展平和、切实的学校文化。在杨刚校长的带领下，学校领导班子和教师将培养儒雅少年作为培养目标，确立了“桃红李白，心暖花开”的教育理念，尊重学生生命成长特点和规律。杨刚校长认为，厚重、智慧、优雅并且富有个性的成长和发展、生活和创造，是作为未来社会公民的理想状态，这也是当今教育的意义、价值和真正追求。

有温度的校长，成就有温度的学校。这种春天般的“温度”，源于杨刚校长和学校教师身上的“人文情怀”。这种“人文情怀”体现在“共治”“共享”的民主办学理念中，体现在二小教师“把简单的事情做彻底，把平凡的事情做经典，把每一件小事都做得更精彩”的工作理念中。这些基于儿童视角的科学教育思想，在当下较为浮躁的教育文化氛围中，可以说是十分难得的，真正是有“温度”的教育。

（作者系江苏省教育行政干部培训中心常务副主任）

练好名校“分身术”

个人小传

杨刚，1995年7月毕业于北京第三师范学校，初等教育理科专业。从1995年7月开始，一直在北京市海淀区中关村第二小学工作。2003年2月至今，任海淀区中关村第二小学、海淀区上地实验小学党支部书记兼校长。2008年，完成北京林业大学“马克思主义理论与思想政治教育专业”硕士研究生学习，取得法学硕士学位。

成长之最

对自己影响最深的教育理论著作：《给教师的建议》（B. A. 苏霍姆林斯基　著）。

教育教学中最有成就的改革创新：在实践中探索出了“教师个性化脱产培养”方式，实现了“突破教师专业发展瓶颈，助力教师再发展”的目标。

学校改革创新最亟待解决的问题：学校“育心”课程体系的不断完善与全面实施。

名校办分校，分校的教育质量能赶上名校吗？2003年2月，年仅29岁的杨刚在接任北京市海淀区中关村第二小学校长时，他也面临着这样的质疑。因为刚刚创办不久的北京市海淀区上地实验小学的“校长接力棒”也交到了他的手上。于是，杨刚开启了在实践中探索名校带分校等多种形式办学的艰辛之路。作为海淀区小学中参与办学形式最多、承接新建校、合并校最多的学校校长，杨刚用自己的实际行动，铸就了二小厚重的名校品牌。

优势传递，名校扩容一校多址

从北京第三师范学校毕业后，杨刚就一直在二小工作。到2003年任校长时，他已经是学校的“老人”了——他很清楚二小的办学历史和优势，而同时交接到他手上的上地实验小学才建校5年。其实，在2001到2003年间，杨刚作为学校的中层管理者，已经参与到上地实验小学的管理工作中。2003年2月，面对时任二小校长、现任北京市海淀区委教育工委书记尹丽君递交到自己手上的沉甸甸的接力棒，杨刚许下了“传承好二小的优秀传统，并不断壮大二小的优质品牌”的承诺。

当时，社会及家长对名校办分校存有疑虑：“名校带多少分校，分校的教育质量也比不上名校。”为尽快化解这一疑虑，杨刚带领着学校管理和教师团队，开始了在实践中积极探索名校带分校的最优管理体制。

在上地实验小学的办学过程中，杨刚始终坚持“大二小”的理念——管理标准不能变，教育质量不能变。面对“上地实验小学有着独立的建制，在人事、财务、评优、评先、检查评比等方面是完全独立的”的管理难题，他主张高标准办学，往返于两校之间，确保上地实验小学在教育教学管理上与二小同步发展。在他和全体干部、教师的共同努力下，上地实验小学2008年独立办学，短短10年，已经成为海淀区素质教育优质校，得到社会的广泛认可。

此后，杨刚还带领二小管理团队与教师团队积极参与北京市海淀外国语实验学校小学寄宿部的建设，输出学校优秀的管理和教师团队。在二小的带动帮助下，海淀外国语实验学校小学寄宿部从零起点发展到现在北京市民办教育中最具影响力的品牌学校。2003年—2009年间，二小又先后合并了成府小学和西北旺小学两所基础薄弱校，承接了华清家园配套学校和百旺新城配套学校，不仅让这两所学校的师生都享受到了二小的优质教育，还实现了华清和百旺两个新校区“零起步、高标准、社会高度认可”的办学目标和区委区政府把优质教育向发展新区扩展的目标。

自1998年承办上地实验小学开启“一校多址”的多校区办学之路至今，二小“三个一”（一个二小、一个标准、一个质量）的原则也在各个分校落地生根，实现了优质教育资源的扩容。杨刚也在其中凸显了自己鲜明的办学风格，为“大二小”的发展注入了活力。

科学管理，家园文化制度转化

一校多址办学是海淀区应对优质教育资源不足的一项重要举措，也是对校长管理能力的一项严峻考验。由于校区之间的发展历史、文化背景、周边环境、学生来源、师资水平的不同，增强物理和心理距离都较为疏远的各校区师生的向心力就成了棘手问题。

在对二小文化的梳理过程中，杨刚认为二小在文化上有自己的独特魅力，即一种“家园式”的文化氛围。于是，在对学校原有文化充分理解和传承的同时，2003年5月，他提出了用“家园文化”引领学校发展的理念，在管理中力争实现“有形制度约束—淡化制度管理—自觉自律践行—实现自我超越”的管理境界。

在多校区办学实践过程中，杨刚不断分析和吸收来自不同学校的办学思想和文化，缩小校区间的差异，缩短心与心的距离，以“家园文化”的力量推动多校区的发展，实现资源共享、文化共融、品牌共创和合作共赢。

在管理中，杨刚构建了“家园文化”引领下的立体管理网，即以业务横向管理为主、行政纵向管理为辅、横纵结合的扁平化立体管理模式。“横”体现学校在教育、教学、后勤等方面对各个校区统一的扁平式管理，学校的教育、教学、后勤、人事分别安排一位副校级领导，统筹管理相应工作，弱化校区行政功能，确保多校区各项工作齐头并进。“纵”则是允许校区结合自身特点因地制宜，实现校区的特色发展。各校区设一位行政牵头副校长，并分设教育、教学和后勤办公室。

在这个网状管理结构中，每个人的工作上、下、左、右都有与他人相连的交叉点，每个人都有自己的位置与角色，既体现了管理上的无缝对接，又优化了管理人员，实现了管理中的实效与高效。

随着多校区的稳步推进，杨刚校长开始更多地思考学生个体生命成长的意义。他希望家园里的每一个人都能够在二小感受到自身存在的价值，都能够绽放最美的自己。他把这样一种美好的教育愿景，凝练成“桃红李白，心暖花开”这一办学理念。这一理念体现的是尊重生命个体差异、因材施教、因人而异的教育主张，是全校师生共同的家园梦想的教育追求。

基于这一理念，杨刚与学校教师构建了具有二小特色的“育心课程”体系。育心课程的设置分为必修课程和选修课程两大类。其中，必修课程包括基础课程、拓展课程和实践课程。选修课程包括兴趣班课程和社团课程，内容涉及“品行与修养”“语言与文化”“艺术与审美”“体育与健康”“科学与创新”“实践与探究”六大领域。杨刚希望，在学校丰富多样课程的浸润下，每一个学生都能够具有“健康的体质、阳光的心态、儒雅的品行、广博的学识”，最终实现“尊重学生需求，培养核心素养，让每一个生命体健康地成长”的课程建设目标。

脱产培训，教师发展私人订制

教师发展是学校可持续发展的内驱力。但杨刚发现，目前教师的发展面临诸多困难，如工作量大、工作压力大、学习时间零散等，这些成为教师发展的瓶颈。如何利用学校现有资源，为教师再发展助力，是他一直深入思考的问题。在深思熟虑后，他提出了“个性化脱产培训”，创新教师培养制度。

由于推行时间不长，且是一种创新举措，杨刚在与其他学校交流时，也曾遇到过质疑。但杨刚认为，教师自身的提升是需要时间和精力投入的，而“个性化脱产培养”，则是针对教师个体发展需要的私人定制。这一培训，“并不是学校统一安排的规定动作”，不是面向少数教师的个别培养，而是自主申请、全员参与的个性培训；不仅有面向教师专业成长的培训，而且有面向教师个体发展的培训；培训内容不是静态不变的，而是因人、因需动态调整的。

每一位申请培训的教师都有一份专属的课表。这一份专属的培训课表，是在充分尊重教师需求的基础上，与学校要求相结合，不断地沟通和反复研讨形成的。在前期的沟通中，教师们纷纷提出希望能够进一步走近学生、了解学生；更希望能够跳出教师角色看教育，能够跳出学科观课堂。因此，在培训过程中，学校为他们牵线市区教研员，作为影子教研员跟岗学习；为他们请了班主任师傅，走进班级管理实践；多学科骨干教师向他们开放了自己的课堂……最大限度地帮助每一位参训教师从综合育人的角度，重新理解教育、理解学生、构建课堂。为期两个月的培训虽然时间有限，但对助力教师发展却有着非常重要的作用。

杨刚还十分重视全体教师的专业发展情况，在他的带领下，学校教师团体将在研究状态下工作作为常态。为推动教师专业发展，学校还为教师搭建研修平台，建立了9个专家工作室，包括语文、数学、英语、体育、科技、信息、音乐、美术和班主任工作室。三个校区各个教师团队依托工作室进行常态化教研，开发校本课程，开展深度研修，培养骨干力量。

对症下药，引领正在进行时

2015年10月，中共海淀区委教育工委、海淀区教委再次在全市范围内召开了“聚力·绽放——中关村二小教育家办学实践研讨会”。杨刚在办学中的理性思考与实践创新被更多的教育同行认可，这也是对《国家中长期教育改革和发展规划纲要（2010—2020年）》提出的“鼓励教师和校长在实践中大胆探索，创新教育思想、教育模式和教育方法，形成教学特色和办学风格，造就一批教育家，倡导教育家办学”的有力回应。

当月22日，作为教育部首期名校长领航班的学员，杨刚主持成立了名校长工作室。自工作室成立以来，杨刚主要以工作室成员的发展需求为导向，突出个性化培养特色，以解决成员校发展难题为着眼点，切实提高工作室成员的综合素质及其所在学校的办学质量，并增强其示范、辐射作用。他依托这一学习共同体，通过成员间的自主学习、网络研修、课题带动、下校诊断、到江苏基地参观学习等方式，为工作室成员量身定制了多套“好吃又有营养”的学习大餐。

“教师个性化脱产培训”制度也引发了工作室成员对教师队伍建设的深入思考。杨刚解答了困扰他们多年的关于“在职教师工作量大、工作压力大；学习时间零散；集中培训无法满足个性化学习需求”方面的困惑，给他们送上了“突破教师专业发展瓶颈，助力教师再发展”的一剂良方。在此后的几次下校诊断中，杨刚发现，这些成员校的校长不仅为本校教师量身定制了多样的个性化培养方案，还把这一经验推广到了本区多所学校。

“工作室的学习是实时的、互动的、多样的、开放的，除了我们校内的优质资源以外，我们还定期为大家准备了丰厚、高端且具有前瞻性的优质教育资源。”杨刚经常邀请教育专家与名家为工作室成员上课，提升工作室成员的学习力。

正如杨刚在工作室授牌仪式上所说，教育家成长不是完成时，而是进行时，真正的教育家永远在成长中。而他则用自己的责任与担当，让自己向着这个目标一步步迈进。

（本文由校长国培计划——中小学名校长领航班江苏省教育行政干部培训中心培养基地提供）

林启福

名家点评

建构一种幸福教育哲学思想

严华银

一位优秀校长应该有关于教育的思考、理解和追求，一所优秀的学校就应该有独特的关于学生、教师、学校成长与发展的教育理念和哲学。构建学校发展的比较成熟和稳定的教育哲学，应该是教育家型校长的基本职责、使命和不懈追求。福建省三明学院附属小学的校长林启福则为自己的学校建构了一种幸福教育哲学。

三明是一座充满现代文明气息的“桃源”城市，但三明学院附属小学的外观却显得有些“古旧”。走入校园，“古旧”的观感瞬间被颠覆——校园里异常整洁且十分现代化。走进教室，我们被精细、周到与入心的班级文化感染；与教师交流，我们为他们的专业、敬业和幸福感而感动。可以看出，生活在这样的校园里的学生和教师一定是快乐的、满足的、充满幸福感的。温馨和幸福，成为我们在三明学院附属小学走访时常常萦绕在心头的两个词。

这一切，与林启福校长的“福泽思想，幸福教育”的理念不无相关。三明学院附属小学的校训是“从小事做起，把小事做好”，起点在“微小”处，落点在大福中。这样一种从儿童视角出发的话语方式简明、质朴，在当今学校文化建设追求“高大上”的风潮中，不啻“另类”，但它的返璞归真又是如此难能可贵、深入人心。不仅如此，三明学院附属小学已建构的“七色花”德育课程，以及正在建构并完善的福泽教育课程体系，都为这样的教育到位提供了至为重要的“物质”保证。

什么是一个校长和一所学校的“教育哲学”？美国课程学者泰勒认为，学校的教育哲学是指对美好生活的看法所持的价值观以及对社会适应、社会改造和社会分工等问题的态度。它不是一般的学校发展理念，而是带有认识论和方法论意义的教育理念，而是积淀在学校中的历史传统，反映了学校的发展背景，体现着校长和广大教师共同愿景的核心教育理念。

以此来观照林启福校长的“福泽”教育观，我们会发现，这样一种根植于我国儒家有教无类、因材施教的教育思想，就是三明学院附属小学的教育哲学。实践证明，林启福校长的哲学性思考也是科学的。他的“福泽”哲学，体现的是基于规律的个性、有所根据的原创和极具智慧的表达。

“福泽教育”的践行，开启了三明学院附属小学教师和学生的幸福之门，体现了教育公平、普惠的温润、细腻之功，这正是现实和未来基础教育所要达成的至为关键的目标和任务，这也是教育的本质追求。

（作者系江苏省教育行政干部培训中心常务副主任）

一千个学生就有一千种幸福

个人小传

林启福，1991年毕业于福建师范大学，曾在福建省三明师范学校任教。1997年始，在福建省三明市列东小学（三明市实验小学前身）主持工作；1999年通过公开选拔担任该校校长。2013年至今，担任福建省三明学院附属小学（以下简称“三明学院附属小学”）校长、党支部书记。

成长之最

对自己影响最深的教育理论著作：《民主主义与教育》（约翰·杜威　著）

办学管理中最有成就感的事：培养、造就了一支热爱儿童、享受教育、素质优良的幸福教师团队。

教育教学中最有成就的改革创新：“幸福七色花”体验教育活动，探索出了儿童分年级的螺旋上升经典活动体验教育模式。

学校改革创新最亟待解决的问题：学校“福泽”课程体系的科学架构和整体实施。

“教育的本真，不是甄别，而是对当下每一个生命的深切关怀。关怀生命，让走进校园的每一个学生自由呼吸、幸福成长，让校园里的一切润泽他们生命的亮度，让每一个学生都有机会过一种完整的教育生活，然后从容地走向属于他自己的幸福人生。”在近20年的校长办学实践路上，林启福站在基础教育的前沿以教育守望者的姿态，坚持探索儿童教育的真谛，逐步形成以儿童立场为本位，用“福泽”思想办幸福教育的学校发展体系。

让儿童成为儿童，确立“福泽”教育观

“学校是福之大泽，是一条幸福的长河，学校里的每个教师作为一名教育工作者，都应该成为一条幸福的小河，在学校福之大泽中，以福惠生，润泽儿童生命个体，使涓涓细流汇成浩浩江水奔腾不息。”在2015年福建省名校长思想报告会上，林启福作为闽西北名校长培养对象代表，鲜明地亮出自己的教育思想主张——以“福泽”理念为核心的幸福教育观。他认为，“福”是思想、理念、目标、愿景，“泽”是过程、手段、策略、方法。

林启福“福泽”教育观的提出并非偶然。早在1999年就任三明实验小学校长时，他偶然遇见了一个特殊的家庭：一个单亲妈妈和一个患有脑癌的男孩。这个患有脑癌的学生因为脑瘤压迫脑神经，在学校表现得异常狂躁和多动，受到班主任的多次“调教”。林启福在偶然间知道这个学生的秘密后，选择了继续保守这个秘密，并和学生的班主任促膝长谈。“一个儿童教育者应该有农夫的步调，一张一弛，春种、夏长、秋收、冬藏，是节气的守候者，耐心守候生命拔节的声响，是温润的浇灌者，静待发芽、开花、结果。”林启福用个人体悟代替说教，和教师们一起研究这个特殊学生的教育方式，让男孩在生命最后一段旅程的体验充满了欢乐。学生的母亲为之感动，她对林启福表达了谢意：“林校长，我学生走了，感谢您在他最后的那段日子里，那么认真地呵护他，让

他愉快地度过校园里一段无拘无束的生活!”

这名特殊学生的离去，给了林启福很多思考和触动。他的脑海中不时盘桓起孟子“仁者爱人”之说。仁者爱人，是儒学主张爱的方式。这种爱的基本原则，触动了林启福，于是他开始重新审视学校教育的功能和价值。“世界上没有两片完全相同的树叶”，走进校园的儿童也千差万别，他们中间有的勤奋好学、阳光向上，有的多动调皮、学无所长，更有甚者害怕学习、惧怕交往等。他认为，学校教育就应该“以福泽人”，就要不分美丑、不分贫富、不分优劣、不分聪慧或愚钝，为每一个学生提供均等的发展空间。于是，他发挥个人在心理健康教育的专长，以课题为抓手，向教育部中小学心理健康与心理咨询课题组申报课题，率先在全校开展了小学生心理健康教育，开设了心理健康活动指导课，带领团队做“三特工程”，即对特殊生不放弃，实行个别辅导教育工程；对特长生不满足，实行高起点、严要求的培养工程；对特困生不嫌弃，实行减、免、捐、助的帮扶工程，让每一个学生都能在阳光下幸福成长。

十多年来，孩子课题成为他研究的主要方向，也为他在三明学院附属小学提出并践行“福泽”孩子教育观奠定了思想基础。在潜心课题研究中一路走来，他深谙儿童教育的规律和特点，更加深刻地领悟到，校园不只是传授知识、提高能力的场所，更是一个见证师生生命成长的神圣之地，是一个可以为每个孩子提供适合教育的幸福田园，每一位教师都应该成为孩子生命中的福星，以仁爱之心、智慧之水润泽儿童的成长，传播有益于学生身心发展的福音，提升生命的亮度，使学生福至心灵，过上一种幸福的教育生活。

“四轮驱动”战略成型，营造幸福教育氛围

“要想教育好儿童，自己首先就要变成一个大儿童。”林启福说，“教育就是要让儿童成为儿童，即使是成人，也可以拥有不老的童心和学生一起享受慢成长。”在此基础上，他将“为学生幸福人生奠基”作为学校教育的底色，启动了“福泽思想”幸福教

育模式。通过科学规划顶层设计，林启福领导三明学院附属小学的管理团队有计划、有步骤地开展微观办学项目探索和研究，初步形成了“福泽”思想下的幸福教育“四轮驱动”发展战略。

在教师层面，学校建立了幸福教师成长共同体，通过“师魂工程”“青蓝工程”“校本培训工程”“继续教育工程”“人文关怀工程”五大工程打造优质教师成长共同体，让每一位教师都能得到适合的发展机会，实现工作有热度，专业有高度，生活有宽度，生命有亮度，服务有热度的目标。

在学生层面，林启福通过构建“四生”幸福课堂、开展“幸福七色花”体验教育以及“幸福学生的样子”好习惯培养三项策略来构造适合学生多元发展的课程体系。

“四生”课堂，即生本（以生为本、尊重差异）课堂、生态（师生和谐、可持续发展）课堂、生活（联结生活、提高效益）课堂、生长（享受学习、发展能力）课堂。儿童在教师引导探知中，在同伴互助中，感受分享质疑的喜悦；在学以致用后，体验成功的幸福，最终实现儿童的可持续发展。

“幸福七色花”体验教育则是创造性地融合社会主义核心价值观的培养，即一年级红色传统教育、二年级绿色生命教育、三年级青色书香教育、四年级橙色感恩教育、五年级金色自信教育、六年级蓝色梦想启航教育以及毕业生的紫色毕业庆典。丰富多彩的活动把成功与幸福的元素融入每个孩子的心田，努力让孩子在学校的每一天都成为他们生命中阳光灿烂的日子，成为他们一生的幸福记忆。

“幸福学生的样子”好习惯培养，实际上是对校训“从小事做起，把小事做好”的呼应。学校整合各年级孩子生理、心理发展特点，探索推进每个年级两个学习习惯和两个生活习惯、六个年级24个好习惯的培养序列，引导孩子们在情境体验教育中养成良好的道德习惯，在细节中唤醒自身成长的自觉性，努力塑造良好品行发展习惯，引领孩子把简单的事情做彻底，把平凡的事情做经典，建构独具附小特质的“幸福学生的样子”。

林启福经常留心收集学生们的小小愿望，满足他们的多样化需求：当有学生提出学校长廊的楼顶太过空洞，他立即找来工人喷漆，把学生们脑海中的“蓝天白云”梦想变成现实；他在暑期协调各方完成了塑胶环形跑道和绿茵球场的改造扩建，组建了全市第一支校园足球队；他得知不少学生在体育运动后没有足够的水喝会偷偷去买饮料或者吃零食，马上落实安装两台净化直饮热水器，让学生们喝上放心水；等等。

在三明学院附属小学的“福泽”长河中，“家长百家讲坛”也是一条支流。家长们结合自身职业特点和个人特长进班级上课，采用讲座、现场互动、讲故事、竞赛等形式，讲家乡美，支安全招，或是教小制作……林启福立体式开启家校合作的新路径，充分发挥了优秀家长的辐射、示范、引领作用，将“福泽”教育的磁场渗透到了每个家庭，实现了教育的连续性。

从“扶志”入手，促进地区教育均衡发展

三明学院附属小学在林启福“福泽”思想下形成了独具特色的幸福教育生活，成为三明地区窗口学校的品牌，发挥了示范辐射作用，成为三明新教育的办学名片。而林启福在践行着“福泽”思想幸福教育主张的同时，不局限于自己所在学校的发展，而是拓宽视野，开始展望区域共同体的发展之路。

据不完全数据统计，近两年来，学校幸福教育的办学特色日益彰显，吸引了省内外800多人次团体的考察学习和调研指导。三明市学校综治安全工作现场推进会、三明市“幸福教育”现场观摩会、三明市教育系统党建工作会议、三明市家庭教育工作推进会均不约而同地选择了附小。“附小在开展少先队活动中，以雏鹰争章活动为抓手，把社会主义核心价值观、学校幸福教育相结合的特色做法很有成效。”共青团福建省委副书记兰明尚到学校调研少先队工作时指出，要将附小的有效做法在全省推广。

作为教育部首期中小学名校长领航班培养人选，林启福以自己主持的“林启福名校长工作室”为依托，在三明地区12个县市区大力开展结对帮扶活动，引领100多位名师、校长跟岗助理的成长。通过跟岗学习、名师带徒、送教送培、入校诊断、巡回讲学、教育思想报告会等多种方式，林启福带领工作室成员以实施“学校帮扶工程”“教

师帮扶工程”为载体，通过“设施帮扶”“教学帮扶”“德育帮扶”“管理帮扶”“活动帮扶”等多种路径，培养带领出一批具有示范、引领作用的骨干校长团队，用“高速”火车头带动同城化、小片区兄弟学校和薄弱学校又好又快地发展。

“我深深感受到校长在学校的重要地位，林校长作为师傅，他既有魅力，又有魄力，经常学习、看书，能够在各种场合用先进的知识理念引领教师。我现在知道了，校长要比教师更勤奋学习，更勤奋工作。”跟岗助理张升家如今已是三明市梅列区洋溪中心小学的校长，他没有忘记受帮扶的初心，现在学校的“关爱留守儿童”“周末班车”“乡村少年宫”等品牌活动在当地引起了很大反响。林启福常常引用著名教育家波斯纳的教师成长公式和助理们阐述“反思”的益处。每周的“学习头脑风暴”也成为他和学校教师团队研读教育思想、探讨教育现象的必修课。一年下来，教师每人都会有超过万字的“学习反思”笔记。

在一次次的帮扶活动中，林启福打破了地域的限制。在一次到新疆地区的考察学习中，他得知新疆兵团十四师皮山农场第二小学受地理环境等因素制约，图书是当地学生迫切需要的。回到学校后，他与学校师生分享了一路游学的体悟，并组织全体师生开展“同在蓝天下，共享一本书”的图书捐赠活动。3 000多本图书满载着附小师生的浓浓情谊辗转3个多月，于2016年3月9日抵达新疆兵团十四师皮山农场第二小学。“爱出者爱返，福往者福来。”林启福“福泽”帮扶的目光从本地辐射到了边疆，用自己的行动传递更广泛的“福泽”教育观。

林启福就这样从“扶志”入手，在一次次入校诊断、帮扶励志中不断唤醒校长管理的责任意识，促进乡村校长敢作为、有作为，重拾教育的理想追求和对少年儿童自觉担当的教育使命，提升帮扶学校校长的管理水平，引领乡村学校校长具备大教育的发展眼光，为实现城乡基础教育均衡发展做出了积极的贡献。

大道至简，行者无疆。林启福守望幸福教育的美好前景，带着“福泽”教育的美好理想开始了新的征程。

（本文由校长国培计划——中小学名校长领航班
江苏省教育行政干部培训中心培养基地提供）

杨琼英

名家点评

摭拾起教育的理性思维

严华银

杨琼英校长颠覆了我对于一些小学校长，特别是女校长的看法。

多年来，教育一线普遍呈现出一种跟风、赶潮的“运动”态势。教育的传统和历史，学校的文化和个性，正是在这样的“跃进”浪潮中，因发展的声音而被淹没，因建构的名义而被消解。其症结何在？我想，除了外在因素的影响以外，教育者思维理性的缺失是最为主要的原因。

杨琼英校长则不然。她所在的玉溪第一小学在她的引领和带动下，在学校教育和办学方面，秉持开放理念的同时，坚守本真，探求规律。即便要“拿来”，也必然会“运用脑髓，放出眼光”，吸收精华，为我所用。

她的办学理念是科学的。与一般学校倡导的“为学生一生奠基”等严肃、凝重的理念不同，杨琼英校长提出的“快乐童年，成就未来”的办学理念是基于教育规律、儿童认知规律和儿童视角而确立的教育理念。童年是人生的一个重要阶段，快乐成为学生们一生，尤其是童年阶段最为重要的底色。没有童年的快乐体验，怎会有人生未来的幸福追求？那种认为用童年的身心牺牲就可以获得未来幸福的观点，在理论和实践领域都是站不住脚的。杨琼英校长这样的教育理解是深刻的、科学的。

她的文化表达是逻辑缜密的。从教育价值观到学校发展愿景，从教师精神到学生精神，玉溪第一小学已经建构了比较完整的文化体系。“快乐童年”与“成就未来”之间的逻辑关系显而易见：若无童年之“快乐”，又何来未来之“成就”？学校六字愿景“生命、阳光、快乐”三者间的顺承、递进也一目了然：“生命”离不开“阳光”，且“生命”本身自当具有“阳光”的特点，而个性“阳光”，才会有生活和学习的“快乐”。假如，我们把“快乐童年，成就未来”作为学校上位的教育哲学的话，那么，“生命、阳光、快乐”就可以是学校“中位”的、指向学生发展的教育教学指导思想和基本原则。尊重“生命”，播撒“阳光”，洋溢“快乐”，最终织就学生们童年的幸福。

围绕着办学理念，杨琼英校长还设计了一个从儿童视角出发的课程体系。玉溪第一小学的课程体系以国家课程为基础，将校本课程作为重点，从显性课程与隐性课程两个领域，开发和建设了“静态校园文化”“多彩班级文化”“灵动的活动文化”和艺术类、学科拓展类、健体类、语言类、科技类等八大类课程。玉溪第一小学的课程内容和形式安排以童心生长为中心，课程的价值取向直指学校教育哲学——达成儿童学习和生活的快乐。各门课程设计的务实、切用以及其间逻辑关系的合理性，在课程建设浮躁之风盛行的当下，实属难得。

由此可见，玉溪第一小学的发展理念、文化表达、课程建构融汇了杨校长及其团队成员的智慧，其以科学、精准和完整的特点，彰显了学校教育的个性和独特性。这些无一不体现出杨琼英校长的思维理性。

原创，对于中国教育而言，是十分珍贵的字眼。假如我们把一国或者一个区域的教育发展作一个阶段划分，并将这样的阶段分为初级的“为证”——为别人的教育理论证明的阶段，“证伪”——发现别人理论的不足和缺陷的阶段，“自为”——自身教育的原创阶段。那么，中国基础教育如今应该或者说必须尽早尽快地跨入“自为”时代。但现实依然“骨感”，教育的内涵和价值不断被冲击，教育的环境和氛围依然沉闷和令人忧郁，教育“转型”步履维艰。

从杨琼英校长以及其他教育家型校长的实践和表达中，我看到了思维理性引领基础教育“转型”的曙光，我听到了教育“自为”、原创时代大步前行的足音。

（作者系江苏省教育行政干部培训中心常务副主任）

把儿童的世界还给儿童

个人小传

杨琼英，云南省玉溪第一小学校长兼书记。1995年参加工作，先后任教于玉溪市红塔区大营街第二中学、玉溪第一小学，承担英语教学和研究工作。2005年玉溪市红塔区教育局首次向全区公开招考校长，被聘任为玉溪第一小学校长。

成长之最

对自己影响最深的教育理论著作：《教育的目的》（艾尔弗雷德·诺思·怀特海 著）。

办学管理中最有成就感的事：2009年整合中心城区教育资源，把一所薄弱的学校改造成老百姓向往的城区优质学校——山水校区。

教育教学中最有成就的改革创新：在2007年的学生作业改革中，开创了适宜学生成长的童真作业，在很大程度上释放了学生的个性空间，丰富了学生的生命成长蓝图。

学校改革创新最亟待解决的问题：教师专业素养的提升问题。

小学教育之路怎么走？在云南省玉溪第一小学校长杨琼英看来，最应强调的是尊重，尊重人生命成长的规律——要给学生们时间和空间，等待他们慢慢成长。“儿童教育应该根植于儿童自己的世界，关注儿童文化及哲学，走进儿童内在的心灵，从精神层面去关注学生身心健康快乐地成长”，怀揣着这份教育理想与追求，从教师转变为校长的杨琼英开启了她小学教育深度的研究与实践之路。

静态与灵动：开发显隐性童心课程

2005年6月，年仅33岁的杨琼英在玉溪市公选中成了玉溪第一小学这所百年名校的校长。从教师到校长角色的转换，杨琼英在学校教学和管理等方面开始了探索与尝试。如何延续玉溪第一小学这个百年名校的风采，站在时代的前沿，进一步改革创新，提升学校管理理念，提高办学质量和效益，则是杨琼英苦苦思索的问题。

通过对儿童文化及儿童生命价值的研究，杨琼英提出了“快乐童年，成就未来”的教育理念。基于对课程重要性的认识，杨琼英决定带领领导班子成员从开发“童心课程”开始，构建一个相对完善的课程体系，进而激发学生兴趣，挖掘学生潜能，形成学生自身特长，最终达到促进学生个性全面、和谐发展的目标。

“童心课程”的开发包括隐性课程和显性课程的开发。隐性课程包括“静态校园文化”建设、“多彩班级文化”创建和“灵动的活动文化”打造等几个方面。在“静态校园文化”建设中，杨琼英十分注重以儿童的视角去规划与设计校园的静态环境文化。如，学校的整体形象标识就是学生、家长和教师共同参与设计的。凝结了师生和家长美好期望的学校标识，犹如一株嫩芽在阳光雨露下茁壮成长，又像一只美丽的和平鸽在蓝天上翱翔，象征着学校的平安与和谐。玉溪第一小学的学生们还参与设计并命名了“悠悠谷”卫生间、生态小农庄、雅乐池塘、“四季芳香”走廊、“幸福凯旋门”等，充满了童心与童趣。

班级文化是儿童心灵的栖息地。在“多彩班级文化”创建中，玉溪第一小学倡导以童心家园为载体的班级文化。走进教室，映入眼帘的便是一面面栩栩如生的班级文化墙：有“成长快乐”“艺苑风景”“家风班风”“俭约花园”等善行义举榜。不同的中队具有各自的特色，中队理念和中队目标也是学生内心世界的外化。

学校每年都组织举办由全校师生参与的大型文化活动，如体育节、艺术节、英语节等。体育节以“阳光体育，健康成长”为目标，培养学生的健康意识和锻炼身体的好习惯；艺术节有“童心描绘世界书画展”“快乐跳动舞台”“童年如歌演唱会”等活动，以培养学生的艺术素养为出发点，搭建艺术展示平台。异彩纷呈的童心文化活动，灵动了校园生活，丰富了学生的生命成长。

在强化基础性课程的同时，玉溪第一小学还开发了一些富有生命的、可供选择的课程，这些课程即杨琼英所定义的显性课程。学校社团活动课程囊括了艺术类、学科拓展类、健体类、语言类、科技类五大类型。其中，“小姚明”篮球、“和谐之声”合唱、小小巧手（剪纸）、小小神笔（书法）等课程，重在提高学生的实践能力，提高学生体育和艺术素养。语言类和科技类社团则更加重视培养创新意识和人际交往能力。在这样全方位、多层次的课程体系之下，学生的生命活力得到激发，个性得到张扬和引导。

作业与评价：拓宽学生发展空间

为谋求学生的个性发展，为学生全面发展提供时空和机会，激发学生生命的潜力，2007年开始，杨琼英对玉溪第一小学的学生作业进行了改革。

学校成立了童真作业研发组，深入研究开放性实践作业。倡导以儿童发展为本，结合学生年龄特点和生活、时政等来布置开放性、实践性、趣味性的假期作业。学生完成作业，不再是简单的埋头做题，而是拿起相机、提起画笔、翻开自己喜欢的书本，用自己喜欢的方式学习，做到真正让学生亲近自然、走向社会、走进生活、体验生命、学习技能。这样的作业还把学校教育、家庭教育、社会教育很好地整合在一起。如，“文明美德·伴我成长”板块要求学生制作春节贺卡送给长辈、教师、伙伴、同学，让学生学会了感恩。

童真作业使得原本很枯燥的作业以儿童喜闻乐见的形式展现出来，在改造校园活动的基础上，释放了学生的个性，拓展了他们的精神生命和个性空间，让学校成了学生们学习、生活的乐园和家园。

与童真作业相对应的是童趣评价。杨琼英认为，多元评价学生是对生命个体的尊重，因此要以儿童文化为价值基础，构建灵活和满足学生成长需要的多元童趣评价体系。她把学生评价分为四个层次：一是每学期终结性评价。在每学期终结性评价时，学生均可选择自己的强项，实行“选优评价”。二是记录学生综合素质的发展轨迹，内容除了各学科的成长记录外，还增加“社团活动课程”“三生教育”“我的特长”“实践活动”等。三是“校园激励卡”。学生在课堂上所表现出的好的行为都可以获得不同学科不同颜色的激励卡，达到一定的数量时可以获取“免做卡”，有了这张卡，学生可以选择免做一些他们认为没有必要的作业。四是“尊重特质评价”，允许学生差异性发展。

在这样的理念下，玉溪第一小学校园里涌现出许多“自主儿童团”，如“半天童”“跳跃童”“休假童”“自乐童”等。“半天童”，即学生上午在学校上课，下午回家练习特长。其中，2012年伦敦奥运会体操团体冠军获得者郭伟阳就是学校当年的“半天童”。而智力发展较好的学生可以申请做“跳跃童”。学校一名叫伏田的小男孩就是连跳三级，12岁就读初三年级，学习也非常好。“休假童”则是根据家长和学生自己的需求规定放假和上学的时间。学校曾有一名学生，三年级开始感觉双脚无力。家长申请后，杨琼英同意学生在家学习，学校还组织了一个教师辅导团队轮流到家对学生进行个性化辅导。“自乐童”的学生有其多样性特点，如智力缺陷或是有多动症。这样的学生都会有一位学校领导与之挂钩，协助班主任和其他教师共同培养学生，尊重他们的基本权利。

统筹与均衡：开展广义“办学实践”

2009年，杨琼英在管理上实现新的跨越——玉溪第一小学在玉溪市率先启动了中心城区教育资源的整合。她以独有的创新意识，整合了城乡接合部的薄弱校东风小学，即学校的山水校区。杨琼英实现了本校区和山水校区理念、制度、环境等的高度融合，让原本只具备村完小配置的学校迅速成长为中心城区老百姓喜欢的学校。山水校区的学生数量已由原来的600多人增加到1 600人，有效缓解了玉溪市中心城区的招生压力，也承担了中心城区其他学校的部分生源。由此，杨琼英带领团队成功探索出玉溪中心城区教育资源整合的新路子，让更多的学生获得了公平的教育机会。

除负责两个校区4 000余名师生的管理工作外，杨琼英还担任玉溪市红塔区小学第一学区的学区长，肩上压着发展高仓、研和两大街道中心学校近万人的学区管理的担子。在学区管理中，她提出了“合作、发展、共赢”的学区合作原则，把一所所原本独自发展的学校改造成一个和谐并进的共同体，打破学校原有的壁垒，实现区域内教育资源的统筹利用。

2011年以来，杨琼英基于理性思考的学区文化融合和对现实清醒认识的积极实践，进一步创新和播撒童心文化。她带领学区管理团队，走进山区、坝区的每一所完小，为山区、坝区每一个学生送去温暖。在她的引领下，红塔区南片学区迸发出青春与活力，极大地促进了义务教育的均衡发展，让更多的学生享受到公平、优质的教育资源。

在杨琼英看来，分享自己学校的实践经验这一过程，实际上是更为广泛意义上的一次“办学实践”——在“走出去”的比较磨合中，在设身处地的体验中，可以检验、完善和提升自己的教育思想，加深自己对于教育教学真谛的理解，并在体验、理解与实践中自然形成一种“追求理想、关怀现实、兼济天下、着眼未来”的情怀、格局和境界。

教育家型校长本身不是真理的代表，他们是在思考与实践中不断向教育真理走近的人。杨琼英认为，只要矢志不渝、坚持梦想、勇于反思、善于创新，领悟、尊重和实践教育规律，那么，成为一名“教育家型校长”的目标并不会那么遥不可及。

（本文由校长国培计划——中小学名校长领航班
江苏教育行政干部培训中心培养基地提供）

孙广杰

名家点评

教育的智慧、情怀与勇气

程凤春

“有魄力”“敢想敢干”“勇于创新”……河南省实验小学校长孙广杰身上有着这样或那样的“标签”，但我更想用“智慧、情怀和勇气”来描述他和他的办学实践。

教育既是科学，也是艺术，唯有“智慧、情怀与勇气”三者皆备才能成功。对于校长而言，通向办学成功的智慧，是深厚的教育教学和管理的专业知识，以及精准运用这些知识解决学校实际问题的能力和技巧；是把握和经营核心办学要素的能力和技巧；是打造师生和谐、家校和谐、政校和谐关系的能力和技巧。对于校长而言，应有的情怀包括化民济世的使命感、追求教育本真的责任感、对学生无私的爱。勇气就是敢于担当和勇于行动，对于校长而言，勇气还包括敢为人先、育天下英才的豪气。智慧决定着办学成功的速度，情怀决定着办学成功的方向和育人的质量，勇气则决定着办学成功的高度。

对于中小学而言，办学的关键是“两课”和“两教”，即课程和课堂、教师和教研。

孙广杰在实践中不断探索，构建科学动态的课程体系。在他的主导下，学校完善了艺术课程，而且增设了特色体育课程、创新人文教育课程等。近两年，又积极引入国际预科证书课程（简称IB课程）的理念和框架，改造和完善学校课程体系和实施方式。

课堂是学生生命成长的重要场所。孙广杰校长聚焦课堂，通过对学校一批批优秀教师实践经验的提炼，他提出了“本真求实、和谐共生”的生态课堂教学理念。学校教师基于生态课堂的基本模式进行实践研究，不断创新，逐渐形成了“百花齐放”“各美其美”的教学生态。

孙广杰校长十分重视将教师的专业化发展与教育教学研究有机地结合起来。为提高教师的教科研水平，他邀请北师大研究生院到校开办研究生课程进修班，在学校掀起了一场教育科研的“头脑风暴”。他不仅注重“外引”专家对教师进行理论引领与释疑，而且注重校内专家型教师实践经验的总结与共享。为了让新创办的学校真正优质起来，他提出“要用科研的视角审视学校的各项工作，厘清学校发展思路”，于是便有了各个校区的协同发展、各创特色。

英国教育家艾尔弗雷德·诺思·怀特海在《教育的目的》一书中明确提出：“学生是有血有肉的人，教育的目的是激发和引导他们的自我发展之路。”基于对教育的深刻认识，孙广杰校长始终践行“一切教育教学活动及教育管理行为，都要以有利于学生成长为出发点，围绕学生发展进行”的教育理念。早在2003年，基于对这所优质小学当年存在问题的分析，孙广杰校长就认识到了人文教育的重要性，提出以“小学生人文素养教育实验研究”为校本课题，以课题研究带动学校整体教育品质的全面提升。这与联合国教科文组织提出的“未来教育要以人文主义为基础”的理念不谋而合。

在很多人眼中，孙广杰校长“能折腾”，是敢于“吃螃蟹”的人。他创办民办学校，开展办学体制探索；创办初中，进行九年一贯制学校实验；创办学生实践基地拓展学校教育空间，等等。担任河南省实验小学校长十余年，孙广杰校长在规范办学行为、激发办学活力的基础上，积极探索租赁场地办学、股份制办学、托管模式办学等，不断创新办学模式。在其主导下，学校陆续建成了河南省大拇指青少年体育俱乐部、英杰青少年文化艺术中心、中小学太行大峡谷综合实践教育基地等，丰富了学校的育人功能，彰显了“实验”的真正之义。

以创“实验”风范、谋“示范”路径为己任，孙广杰校长不仅带领学校实现了跨越式发展，而且不断扩大优质教育资源覆盖面，让学校更好地服务社会，让更多的学生从这里开启追梦的旅程。

（作者系北京师范大学教授，博士生导师）

用教育科研书写“实验”真义

个人小传

孙广杰，1983年中师毕业后，被分配到中原油田局机关小学任教，后陆续获得河南大学本科学历、北京师范大学硕士研究生学历。1999年开始，担任中原油田局机关小学校长。2002年至今，担任河南省实验小学校长。

成长之最

对自己影响最深的教育理论著作：《爱弥儿》（让·雅克·卢梭　著）。

办学管理中最有成就感的事：发挥河南省实验小学优质教育资源的辐射、引领作用，探索多种体制办学之路，先后创办了五所新学校，并在推进民办学校规范改制方面做出了贡献。

教育教学中最有成就的改革创新：重视人文素养教育，设立“小学生人文素养教育实验研究”校本实验主课题，经过十多年的研究与实践，积累了丰富的经验。

学校改革创新最亟待解决的问题：真正做到以学生为本，实施因材施教策略，让学生得到全面发展，更要学生得到有效地个性化发展。

在教育同行的眼里，河南省实验小学校长孙广杰充满了传奇色彩，他的教育理念超前，常常是第一个“吃螃蟹”的人；在学校教师心目中，孙广杰既拥有仰望星空的理想和情怀，又能够脚踏实地带领他们实现教育之梦。以创“实验”风范、谋“示范”路径为己任，孙广杰以教科研先行，不仅带领学校实现了跨越式发展，还不断扩大优质教育资源的覆盖面，让学校更好地服务社会，让更多学生从这里开启追梦的旅程。

人文教育，奠基学生成长

2002年7月，孙广杰被任命为河南省实验小学校长。该校是河南省教育厅直属小学，有着半个多世纪的办学史，承载着家长、学生和社会的超高期望值。

具有多年执教和管理经验的孙广杰，尽管已经练就了面对诸多挑战处变不惊的能力，但接手河南省实验小学却是他前所未有的挑战。如何让这所优质学校“更上一层楼”？重复学校之前的发展路径，显然是不够的。

实验小学应该培养什么样的人？实验小学的学生应该具有什么样的素质和能力？……随着这些追问，孙广杰对学校办学的根本性问题进行了深入的思考。他认为，学校的一切教育教学活动及教育管理行为，都要以有利于学生的成长为出发点，围绕学生的发展进行，要时刻注意尊重和激发学生的兴趣。基于这样的教育理念，他的办学理念愈加清晰起来。于是，上任之初，他就提出“以兴趣为桥梁，以素质为内容，以育人为目的”的办学思想，明确了“全面发展打基础，个性发展有特长”的办学定位，并且将培养“行为美、基础牢、能力强、有特长”的学生作为学校的育人目标。这个育人目标，正是孙广杰希望实验小学的学生应该具有的核心素养。

基于对教育发展现状和趋势的深入思考，以及对这所优质小学当年存在问题的深度分析，孙广杰发现，面对社会转型期多元价值观的冲击，社会和学校层面忽视人文素养教育等问题普遍存在。当时，国内的人文教育研究较多的是提出一些原则性的理念，而对实践层面的、具体可操作的方式与途径的研究相对较少。因此，2003年，他提出把“小学生人文素养教育实验研究”作为校本课题，以课题研究带动学校整体教育品质的全面提升。

在全国，关于学生人文精神培养的系统研究始于2011年11月开始实施的中国教育学会“十二五”科研规划重点课题“加强学生人文素质培养的研究”，而河南省实验小学对这个课题的研究整整提前了8年，可以说是开创了全国人文素养教育在教学实践领域的先河。

科研立校，引领教师发展

以教育科研推动学校发展，一直是孙广杰办学的一把“利器”。他说：“做教育需要关注三个维度，管理研究的是‘道’，科研研究的是‘理’，教学研究的是‘技’。管理、科研、教学三个维度支撑着学校的健康发展。”早在中原油田局机关小学任校长时，孙广杰便在学校进行了“小学英语”“少年计算机语言与应用”“珠心算”“作文教学整体改革”等项目的实验，“电化教学实验”和“活动课程研究”等课题还被列入国家级课题。1999年，他起草了“自主教育模式的研究与实践”的实验课题，提出倡导“自主、合作”学习的观点，这与随后召开的全国第三次基础教育工作会议上提出的“自主、合作、探究学习”的新理念不谋而合，该课题得到顾泠沅、申继亮等教育专家的高度评价。

在河南省实验小学，孙广杰再次掀起了教育科研的“头脑风暴”。为了提高教师的教科研水平，学校先后邀请了国内知名教育专家申继亮、陈锁明等到校做“从经师到人师”“人文教育综述”“学校发展与教师职业生涯规划”“教师专业规划与发展”“解读人文教育”等专题报告和讲座，从理论层面解决教师在教育教学实践中的困惑。在他的努力下，北京师范大学研究生院与河南省实验小学联合开办了研究生课程进修班，100多名教师参加了学习；在他的倡导下，创办了《教学与科研通讯》，让教师在笔墨之间品尝收获的喜悦。在校本主课题下，学校根据教师自身的特长，确立了33项校本实验子课题，80%以上的教师参与了研究。2010年5月，由孙广杰主持的河南省“十一五”规划课题“小学生人文素养教育实验研究”申请结项，并作为全国“十二五”规划课题申请了中期汇报。教师们感慨道：“学校从没有过这么浓厚的教育科研氛围。”

孙广杰邀请那些在课堂教学上有特色、教育研究有成果的专家型教师把自己的经验、成果、策略等与全校教师共享；在青年教师和这些专家型教师之间开展“师徒帮带”活动，形成“能者为师，互帮互学，集体传授，主动请教”的传帮带模式。目前，有20多名“徒弟”已经成长为教育教学骨干，每学期有近500篇优秀教学案例供分享交流。一系列活动的开展，让实验小学的教育科研变得精彩纷呈。

聚焦课堂，催化生态教学

在孙广杰看来，作为“实验”小学，在课堂教学改革等方面不断创新，积累经验，是应有之义；与省内周边学校乃至省外的学校分享课堂教学成果，是“实验”二字所赋予的时代责任。为此，他开始聚焦课堂改革，并着手打造真正的“以生为本”的生态课堂。

通过结合教育教学规律对课堂进行分析，并提炼出一位位教学名师的课堂经验，孙广杰倡导的“本真求实、和谐共生”的生态课堂教学理念逐渐清晰起来。在这一理念的指导下，孙广杰带领教师们尝试构建了不同课型的基本模式：关注全体，因材施教；传授知识，教给方法；科学预设，有效生成；激发兴趣，多方互动；目标全面，落实“四清（讲清、学清、练清、测清）”。由此，为不同风格的教师提供基本参照，使他们能更迅速地理解生态课堂的教学理念，并落实到课堂上。

生态课堂教学基本模式作为一种全新的教育教学追求，逐渐被河南省实验小学的教师们广泛接受，并在教学实践中不断完善。2002年以来，学校教师在生态课堂教学实践中积累了上万篇教学案例、专题反思、教学随笔、教育叙事等，不仅形成了一笔重要的教学财富，还促使很多教师逐渐形成了成熟、独特的教学风格。如，王晓莉教师的三步应用题解题法、林铮教师的美术课堂自由创作法、薛金菊教师的英语语境教学法等，教育教学生态“各美其美”。

在孙广杰看来，学校仍需不断突破固有模式，在生态课堂教学理念的指引下，不断实现创新，这才是学校教育教学追求的更高目标。为有效弥补学校课程资源的不足，提升学生的综合素质，孙广杰又开始了新的探索。在他的主导下，学校以社会教育资源为依托，以社会专业人才为骨干，开设了钢琴、绘画、民乐、乒乓球、武术等40多门特色课程，为学生发展特长、张扬个性提供了条件。与此同时，学校开展了丰富多彩的第二课堂活动，组建了定向越野、曲棍球队、软式垒球队等十余个校级课余兴趣活动小组，让每个学生都有机会自主发展特长和爱好。

同化带动，孵化更多名校

“‘实验’就是在‘实践中检验’，‘实验’代表着一种‘敢为天下先’的勇气，它是学校的一种精神、风格和特质。”孙广杰这样说道。他坚定地认为，与省内周边学校乃至省外的学校分享课堂教学成果，是“实验”二字所赋予的时代责任，这也是实验学校校长应有的担当。于是，他带领学校不断扩大优质教育资源的覆盖面，使更多的学生享受到优质教育服务。

孙广杰采取多种体制的办学之路，运用独立、合作等途径，先后创办了五所新学校，扩大了优质教育资源，并在推进民办学校规范改制方面做出了探索。2003年，实验小学创办了河南省实验学校鑫苑外国语小学；2006年又创办了河南省实验学校郑东小学；2013年秋季，采用托管模式创办的英才国际小学和实验小学林州校区正式开学。租赁场地办学、股份制办学、托管模式办学等多种办学模式的探索，为河南省基础教育办学模式改革提供了新的范例，真正凸显了学校“实验”的勇气和责任。

但是，如何让新创办的学校真正优质起来，而不仅仅成为同质同类学校的简单复制或翻版？孙广杰提出，要“用科研的视角审视学校的各项工作，厘清学校的发展思路”，于是外国语小学的“双语教学”和郑东小学的“自主课堂”应运而生。如今，这几个校区协同发展、各具特色，均走上了良性发展的道路。

“教育均衡不是绝对的平均和机械的拉平，而应理解为各区域各级各类的教育都得到发展，消除影响教育发展不均衡的非正常因素，逐步缩小不应有的差距。”在这样的理念驱动下，孙广杰采取“同化带动”策略，帮扶薄弱地区学校的发展，先后与多所学校建立帮扶联谊关系，采用学术讲座、教学交流、教师互访、送教下乡等多种方式带动薄弱学校的发展。

脚踏实地，敢于追梦，方能梦想实现，孙广杰就是这样一个“追梦人”，他以智慧和勇气，以坚守和创新，以脚踏实地的行走，锲而不舍地追逐着他的“教育梦”。

（本文由校长国培计划——中小学名校长领航班
教育部小学校长培训中心培养基地提供）

马宏

教育是“做的哲学”

鲍传友　王　欢

“在做中学”是美国大教育家杜威教育哲学的核心思想，也是我国著名教育家陶行知先生教育思想的根基。一个有趣的历史巧合是，抗日战争时期，陶行知和巴蜀小学首任校长周勖成几乎同时在重庆践行“做中学”的教育理念。巴蜀小学现任校长马宏的教育思想便源于此，“教育是做的哲学”也成了她的座右铭。

作为一所有百年历史、在西南之地有广泛影响的名校掌门人，马宏在其30多年的教学和管理生涯中，经历了从教师、班主任、副校长到校长的多重角色的转变，她用自己的实际行动阐释了“做”在当代教育中的价值和意义。

办教育首先需要的是倾注情感。孔子有一句名言叫“亲其师，信其道”，德国哲学家雅思贝尔斯也有一句经典名言是“教育是一个灵魂唤醒另一个灵魂”，这说明教育从本质上来说是一种心灵对话的过程，办教育不仅需要投入精力和资源，更重要的是要投入情感。巴蜀小学把“读懂儿童”作为教育发展的逻辑起点，带着“儿童是怎么认识事物的”教育设问，马宏校长静心探知学生的心理发展规律，从而强调“最好的小学教育是陪伴”，并以一心一意、一言一行的“蹲下身子、个性陪伴”，让每一个学生都微笑，让每一个学生都自主，让每一个学生都成长。她在对巴蜀小学的管理中处处用心用情，于“细微处见真情”，她对学生的发现、对学生的关爱、对学生需求的满足、对学生好奇心和创造欲望的呵护都充分体现了一个有理想、有信念的教育者的情怀。也正因为此，巴蜀小学到处流淌着一种浓厚的人文精神和儿童情趣，学校成为每一个学生最快乐的精神家园。

马宏校长对“做”的第二层诠释是科学地做。校长仅仅有教育的热情和激情是不够的，更需要有理性精神和科学方法，不能仅凭个人意志和想象来办学，要尊重学生的发展特点和成长规律，要关注国家和社会需求。对于什么是应该做的，什么是不应该做的；什么是满足学生兴趣需要的，什么是违背学生成长规律的；什么是有效的，什么是低效或无效的，她都一一甄别，从不草率。

在“基于学科的课程综合化实施”的课改过程中，马宏校长静心笃行，科学把握分科与综合的最佳界限，以此推动学生在综合性知识结构中进行有意义的学习，驱动学生学习方式的变革，并促进学生核心素养的提升。如今，巴蜀小学“因生而动、因律而美”“与学生一起律动”的办学思想进一步得到了丰富和完善，它不仅很好地嵌入学生的生活世界，而且形成了“以学生为本，三类课程，三重生活，三种要素”所构成的律动课程体系。她把“做的哲学”深入贯彻到常态教学过程中，强调在生活中学习，手脑并用，促进了学生多方面素质的发展，树立了素质教育的典范。

马宏校长经常将“优秀是卓越的大敌”这句话挂在嘴边，说明她是一个不囿于现状的教育者。在科学理论和科学方法的指导下，她怀着“敬畏”之心不断创新教育方法，在巴蜀小学厚重的历史与快速变化的现实之间寻找改革的突破口。现在巴蜀小学的项目学习、核心素养课程模块和社会主义核心价值观教育等一系列走在教育领域前沿的改革，对重庆周边乃至全国的小学教育改革都发挥了强大的影响力，一年一度的“巴蜀峰会”正逐渐成为全国小学教育改革和办学思想交流的平台和品牌。

马宏校长的“做”不是一个人轻装上阵，而是带领一群人砥砺前行，一次次冲击新的高度。在“没有完美的个人，只有完美的团队”的理念之下，她不仅在巴蜀小学打造了一支非常强大的学校管理、学术团队，而且创造性地建立了“1+1+N”的学校发展共同体模式，充分发挥了名校“示范引领，以强助弱，共同发展”的功能。在巴蜀小学的带领下，重庆市33个区县的小学实现了牵手互助。多年来，来巴蜀学习和培训的校长不计其数，马宏的身边始终围绕着一群来自重庆农村地区以及全国其他地区前来取经的校长们。她从不保留，悉心指导，共同探讨，展现了一位卓越校长的境界和担当。

“巴蜀园，幽趣甚多，随处有小林，有泉石，可憩坐而观玩……蝉声、泉声而外，绝无他响，殊觉享受非凡。”20世纪30年代，时任巴蜀语文教师的叶圣陶先生在日记中直抒胸臆。今天，马宏校长在办学实践中秉持“以学术的方式守候生命的静好”，不仅将自己的教育智慧点洒在巴山蜀水的生命律动中，也将自己的教育人生浸润于巴蜀小学83年建校史的深水静流中。我们相信，她所坚守的“做的哲学”一定会给中国当代教育改革注入新的智慧和活力，也期待她引领更多的校长和学校不断改革创新，为提高我国基础教育的办学质量加油助力。

（作者鲍传友系北京师范大学副教授，王欢系史家教育集团校长）

最好的小学教育是用心陪伴

个人小传

马宏，1986年毕业后进入重庆市巴蜀小学执教，历任教学主任、办公室主任、副校长等职。2009年开始，正式担任重庆市巴蜀小学（以下简称“巴蜀小学”）校长、党委书记。

成长之最

对自己影响最深的教育理论著作：《沉思录》（马可·奥勒留　著）。

办学管理中最有成就感的事：探索和实践城乡学校文化互助机制，用“1+1+N”模式携手区县学校开展校际互助常态化研究，带动了一大批学校的共同发展。

教育教学中最有成就的改革创新：研发出学科工作坊校本教研新常态，为基础教育领域的综合化改革提供了一种具有操作性的、可推广的现实版巴蜀路径。

学校改革创新最亟待解决的问题：如何为优秀教师搭建最能发挥其优势的平台，让他们获得自身专业的高位成长，有待探索。

巴蜀小学坐落于山城重庆，由于地势颇高，远远就可以看到一条长长的台阶和镌刻着校名的吊脚楼牌，曾有人将巴蜀小学称为重庆的“第三景”。在校长马宏看来，这所有着80多年历史的校园，“有自己独特的文化与气质，她的特色扎根于她由来已久的历史使命和一方水土的文化滋养”。从2009年正式担任这所老城名校的校长开始，马宏带领一班人继承并践行学校首任校长周勖成“创造一个新的学校环境，实验一些新的小学教育”的理念，“趋合时代，顺应潮流，发扬文化，扶植思想”，让教育与时代的脉搏，与学生的脉搏一起律动。

让课程随学生的脉搏一起律动

同行眼里的巴蜀小学，没有其他一些学校课程改革时的轰轰烈烈、热闹喧嚣，但它却在静悄悄地发生着变化。

2009年，马宏初上任。由于毕业后就在巴蜀小学工作，她深知巴蜀小学从建校以来就十分注重教育理念的时新性。通过对校史的再研究，她提炼出了“巴蜀教育精神”因生而动、因律而美的特质，并在此基础上进一步倡导“与学生的脉搏一起律动，过一种有境界的教育生活”的教育观。

近年来，基于“教育是做的哲学”的理念，她开启了安静务实的“律动教育”实践研究，以每三年为一个周期，每年一小步，三年一大步，规划拟定实施《三年行动计划》，科学引领学校的内涵发展。从学校大团队建设到学科组建设，乃至现在的核心素养概念在学生培养中的落地，马宏做了一个又一个教学实验。

为进一步让学生课程的设计回归儿童思维，借学校承办“第二届小学教育国际会议”活动的契机，马宏系统梳理项目学习与课程综合化之间的关系，并和国内外教师一起，在项目学习国际性工作坊中进行了专业的培训，做出了“桥”的主题项目学习的典型的实践案例来，师生家长都成了课程的参与者。这样基于学科的课程综合化实施收效显著。在2015年的全国中小学整改委员会的活动现场，学校二年级学生傅嘉骐的绘本

《大桥的故事》在来宾中广为传诵。天马行空、简单美好的故事，展现了儿童丰富多彩的世界，也坚定了马宏继续深化课改、实行律动教育的信念。

而后，学校继续深入开展了“火”“我的学校”“飞”“我的动物朋友”“呵护宝宝”等项目学习，转变了教与学的方式，成功实践了学生跨学科学习的改革实践，提升了教师综合化实施课程的能力，更新了课程“综合性”实践的观念，从而有效提升教师育人的目标意识、问题意识、课程综合化实施中的建构意识和方法路径上的综合意识。紧接着，巴蜀小学将这一成功经验引入各学科课程综合化实施的改革探索中，研发出学科工作坊校本教研新常态。

巴蜀小学律动课程体系的不断丰富完善，让课程真正回归到教师、学生、教材、环境四因素动态相互作用的学校生态系统中，形成了“以学生为本、三类课程、三重生活、三种要素”所构成的律动课程体系，促进学生健康快乐地成长。随着律动教育思想的深入，马宏对教育与管理的研究与探索在巴蜀校园扎下了根，并在国内小学教育领域引起强烈反响。

蹲下身来陪伴每一个学生

最好的小学教育是陪伴。马宏提出“与学生脉搏一起律动”的理念，并不仅仅是指课程。在课堂之外，师与生的关系互动与共鸣，也是她所定义的“律动”中的一种。早在巴蜀小学建校时，首任校长周勖成就认为，教师不但要学习教学法、听课、讨论、评品，同时还要学着当保姆和家人，也是学生的朋友，当然更是学生的教师。共同经历、彼此滋养的师生关系，孕育在80余年前的巴蜀土壤中。

走进巴蜀小学食堂，有一个区域特别引人注目，那就是金色餐桌。马宏校长说，学校每周都会从不同年级抽取学生代表来到这里跟自己一起用餐，通过面对面交流，倾听学生心语，了解他们最真实的想法。被选中的学生有一个特殊的“任务”——他们要在一周时间里，利用各种方式搜集同学们的呼声与愿望，在与校长午餐时畅谈真实感受，提出同学们的个性需求。

自“金色餐桌”开设以来，已有1 600多名学生与马宏直接对话，提出5 000余条建议。这是巴蜀小学践行“儿童思维”的真爱行动，也传递着学校尊重每个学生、在乎每句心语的人文关怀，真正做到了“与学生脉搏一起律动”，让每一个学生都成为主人。

此外，为密切沟通、更好地陪伴成长，巴蜀小学还开设了“教师金色餐桌”“家长金色餐桌”，管理开启一条绿色通道，为学校发展注入活力。马宏说，学校会认真倾听来自一线教师和家长最真实的心声，所有的问题都将记录整理，并研究跟进切实可行的解决方法。

在马宏的引领下，巴蜀小学的很多活动都被重新定义。“六一”儿童节的庆祝活动，不再是少数学生上台表演，而是分年级组庆祝，让每个学生都可以上台展示。从2009年开始，每年“六一”儿童节，马宏都会带着学校领导班子参加每一个年级的庆祝活动。2016年元旦，巴蜀小学将元旦重新定义为举校同庆的“丰收节”。在丰收节上，马宏会穿着节日的盛装，用上课的方式，与全校师生共话成长，带领全校教师为学生们颁奖，共同见证学生的成长，共同分享收获的快乐。

马宏说，巴蜀小学的“人人捧着奖状回家”评价活动已经坚持了几年，就是希望每个学生都取得进步，每个学生都得到成长。通过巴蜀小学每位教师用心、用情、用智、用力地陪伴成长，为学生们在小学六年涂上自信、豁达、优雅的巴蜀底色。

“1+1+N”牵手区县学校共发展

在外界看来，巴蜀小学是一所“只许办好”的学校，巴蜀路径成为不少小学学习、复制的样本。在这样的使命下，马宏意识到，仅仅办好巴蜀小学这一所学校是不够的。“一所小学校也能为促进重庆城乡教育统筹发挥作用。”在“聚焦课程互助成长访学培训会”上，马宏满含深情地道出了全体巴蜀人的心声。

在重庆城乡二元结构突出的情况下，巴蜀小学率先开展送课下乡、互动论坛等活动，并已经坚持了10余年。马宏带领巴蜀小学的领导班子凝练了“望闻问切、开出良方、备货上架、上门服务、整体打包”的城乡学校管理“五步互助链条”经验，并结合巴蜀“梦想网校”、访学制度等立体举措，为统筹城乡教育探索出一条自下而上的科学发展之路。

巴蜀小学的这一举动影响并带动了重庆周边区县，足迹遍及30个远郊区县。重庆市内200多所学校，直接或间接参与活动的教师达600余人次，接受培训的教师5 000余人次，合计6 000余人次分享到了巴蜀小学的优质教育资源。

特别是2015年马宏自己主持的名校长工作室成立以来，她与工作室成员通过项目合作、深度联盟等机制和影子培训、主题访学等常态化工作的展开，深化“1+1+N城乡学校文化互助”发展模式。一年来，马宏名校长工作室的五所市内优质学校，通过项目研究协同创新、携手共进。深度联盟的重庆璧山实验小学等10所学校，受益于巴蜀小学资源共享、干部派驻、影子共进、专题督办、联合教研等扶助方式，打造名校长团队，培养中青年校长，助推学校校园文化建设，促进学校课程实施，加速教师专业提升，促进学生全面发展。

马宏说，这样的举动发展了周边学校，也感召了很多学校。他们借鉴复制“1+1+N”模式，也像巴蜀小学一样承担起自己的社会责任，用一个品牌带动一所学校、一个地区的生态共建，成效显著，影响深远。

“为学生而办学校”的价值旨归，在巴蜀小学已经延续了80余年，而在马宏的带领下，这一理念已渐渐成为一种文化，化为一种自觉，流淌在巴蜀小学的教育时空里。她相信在不久的将来，将会看到更多的巴蜀影响，共同见证巴蜀精神的传播以及巴蜀教育人责任与使命的转化延伸。

（本文由校长国培计划——中小学名校长领航班
教育部小学校长培训中心培养基地提供）

靳海霞

名家点评

生成“幸福教育”的文化基因

朱旭东　曹保义

从教几十年，看惯了用“书山有路勤为径，学海无涯苦作舟”来激励学生“勤学”和“苦学”，听惯了用“春蚕到死丝方尽，蜡炬成灰泪始干”来赞美教师的牺牲与奉献。故此，辽宁省开原市民主教育集团校长靳海霞对幸福教育的追求，让我耳目一新，眼前呈现出教育的另一种境界。

曾经，我对校长有一种期待，期待校长有思想，并且其思想是通过概念来表达的。靳海霞校长的“幸福教育”概念与我的期待是一致的。

我对她的“幸福教育”思想的阐释，主要是以问题为逻辑展开，即在她的思想中，什么是幸福教育，为什么会追求幸福教育，以及如何走在追求幸福教育的路上。

在她看来，幸福教育是指在教育中让与教育有关的人都能够幸福，因此既是一种教育目标，又是一种教育手段。它还体现在教育的过程中：对于学生而言，幸福教育一定要让学生在学校感受到幸福，为此要为学生创造让其幸福的条件。这种条件显然首先是教师创造的，于是幸福教育还表现在教师是幸福的。从相关性上来讲，如果教师不幸福，何来学生幸福？问题是，教师如何幸福？于是幸福教育又面向校长的幸福，倘若校长不幸福何来教师幸福？这是一个幸福教育的逻辑链，任何一个链条的节点都体现出教育幸福。因此，靳海霞才会说，她“行走在追求幸福教育的路上”。

其实，靳海霞之所以能够“行走在追求幸福教育的路上”，是因为她在过着一种幸福教育的生活，这种生活出于她对教育的热爱、源于对学校的眷恋、始于老校长对她的殷切期待，更来自她每天与学生、教师的交往中，与学校的一砖一瓦、一草一木的亲近中。

靳海霞试图让每一个学生都能够学习幸福和幸福地学习，也努力为每位教师创造幸福教育生活的环境，使他们过幸福的专业生活，在课堂上幸福地引导、指导、辅导、帮助学生幸福地学习，使他们能够为学生幸福学习创设幸福的教学环境。

为此，靳海霞努力做一个具有幸福教育思想之“魂”的校长，做一个具有幸福教师之“根”的校长，做一个具有幸福文化之“源”的校长，做一个具有体现幸福课程之“品”的校长。这是靳海霞努力在寻找的幸福教育之路的方向。

因此，我也更希望她成为一个具有实验精神、博爱精神、专业精神、反思精神、研究精神和学术精神的当代教育家型的幸福校长。在这些精神呼唤下，让幸福教育走得更加专业，更加科学，甚至成为她的学校的一种文化传统，无论时代怎么更迭，都流淌在这所学校的文化基因里。

（作者朱旭东系北京师范大学教师教育研究中心主任，
曹保义系北京师范大学第二附属中学校长）

给时光标注幸福

个人小传

靳海霞，研究生学历，辽宁省特级教师，中学高级教师。2004年开始，担任辽宁省开原市民主小学校长。2011年至今，民主教育集团成立，担任总校长。

成长之最

对自己影响最深的教育理论著作：《冯友兰读书与做人》（冯友兰　著）。

办学管理中最有成就感的事：自己的办学经验能辐射周边农村学校，在互助的过程中使其办学水平不断提升，成为当地百姓满意的学校。

教育教学中最有成就的改革创新：指导干部和骨干教师创编《音韵口诀识字》校本教材，辅助低年级学生快乐识字，降低了识字难度，提高了识字效率。

学校改革创新最亟待解决的问题：教师知识结构单一，特别是缺少脑科学和心理学方面的支撑，这使得教育教学缺少科学性。

“当我们真正把心融入事业的激流中，才会欣赏到天高地阔的美丽景致，它超越了我们的目光、思想，带领我们不断提升自我，发现自我，惊讶于自我的力量之大，这是事业赋予勤奋者最好的回报。”这是辽宁省开原市民主教育集团已有12年履历的“老校长”靳海霞20余年教海生涯的心灵感触。今天，已成为首期全国中小学名校长领航班一员的她，正带领团队，行走在追求“幸福教育”的路上。

思想的力量护送学生到更远的地方

靳海霞认为自己的从教生涯是幸运的。这是因为在工作伊始，她就遇到了一位有智慧、有担当、敢于创新、富有教育指挥能力的老校长，言传身教近20年，让她受益匪浅。同时，多次被选中参加高层次的校长培训，也让她对校长工作和教育内涵有了更加深入的思考，对学校发展也有了越来越清晰的认识。

面对自己的工作，靳海霞一度很困惑：对于一个个年轻鲜活的生命，如何把握好他们最宝贵的人生时光，让他们都能有最丰美的收获，成为压在她心头的巨石。后来，在书海中苦寻，放眼世界，让她豁然开朗；在向先进地区教育理念地不断学习中，看到自身的优势与不足后，又让她胸有成竹。最终，酝酿已久的以人为本的办学定位——幸福教育应运而生。

靳海霞过去经常扪心自问：学校能影响学生一生并让他们走到天涯海角仍痴痴眷恋的到底是什么？身为校长在学校发展中最重要的力量是什么？

现在她可以回答，这是一种纯粹的思想力。在学校，它表现为清晰的核心理念、科学的发展规划、明确的工作目标、有效的治校措施等思考成果所形成的引领力、凝聚力和感染力。

“作为校长，我希望我的教师和学生能够享受幸福而完整的学校生活。”靳海霞说。她从好学生、好教师、好校长、好学校、好教育这最为基本的五方面标准去思考并给出了答案：好学生就要文化课合格，懂艺术，会欣赏，体格健壮，行为典雅，举止高贵；好教师则要知识面宽，技能熟练，语言丰富，风采高雅，心态平和，有执着坚忍的品格；好校长要有长远的战略眼光，把握问题的深度，坦荡无所私藏的胸怀，博学善思的学习态度，公正客观处理事务的能力，谦和高贵的气节，能为教师创造职业幸福；好学校则须关注每一个人，注重全体学生的全面发展，特别是公平、公正地对待每一个学生，使具有不同文化背景的学生都能得到最充分的发展，即使毕业多年仍能深深眷恋这里。做好这些方面，所成就的教育，就是教人变好的教育。

从这些标准中所提炼的学校教育核心词就是“民主”和“幸福”，体现在师生追求的目标中就是让学生享受进步的快乐，让教师体验成功的喜悦，让学校成为师生成长的乐园。创造适合学生发展的教育、适合教师发展的管理和适合学校发展的文化，成为学校实现共同目标最为清晰的途径。

“刚刚和我的大学同学回忆了我的小学生活，从书法练习、形体训练、电子琴课、识字法、外教到海军衫校服，一路数下来，把大学同学羡慕得不行。我感觉真骄傲！在民主小学六年的教育，让人受益终生……”这是一名学生毕业十年后写给靳海霞的“幸福”贺卡。

温暖的庇护赋予教师别样的专业力量

对于地处城乡接合部的学校而言，学养深厚的教师群体是一种奢望，但却可以拥有一个有情怀、肯奉献、能担当、虽默默无闻却每日都在进步的教师团队。学校有这样的团队，正是靳海霞作为校长的一份骄傲。

多年的教育生涯历练让靳海霞深知，几名优秀的教师撑不起名校之名，依靠一个优秀的教师团队才能真正办一所学生们理想中的学校。那么，赋予教师团队团结奋斗、坚韧不拔的精神，打造一支能打硬仗、攻难关的教师队伍，就成了校长的首要任务。为此，她从最初的建章立制，运用纪律手段形成约束机制，转变为后来的利用人文管理调动教师工作激情，由被动到主动，从外因到内因进行精心打造，逐渐拥有了一支文化自觉、职业自律、专业自为的民主教师团队。

在这个过程中，靳海霞更是发现和发掘了幸福的魔力。

“教育最不能忽视的，就是人与人之间异常美好的、多样性与细微性的影响。正是这种影响，使人的智力、天赋、想象力各不相同。”看到了这一点，为了学校里60%来自农村家庭的学生能在优秀教师团队影响下生活学习，靳海霞曾把自己家的房子无偿提供给新教师住宿，也曾把工资卡抵押给大学刚毕业的青年教师让他们偿还助学贷款。

为让教师团队抵达更深层次的幸福，靳海霞希望：“我的团队是一支幸福的团队，每个人都能在其中领悟到教育工作的真谛，能够用爱去滋润学生的心灵，在职业生涯中感受工作的快乐和幸福。”她尽己所能，为团队里的每个人提供必要的帮助，打造浓郁的学习氛围，开展各种培训工作，邀请名家讲座，展开教学大赛……力争让教师们的潜能得到挖掘和展现，从而更好地为他们量身定制合适的工作岗位。当每个人的工作都能做到游刃有余时，靳海霞看到，来自职业的自信令教师工作中的难点很容易就会迎刃而解，职业的幸福感自然而然地从他们的脸上流露出来，他们的人生也更多了一份云淡风轻的从容。

正是因为教师幸福与专业成就紧密相关，对于教师的专业发展，靳海霞既固守专业特点，又充分发挥个性风格，探索出了比较有效果的做法：学校发挥学术权威的引领与影响，即学校树立权威的学术形象，突出其在校内的专业领航，然后为教师提供高层次的培训，从而令其建立学术自信，之后才可进行学术分享与引领；同时，帮助青年教师规划发展方向，建立专业信心，使其在专业成长期能有方向并满怀信心地跟随专业权威。这样，两者共同形成优秀团队。

面对扩校、增编、人员剧增的情况，靳海霞建起了团队共同发展的教师研修文化，设立了学科组长、年级组长负责制，以及小团队扁平化管理与学术权威引领下的学科组、学年组经验分享、智慧成长体系。十年来，在这里的每位教师都能得到真诚的帮助，彼此支持，互相信任。在这里，对职业的热爱以毋庸置疑的状态深深根植于教师的心中。

有灵魂的课程教学撑起理想的学校

学生理想中的学校是什么样子的？这一度困扰着靳海霞。但她认定，学生理想中的学校一定要有他们理想中的课程。

靳海霞与前任校长历经20余年，致力于构建基于学科融合、打破学科壁垒的课程体系，从而让学生在课程中自觉体验教育的内生动力。他们始终坚守和彰显儿童立场，倡导把课程关怀带给每个学生，课程直指“明德至善、乐学致远、修艺致雅、健体致美”的培养目标，并由此建立了“基础课程——特色课程——拓展课程”的多元开放课程体系。其中，基础课程是体现国家意识的国家课程，包括国家课程校本化实施——基础知识、基本能力、基本素养的教与学，注重习惯与方法。特色课程和拓展课程是体现学校意识的校本课程。具体而言，特色课程是指向学生科学素养和艺体专长的滋养与熏染。拓展课程则是基于学科的主题学习和基于生活的综合活动，培养学生的创造意识、创新精神和实践能力。

两任校长在师资不足的情况下，坚持不断地完善课程体系，开设了50多种特色课程与拓展课程。

靳海霞坚信，教育者应该思考如何让学生快乐起来。特别是面对日益多元化的社会，教育不仅具有传承文化的使命，还起着开发人的潜力、发展人的生命内涵的作用。学校不应只是给学生一块通往大学的敲门砖，更应该创设适合每一个学生个性化发展的平台。所以，他们的特色课程，丰富了学校教育的内涵，为学生的各种需求打开了通道，也为学生未来的人生奠定了良好的基础。基于此，他们的教学不但是有效的，而且有了灵魂，启迪了学生的智慧，充实了他们的精神。

“一所学校的发展，既需要感性的激情与冲动，又需要理性的思考与行动；一种教育实现传承中发展，既需要自上而下的设计，又需要自下而上的踏实实践。”看着办公室内熠熠生辉的民主教育集团的铭牌，靳海霞追求并实践幸福教育的脚步更加坚定了。

（本文由校长国培计划——中小学名校长领航班
教育部小学校长培训中心培养基地提供）

于大伟

名家点评

可贵的原创精神

严华银

教育家型校长最为基础和核心的元素是什么呢？应该是创造力，是创造中的创新，创新中的原创。这是青海省西宁市第二十一中学于大伟校长给我的深切体会。

这是一所有着百年历史却又在数年前异地新建的学校，至今已完善为全学段的学校。老树逢春，于大伟带领班子成员和全校教师励精图治，寻求新校新象，打造教育教学改革的大格局。从2014年开始，他们在课程体系建构尤其是校本课程开发领域精心研究设计的基础上，推出了“虚拟社会化实践课程”。

在原本与社会相对隔绝的一所学校里，生产、经营、货币、银行等相关的社会生活元素齐备，再加上与之配套的“行政管理”部门和“司法”机关的逐渐到位，一个规范有序、和谐稳定的虚拟社会从此诞生，与现实学校、系统的课程学习几乎可以说是并行不悖的，渗透融合，形成了学校独特的教育生态。

这是一种十分有意义的教育原创，是一种极富科学精神的教育突破。学校是学生从家庭人转化为社会人的学习、练习平台，当现实学校中的学习尤其是应试学习将分科课程的教学极端专门化之后，学校与家庭、与社会的疏离和分割已经越来越明显。于大伟校长从古圣先贤那儿，从国内外大教育家那儿，汲取营养，寻求智慧，遵循教育规律，融汇社会、市场、经济诸多元素，整合、建构、创造出这样一种“大伟式教育”，这种突破与原创，在当下的社会生态和教育生态下，几乎就是一种教育壮举。

一个国家或者一个区域的教育发展，一般都应经历三个阶段：“为证”，即引进他国先进教育理论并为之证明的时代；“证伪”，即逐渐发现并批判或矫正他国之理论在本土化过程中的不足的时代；“自为”，即在广泛地学习和实践的基础上自我发现、自我发明和创造的时代。当下中国教育究竟处在什么时代？可能不同的区域、不同的学校和不同的校长都会有着不尽相同的回答。于校长和他的团队已经走入教育的“自为”时代，这也正是作为教育家型校长培养对象的“于大伟们”应有的姿态，也是这些未来教育家对于中国教育的价值意义之所在。

很多时候，中国基础教育成为西方某些教育理念和理论的试验田或“跑马场”。这一方面表明学界研究之风之不正，另一方面也表明原创尤其是教育原创之艰难。原创，需要原创者广泛学习并在此基础上具有比较研究的能力，需要自由放任、天马行空的大胆想象力，需要质疑求异的思维品质，需要主动开拓进取的意识和精神，还需要原创者自身丰富的经历和生活经验的积累。从外部因素来看，社会尤其是教育行政的宽容、信任、支持和保障是甚为关键的。远远地看着，悄悄地帮着，可能这才是当下教育行政部门对于校长应有的管理姿态。于大伟校长的成功，与其西宁钢厂教育处行政管理的经历，省市教育行政部门和地方党委政府的理解和支撑，都有着直接的关系。

尤其重要的是，当下的教育变革和教育创造，还迫切需要教学、教育、管理和经营的智慧。这20余年的教育应试，其最为残酷的恶果，就在于让应试本身被社会上下和教育内外公认并普遍接受。而且，对这样一种现实，谁要是反其道而行之，可能还要引发反弹和动荡。

在这一点上，于校长及其团队的设计、部署是缜密有序的，推进、落实是平稳和谐的。如，他们对于教育教学质量的高度重视，期标在于学生人文素养和学科教学质量的稳步上升；对于社会实践活动时间的科学安排、考核评价机制的精心设计并实施，其目标在于对学生真正的综合素养的培养。这些都显示出折中、平和、均衡的教育特点，不但不会影响学科教育，反而能促进学生学习能力的发展。

这样一种课程实施、推进的策略和智慧，将给广大的教育改革者和创造者十分重要的启示。

（作者系江苏省教育行政干部培训中心常务副主任）

用学生创造的生活教育学生

个人小传

于大伟，山东文登人，1987年7月毕业于陕西师范大学物理系，同年工作于西宁市第二十一中学（原西钢集团子弟学校）。1992年任西宁市第二十一中学校长，1995年被提拔为西钢集团教育处副处长。2001年，回到西宁市第二十一中学担任校长。

成长之最

对自己影响最深的教育理论著作：《教育的目的》（艾尔弗雷德·诺思·怀特海　著）《民主主义与教育》（约翰·杜威　著）。

教育教学中最有成就的改革创新：将社会引进校园，师生共同在校园中创造了一个虚拟但真实感极强的“小社会”，成功进行了用学生创造的生活教育学生、用学生创造的成就激励学生的教育探索。

学校改革创新最亟待解决的问题：教师的思想、教育方法还不能充分支撑学校的新教育。

青藏高原透彻而粗犷的阳光，照在西宁市第二十一中学（前身为西宁特殊钢集团子弟学校）徽派建筑与苏州园林风格的校园内，与江南的钟灵毓秀和精雕细琢融为一体，自然，悠远，旷达。明德，亲民，至善……校园内的各建筑以《大学》中的“三纲八目”命名。师生们调素琴、描丹青、绘山水、阅诗书，乐在其中。

“好景怡情，大美育人。”于大伟脱口而出，这是学校的育人理念，“以校园之灵秀养人性情，以校园之静雅修人身心，以校园之精致教人做事，以校园之和谐滋人心田，以校园之文化厚人底蕴。”

21岁本科毕业后，于大伟到西宁市第二十一中学任教。5年后，他成了青年教师中的佼佼者，被提拔为学校校长。29岁，他成为西钢集团教育处副处长。2001年，在企业主辅分离时，于大伟拒绝了集团公司的再三挽留，放弃优厚待遇以及高级别岗位，重归令他魂牵梦萦的校园。

在这里十几年，他描绘出每天所喜欢看到的校园画卷：学校用无处不在的信任与尊重、多姿多彩的生活和学习，提供给学生生长充足的水分与肥沃土壤；教师用自己对学生的爱，萌发着学生内心“爱、知识、信念”的种子；学生用自己的双手，在自信的阳光和协作互助中，创造成功的喜悦。

筑起教育精神家园

于大伟常说，“教育者应该做有价值的教育，做有意义的教育”。

于大伟推崇怀特海在《教育的目的》中的论述：把一个学生当成有血有肉的活生生的人，激发他们自我发展，让他们所具有的专业知识成为他们进步、腾飞的基础，最终成长为既有哲学的深邃，又有艺术的高雅，既有广泛的文化修养，又在某个特殊方面有专业知识的人才。

在夸美纽斯教育理论的影响下，他深信每个学生心中都有爱、知识和信念的“三颗种子”，并把对学生的信任和尊重作为一切教育行为的前提，去萌发这三颗种子，使之成为学生成长发展的内驱动力，最终使学生长成参天大树。

他更希望像孔子、杜威、苏霍姆林斯基那样，带上他的学生们走进社会、走进生活，并在社会实践、生活实践中学习。

于大伟认为，应该让教育从成人的自娱自乐中走出来，让学生过上多姿多彩的生活，实践一个完整的学习过程，这样才会使学生的个性得到尊重，兴趣得到满足，特长得到发展，最终成为能独立思考、独立行动，拥有独立高贵人格的人。

于大伟行走在品悟中外教育家人生、品味名家教育思想的路上。这条路，越走境界越是高远，越走前面越是敞亮。

赋予学生创造天地

“纸上得来终觉浅，绝知此事要躬行。”为了构建一个学习和生活相结合的情境，让学生享受一个多姿多彩的学习过程，做到学中做、做中学、学做合一，学校在于大伟的主导和策划下，通过不断探索，由师生共同创建了一个虚拟的社会，并通过发行校园虚拟货币——智慧币，使学生在实践活动中创造的劳动成果能够自由地相互交换，实现了学校学习实践与社会的贯通。

每个学生在这个虚拟社会中扮演一个社会角色，在角色扮演中尽可能真实地体验社会，达到在生活中学习、在实践中发展的目的。这极大地调动了学生创新、创造、创业的积极性。学生不但开设了手工制作工厂，还创办了商品贸易公司，组建了以服务、文化传播、培训、科研等为主的团队，并以公司的形式运营。这些不同性质的团队，面对社会的选择和挑战，创造性地解决着自己所面临的问题，提高产品质量和品位、丰富产品种类、提升服务水平、加强团队管理成了学生们不断学习、探索的内容。

这一课程体系可以用几个关键词来描述。一是公司化运作。在这一虚拟社会中，人与人的关系，通过公司体制机制来运作。每个学生可以自主申请成立相关的生产经营实体，自行决定生产什么和经营什么，可以自由“招兵买马”，自己决定生产方式、经营思路。在这里，一个三年级的学生可以根据自己捏泥人的喜好，组织一帮年龄不等的学生，生产泥塑艺术品并开展经营活动。一个高中学生可以利用学校中的小河资源成立水上游乐经营公司，开展丰富多彩的水上游览服务。二是智慧币。生产和经营活动自然离不开“买卖授受”，于是“代金券”性质的智慧币应运而生。智慧币的意义和价值在于方便交换、标志交易的发生，兑现劳动报酬，考量生产、经营的绩效，评价经营主体的持续发展的能力。“产品”是否优质、适销能否对路，经营和管理是否有方，自然决定智慧币的多寡和经营者的智慧程度。所以，在这项课程开展的现场，可以发现一群很小的学生也可以获得成堆的智慧币，即便是高二的大哥哥大姐姐组建的公司，也有可能经营困难，囊中羞涩。三是智慧银行调控。学生银行主要承担发行货币和管理货币流通、开展存取款、办理贷款等业务。为了加强对智慧币的管理，维护智慧币的信誉，稳定智慧币秩序，根据《西宁市第二十一中学社会化实践教育活动实施方案》，制定了《西宁市第二十一中学智慧币管理条例》。

勃发学校教育生机

置身在青藏高原阳光下的这所美丽校园里，存在着这样一个生机勃勃、有序运转的“小社会”，于大伟亲历着这些年来一批批学生们智慧的积累和传承。他越来越感觉到这是一个有着青春生命力，又沉浸在优秀传统文化的若水上善之中的，跟自己和学生们一起蓬勃成长的学校。

随着社会化教育实践活动的开展，虚拟社会越来越丰富，越来越复杂，这也为学生自主管理机构在治理社会方面提供了丰富的实践和学习样本。学生们围绕如何保障社会化实践活动的秩序，建立起一个民主、文明、和谐的学校；围绕如何构建自由平等、公正、法治的社会实践环境，如何实现学生爱岗敬业、诚实守信、和睦相处等问题，积极思考，多方征询意见，并展开讨论，逐步完善了管理机构，增设了学校智慧银行、工商局、统计局、资产管理部、人力资源和社会保障部、体育协会等。同时，由立法委员会制订并经学生代表大会审批通过了一批适应新形势的规章制度，这些规章制度模仿了国家相应法律法规的命名及文本格式，包括学校的智慧币管理条例、公司法、劳动法、贸易法、破产法、学生最低收入保障条例、公务员法等。在机构与制度的不断完善中，学生们逐步提高了治理社会的水平。

多姿多彩的社会化教育实践活动，给学生提供了一种接近社会化的实践生活，使每个学生找到了适合自己生长的土壤，满足了丰富的个性需要。在这种社会化的生活实践中，学生们可以找到适合自己，并能充分发挥自己潜能的角色，在角色的扮演过程中不断发展、不断成长。这种扮演的实践基于学生的个性，能唤醒学生社会化的冲动，从而激发学生的生命力。这种让学生社会化的过程，再不是一个把学生当产品塑造的过程，而是提供阳光、水分、土壤，使他自由生长的过程。在这一过程中，学生的生长变得快乐、愉悦，对社会的认识变得生动、深刻，最终把自己的社会化改造行为转变为人生自觉。

就这样，学生们在竞争中学习吸纳，在失败中反思整改，在成功中总结前行，用创造来丰富自己，用创造来教育自己。这一切为他们将来走入真实的社会，增添了一种经验、技能、勇气和信心，也真正实现了于大伟做教育的初衷——用学生创造的生活教育学生，用学生创造的成就激励学生。

（本文由校长国培计划——中小学名校长领航班
江苏教育行政干部培训中心培养基地提供）

郭长安

循着学校文化之路，回归教育“初心”

严华银

在学校内涵发展的追求中，学校文化建设成为热点。而在学校文化建设的热潮中，许多重要的问题却一直难有定论，比如学校文化究竟是什么、学校文化建设的重点是什么、学校究竟应该如何建设学校文化等。

郭长安校长是一位年轻的校长，其所在的山西晋中高等师范专科学校附属学校（以下简称“晋中高师附校”）也建校不久。任晋中高师附校校长以来，郭长安带领团队一班人在建设学校、管理学校、发展教师、促进办学质量尤其是教学质量不断提升的同时，用心着力建构学校的“文化”，并且已经初步建立起带有学校特点的“幸福教育”体系，书写了一篇新兴学校也可以建好文化的大文章。

“幸福教育”是晋中高师附校的教育哲学观，也是学校文化建设这篇文章的“主题思想”。这一主题源自郭长安校长个人对于教育的理解和主张。他认为，校长为一校之魂，而校长之魂实际上就在于校长的教育思想和办学理念。有了科学优秀的学校发展理念和科学的学生发展观，就抓住了学校工作的核心。他在语文教育和学校管理的经验中，深感让学生的学习生活幸福就是教育的应有之意，就是为学生的一生储备幸福，也是为学生未来的发展奠基。这样一种教育理解和理想，应该说是回归了教育的“初心”，十分难能可贵。

有了这样的初步理解，郭长安校长就开始带领班子成员深入学习，反复研讨什么是好教育、什么是好学校、学校教育要培养什么样的人等课题。这样一件事，表面上看似简单，但于今天的中国教育而言十分切题。现实教育之改变，最为困难的就在于国人对于教育共识的重构。全社会需要一场全新的“教育启蒙运动”，让人们对教育有一个基于当今时代背景的清晰定位。而郭长安校长与这所新办校快速成功的实践，则给予了我们很多启示。

学校文化应该是一个相对完整的体系。“幸福教育”作为一种教育哲学，并非晋中高师附校所独有，也不是郭长安校长的独家发明。但借助教育理念和教育目标来做出合适的解说和阐释，并构建相关的课程体系来支撑，通过优秀的课堂模式来践行，这就是郭校长和他所在学校的“专利”了。

当然，学校文化是一个非常复杂的系统，其建构的过程是漫长的。成熟的学校文化可能需要一所学校中的多少代校长和教师甚或学生共同努力、代代积淀、千锤百炼而成。也就是说，文化的主体应该是内生的，真正的学校文化主要不是外显出来的有形、文字和图片的东西，而应该是精神或者说可以转化为精神层面的东西。所以，有人说学校文化就是我们这一群人“在这所学校学习、生活和工作的方式”。这需要一代又一代校长和师生的努力奋斗才能够达成，这样的“内生”过程是建构学校文化的关键。

如此而言，郭长安校长和他的团队，就晋中高师附校的文化建设而言，已经开了一个好头，做了一个好题。学校文化建设永远在路上，只有进行时，没有完成时。学校文化作为学校发展形而上的价值观，还需要与学校课程体系的建设紧密结合、同步开展，因为文化最终的落脚点在学生。但文化作用于学生必须借助课程、经由课程、依靠课程，所以才有“有什么样的课程就有什么样的学生”的教育观。

郭长安校长与学校领导班子成员发挥集体智慧，在短短四年的时间里，他引领全校教师，基于“幸福教育”的教育价值，不断开发相关校本课程，不断探索、梳理、总结课堂教学模式，逐渐构筑起具有晋中高师附校这所新办校个性特色的“学校幸福文化——幸福课程系统——幸福课堂模式——学生幸福成长”的教育思路和线索。他们写就了一篇新兴学校成长和发展的大文章，真正回归了教育的育人本真。

（作者系江苏教育行政干部培训中心常务副主任）

牵手学生，储备幸福

个人小传

郭长安，1991年毕业于山西省太谷师范学校，1998年—2014年先后任多所学校校长，现任山西省晋中师范高等专科学校附属学校校长、党支部书记。

成长之最

对自己影响最深的教育理论著作：《过一种幸福完整的教育生活》（朱永新 著）。

办学管理中最有成就感的事：通过坚持“幸福教育”的办学理念，打造了一支素质高、积极性高、团结有力、充满幸福感的青年教师队伍，学生们的整体素质也明显得到提升。

学校改革创新最亟待解决的问题：推进课堂教学的变革与创新仍是目前面临的难题。

对于教育界来说，“幸福教育”这个词并不新鲜，但由于幸福教育概念宽泛且无固定的模式，不少学校自成一体。晋中高师附校校长郭长安探索“幸福教育”理念多年，也曾见过其他学校推行“幸福教育”做法，但他不愿意做“拿来主义”者，而是另辟蹊径，将自己在20多年教育生涯中对教育的体悟糅合在了“幸福教育”理念中，他运用文化建设这支笔，绘制出了具有晋中高师附校底色的学校蓝图。

一封邮件，打开幸福教育的思维“盒子”

晋中高师附校地处晋中北部新城，靠近山西高校园区，2012年9月作为山西省晋中市教育局直属的唯一一所九年一贯制学校正式投入使用。2014年，已有多年校长工作经验的郭长安来到这所新学校。新学校人文积淀不足，也没有现成的经验分享，且特殊的地理位置、重要的教育使命，使得学校的社会关注度极高，这些情况一一摆在郭长安面前，要想办好这所新学校，他就必须一一跨过这些“障碍栏”。

在过去20多年的执教生涯中，郭长安已经接触过太多的个案，对于教育的价值和意义等命题进行了长时间的思考。曾经有家长找到他，直言对学校并不抱多大期望，只要求有个地方看好学生“不会变坏”，能顺利毕业就行——学校成了“托管所”；也有家长对学生的成绩很看重，担心学生输在起跑线上，不停地调班转校……不同的家庭背景有不同的诉求，郭长安在对家长进行访谈的同时，也不断追问自己：学校教育的定位是什么？

调研走访中，郭长安收到了曾教过的一名学生专门写来的邮件，感谢他曾经的教导，“最大的收获不仅是知识，而且让我储备了今后拥抱幸福的基础和本能”。这封信深深地触动了郭长安。回想过去的从教经历，从农村中学语文教师、农村中学校长、特殊教育学校校长等各个岗位的实践中，他最终印证和坚定了自己的信念——学校教育是储备而不是兑现，特别是基础教育，主要是为一个人的发展奠定学习基础的过程、学识储备的过程。

“只有做一个好校长才能办一所好学校。”郭长安认为，教育应当是以人的终生幸福为目的，在教育中创造、生成丰富的幸福资源，培养出能够创造幸福、享受幸福的人，这也是一种使命。它应当是让教师享受教育的幸福，让学生体验幸福的教育，让每一个学生在快乐中获得成功与幸福；也应当让学生接受磨难教育，这才能提高他们未来适应社会的能力和生存能力，这也是储备幸福的具体体现。

随着自己脑海中“教育幸福储备观”越来越清晰，郭长安开始把它运用到学校建设中去，将“为学生的一生储备幸福”作为学校的办学理念。几年来，晋中高师附校紧紧围绕这一理念，在课堂教学模式、校园文化建设、师资队伍建设、学生兴趣培养等方面进行了大胆创新实践，不断向着“为社会培养合格公民，为家庭培养优秀子女，为学生奠定幸福人生”的育人目标迈进。

多样社团，为学生储备个性成长能量

六一儿童节，晋中高师附校由100余名学生组成的管弦乐队的精彩演奏赢得阵阵掌声，和他们一同登上舞台的还有其他40多个社团，覆盖全校所有学生。让每一朵花都幸福绽放，这是郭长安“幸福教育”的愿景。他介绍说，学校每天下午的活动时间，各具特色的社团活动就成了一道道亮丽的风景线。

在构思学校“幸福教育”蓝图的过程中，郭长安意识到，要实现帮助师生储备幸福的教育目标，需要文化、环境、制度、行为等各个层面的系统推进，但更核心的在于通过体系架构来激发师生内在向上的力量，做到细雨润物、花开有声。于是，他分别针对学校建设的精神层面、环境层面、制度层面、行为层面提出了自己的构想：用精神文化引领学校的幸福内涵，用环境文化浓郁校园的幸福氛围，用制度文化保障师生的幸福发展，用行为文化丰厚师生的幸福素养，让幸福教育成为师生幸福生活的历程。

在这样的构想下，晋中高师附校“班班形成一个特色，生生拥有一个特长”，倡导和鼓励积极开发活动课程。学校目前已成立了书法、古筝、舞蹈、足球、绘画、机器人等40多个社团，涵盖了经典传统、科技创新和缤纷艺术等领域，不仅丰富了学生享受幸福的资源，构建了品位高雅的幸福文化，还彰显了学校“幸福教育”特色品牌。

“与黎明共舞，与经典同行”是郭长安在晋中高师附校立下的又一个“规矩”。2012年以来，学校坚持每天20分钟的晨诵课。此外，晋中高师附校还自主编印了国学经典诵读系列读本，旨在在学生心灵深处播下优秀文化的种子，为学生的幸福人生打下厚实的精神底色。

如今，晋中高师附校以“五环五学”课堂教学模式构建为抓手，已初步形成以“问题导学——独立自学——交流互学——点拨助学——检测悟学”为基本流程的课堂教学模式；以“三类一体”课程构建为突破，积极构建适合学生发展的课程体系；必修课程确保开齐开足的同时，开设必读课程，以国学经典诵读为重点，形成了独具特色的校本教材；社团活动课程化，整体提升了学生的艺术修养。学校文化氛围日渐浓厚，学校教育教学水平日渐提升，学校办学效益初步彰显。

两个法宝，助教师储备专业知识，提升能力

教师队伍同样是“幸福教育”中不可或缺的一环。郭长安始终相信：没有一个教师不愿意把工作做好。因此，他将“欣赏每一位教师、尊重每一位教师”确立为学校的工作准则。为成就敬业乐教的幸福教师，郭长安在学校开展了青蓝工程、教学竞赛、论坛交流、名师演绎等系列活动，为教师专业成长提供助力。

“温情师德”教育是郭长安培养幸福教师的一个重要法宝。通过“附校讲坛”的校本培训和“师徒结对”的引领，“温情师德”教育不仅提升了教师的教科研水平，更引领了教师的精神成长。“学校给我们请来了身边的、平凡岗位中涌现出来的杰出教育工作者。他们对教育的解读不是那些高深的理论、缥缈的艺术，而是从心底散发出来的最为朴实的人性芬芳，这也让原本并不轻松的教育，变得亲切自然，真实有趣。”这是晋

中高师附校青年教师孙永昌参加“温情师德”培训后写下的心得。近年来，晋中高师附校名师不断涌现：特级教师、山西省名师培养对象、全国赛课特等奖等。

郭长安帮助教师成长的另一个重要法宝则是“师生共读”。晋中高师附校不仅为学生开展国学诵读，还要求教师每学期精读一本教学专著，并为教师赠送书籍，培养教师的学习精神、钻研精神、反思精神，使教师逐渐拥有厚重的语言表达、课堂引导、文本理解、学法渗透能力。“只有读书，才能让教师过上真正有品质的教育生活，厚积薄发才能算得上是一名优秀教师。”郭长安深信不疑。

为让教师自觉成长，他还在教师队伍中倡导“无痕教研”，鼓励教师在上完课后趁热打铁，长则一两节课，短则十几分钟，与其他教师一起及时探讨课堂得失，进行“同伴互助式”教研。郭长安认为，教育就是培养习惯，当教师与学生有了共同的精神信仰与价值追求，当丰富自身文化内涵、提升自我成了全校学生共同的自觉行动，学生的幸福人生便不再遥远。

在晋中高师附校的师生展台，有这样一段诗意的文字：“我不做辛勤的园丁，将你剪成千篇一律的模样；我不做前行的灯塔，将你指向唯一神圣的理想。我们之间，是智慧与智慧的碰撞，是生命与生命的牵手成长。”这或许正是“幸福教育”理念在晋中高师附校的真实写照。

在办校过程中，郭长安对于教育的体悟也在不断深入。他认为，幸福从来不应局囿于一隅之地，“幸福教育”理念应当向更深、更远处辐射。早在2014年，郭长安促成学校与平遥县东良庄中心校的结对帮扶，学校以生为本的“五环五学”教学模式也在平遥县东良庄中心校成功“嫁接”。欣喜之余，郭长安为自己定下了新目标，他要将晋中高师附校的幸福教育因子传递给更多的学校，生出带有各自特色的幸福教育之花。

（本文由校长国培计划——中小学名校长领航班
江苏教育行政干部培训中心培养基地提供）

宁致义

名家点评

构建现代课堂新格局

刘彭芝

自新课改提出以来，将课堂作为试验田的校长并不少见，但能够将课改目标“自主、探究、合作”落实到每节课上的校长却不多见，山西省新绛中学校长宁致义就是其中一位。他以“半天授课制”为主要模式的课堂教学改革，为高中课堂带来了一种全新的面貌。

纵观宁致义校长十年课堂教学改革的历程，我认为其可贵之处可归纳为四点。

一是宁致义校长对教育的担当和改革的勇气。新绛中学是一所高中学校，在高考重压之下，任何对课堂的改变都必须要有足够的冒险精神和创新精神。然而，宁致义却做到了全面突破传统课堂教学模式。这份勇气来源于他对教育的担当、对学生的责任。面对水平逐年下降的生源，面对学生在教室昏昏欲睡的现象，教育工作者的使命感让他果断地走上了改革之路。

二是宁致义校长改革中的科学精神。在进行课堂教学改革之前，他阅读了大量国内外教育思想书籍，学习国内外教育家的先进思想，积累下了数十万字的读书笔记。而且，宁致义校长的改革以教育实践为依托，带着来自基层的泥土芬芳。从十几年前“跨界”担任“英语代课教师”，到初次涉水取得“意料之外”的好成绩，让他深刻地体会到引导学生自主学习才是提高课堂教学质量的根本所在，进而在自己担任班主任的班级大胆尝试，再到做校长后在几个班级先行试点，最后适时地在学校全面推进。宁致义校长在实践的基础上，不断地总结和反思，逐步形成了科学合理又切实可行的成熟方案。

三是宁致义校长创造性地构建了较为完善的现代课堂。“半天授课制”表象是半天上课，实质是延伸和拓宽了课堂的概念。从时间上看，下午半天的自主学习是上午展示课的预备和支撑，体现着新课改中让学生成为学习主人的精神；上午展示课使自主学习的结果通过合作学习达到了深化。二者有机结合，激发和调动了学生学习的主动性，让学生逐步适应和掌握新的学习方法和认知加工策略，达到自主建构知识、提高能力的目的，在集体讨论、思维碰撞中让理解变得更加准确、全面。可以说，这两种不同课型相辅相成，从时间上构建了较为完美的现代课堂。从空间上看，下午的开放式学习将课堂拓展到了图书馆（城）、实验室（田）、体育场等地方，创设了多样的教学情境，丰富了完美的现代课堂。这样的课堂教学改革，体现了现代科学的教育理念，蕴含着一个教育实践者的理性思考。

四是宁致义校长的领航体现了一位优秀校长的情怀。作为一所中西部偏僻县级中学的校长，新绛中学自身的发展也面临着很多困难，但宁致义校长以一份对学生、对教育的情怀与担当，不畏艰难，让新绛中学这所县级中学异军突起，成为全国课改特色校，已十分难得。在担任“名校长工作室”主持人后，他在发展自己学校之余，又毅然投入带动工作室成员校共同发展的事业中。从城市到农村，从公办到民办，从名校到薄弱学校，他多次深入工作室成员校作课改专题报告，深入课堂进行听课指导，面对面地解答教师、学生的疑难问题，以其特有的方式行走在促进教育均衡的大道上。

我对宁致义校长的一句话非常欣赏，“我不认为新绛中学的教改已成为一种‘模式’”。教育的发展没有停止，教育的改革与创新就不会停止，教育的模式就会不断丰富。只要我们每一位校长、每一位教育工作者都能坚持一切为了学生发展的理念，就一定会不断探索、不断创造出适合每一名学生发展的教育。

（作者系教育部校长国培计划首期名校长领航班
中国人民大学附属中学培养基地首席专家）

“半天授课制”重构学校教育时空

个人小传

宁致义，山西省运城市新绛县人，1987年7月从山西师范大学物理系毕业后回母校山西省新绛中学任教，2007年4月至今任该校校长。

成长之最

对自己影响最深的教育理论著作：《帕夫雷什中学》（B. A. 苏霍姆林斯基 著）《陶行知教育名篇》（陶行知 著，方明 编）。

教育教学中最有成就的改革创新：推行高中“半天授课制”。

学校改革创新最亟待解决的问题：在教学管理改革中如何强化学生的自主教育，实现“教学做”合一。

已有一千四百多年历史的山西省新绛县，自古就是“水旱码头，交通枢纽”，人文底蕴深厚。宁致义出生在这里，这方水土滋养着他继承创新的精神，也滋养着他对家乡的爱。大学毕业，他选择了反哺，回到母校新绛中学任教。

新绛中学是一所百年名校，山西省首批重点中学，但在2004年以后，招生环境的变化与学校自身问题的显露，导致学校生源明显下降。学校苦苦探寻出路，然而作为一所普通高中，在社会密切关注的高考压力之下，处在教育改革最敏感的地带，每做一种新的教改尝试都需要巨大的勇气和魄力。2007年，宁致义成了母校的“掌门人”。面对困境，他清晰地意识到，改革既是一场严峻的考验，也是一种必然的选择。

改变让学生“死机”的课堂

在宁致义看来，素质教育与应试教育并不是割裂的，学生的学习效率提高了，考试成绩自然就会提升。如果课堂教学效率低下，学生必然厌学，素质教育最终是空谈。

在他出任校长之前，他就发现学校里常常有教师在讲台上滔滔不绝、学生在讲台下昏昏欲睡的现象。在一名教师的课堂上，宁致义发现了这种现象：如果教师满堂灌，至少有七八个学生睡觉；如果教师不讲了，睡觉学生倒是减少了一半；如果教师编写自学指导让学生自主学习，课堂上就没有学生睡觉。这名教师反映有学生在自习课上看小说，宁致义认为看小说也是学习，而满堂灌却让学生“死机”了。曾经有一名学生在运动会上摔断了腿，一个月不能到校，班主任教师每周去他家进行一次指导。这名学生期末考试时在全年级1 100名学生中排第13名，病好返校后却再也没有得过这么好的成绩。

这些个案促使宁致义反思：学生的课堂学习效率来自哪里？他先从自己的物理课上开始实验，一个班按传统方式讲授，另一个班他什么也不讲，只批改学生作业。一个月后考试，前者只比后者平均分略高了一点儿。多次类似的实验后，宁致义下定决心改革课堂。

为了首先从理论上取得支持，宁致义潜心研读了古今中外诸多教育家的思想，并深度研究当代教育理论与实践。他的心里逐渐形成了这样一个坚定的教育目标：“让乔木长成最好的乔木，小草长成最好的小草”，帮助每个学生成就自我。在信息化程度越来越高的今天，教师在课堂上的作用是什么？“服务者，让教师服务于学生。”他先后撰写了数十万字的读书笔记，数十篇教改反思，并在反复酝酿和反思的基础上推出了一系列教改举措，也逐步形成了“半天授课制”。

“半天授课制”主要呈现为自主课与展示课两部分，自主课发现问题，展示课解决问题：每天中午十二点以后到晚休前是学生的自主时间，学生在学案的引领下自主学习，学生写出学习报告作为自主学习的成果，并把学习的困惑以问题的形式呈现出来。第二天上午有四节展示课，学生在展示课上以组为单位展示学习成果并交流自主学习时发现的问题，教师引导点评，课后不留作业。

回望这段改革历程，宁致义走得并不轻松，且不说模式创新的技术难度巨大，来自教师、家长乃至社会的质疑也令他承受着沉重的压力。教师抱怨不知该怎么上课了，家长担心学生成绩下降，他也担心高考录取率下滑，没法向所有人交代。然而他还是顶住了压力，坚定地践行着自己的理念。为了帮助教师适应新的教学要求，他不仅为教师创设了更多集体教研的环境，而且成立了学科专家组，深入各年级班级，跟踪听课，发现问题，现场指导。在这样的坚持下，大家都尝到了改革的“甜头”，教师找到了门路，家长放心了，他也终于可以长长地舒一口气了。从2009年开始，新绛中学的高考二本上线率每年都在稳步攀升。

创设自主学习的开放空间

经常有人问宁致义，“半天授课制”是不是去国外参观学习时学回来的。他回答：“帕夫雷什中学就是这样上课的，我只是在践行苏霍姆林斯基的教育思想。”其实，在形式之下，内容的改革才是最吃重的。他感到，单单形式上的改革经不起考验，教改必须形式和内容都改。

2005年，时任副校长的宁致义提倡教师精讲少讲，最大限度地让学生自主学习。有些教师为学生每节课编写一个自主学习的学案，这种有学案的课堂当时被人们称为“学案课堂”。2007年，宁致义将一部分班级列为实验班，在这些班里把桌子围成一圈，学生们环桌子而坐。他还取消了固定讲台，教室里没有了前后概念，教师走在学生中间，用学案引领学习，解答释疑。这就是现在新绛中学课堂环形座位法的雏形。为了引导学生从题海中走出来，宁致义让学生写学习总结和小论文，或者称为“学习报告”。目前，新绛中学已经用各种形式的学习报告代替了课后作业。一系列创新实践使自主合作探究的学习方式落地生根，也组成了“半天授课制”的基本内容。一开始，有位实验班的学生家长晚上去宁致义家里，说如果坚持这样改就不离开、不让他睡觉。宁致义把心一横，坚决不改，而那名学生也死活不肯离开实验班，家长终于还是让步了。“半天授课制”作为一场学习革命，打破了传统的教学模式。山西省教育厅原副厅长张卓玉通过听课、座谈、分析，深有感触地为新绛中学题词：“在新绛中学我看到了中国教育发展的希望。”这无疑是对宁致义课堂教学改革的极大肯定。

为了在校园里创造更好的自主学习空间，他给每个教室都配备了一定数量的计算机，学生随时可以上网查阅资料。学校图书馆、计算机室、理化生实验室、农作物实验田、运动场等课外活动阵地，全天向学生开放。与此同时，学校还成立了阅读、写作、演讲、书法、绘画、科技、音乐、体育等几十个社团。2014年，新绛中学进行了整体搬迁，新校建筑为了更切合适应“半天授课制”的需要，将每个教室与一个3 000平方米的“读书城”连在了一起。

引领研究与创新融合的课改

新绛县是山西省教改工作先进县，从小学到高中，从城内到农村，从公办到民办，校校启动了不同模式的课堂教学改革。2015年，随着新一轮基础教育课程改革的推进，在省、市、县教育行政部门的指导支持下，以宁致义为主持人的名校长工作室成立了。

其主要工作宗旨是思想引领、创新实践、同伴协作、共谋发展。依托“国培计划”卓越校长领航工程，新绛县教育局为工作室遴选了十位学员，既有高中校长，又有初中、小学校长。

宁致义明白，领航的意义不只在于自身光芒的显露，更在于“领”。他定期同工作室成员学习国内外先进教育思想，察看国内外教育改革发展动态，探讨当前教育改革面临的困惑与问题，引导工作室成员立志做一名有教育情怀、有责任担当、敢于创新的教育家型校长。他撰写的《教改反思随笔》既诠释了个人的教育思想，又彰显了他的教育情怀，受到了成员们的热议。他还多次深入成员学校听课，作教改专题报告，面对面解答教师提出的具体问题。

学校与学校不同，校长与校长的认识水平和价值观也不同，如何量身定做个性化培养方案是宁致义一直潜心研究的课题。他强调要把个人研究计划与学校创新实践融为一体，在问题研究和创新实践中实现发展，用研究推动学校改革创新，用学校改革创新丰富研究成果。西街实验小学校长宁红明积极借鉴宁致义校长的办学理念、教育思想，大胆实施“一课一诗一联”教学，并将校园分成多个文化区，全方位创建特色化校园，使西街实验小学成为名闻三晋的教学质量示范校、艺术教育先进校、文化特色引领校。

工作室成立一年多以来，新绛中学先后接受了数十批来自全国和省、市、县校长的考察学习，宁致义作了数十场专题报告，为同行解答了许多教育难题。从一名普通教师成长为课改先锋、教育家型校长，从把自己的母校建设成全国教改名校到引领更多学校的校长发展，他对家乡的深情也越发厚重了。

（本文由校长国培计划——中小学名校长领航班
中国人民大学附属中学培养基地提供）

严 瑾

名家点评

百步向上，凝聚学校精气神

李更生

校长的气质与形象，在一定程度上，映射着一所学校的气质与形象。相信很多人和我一样，一见到南京市拉萨路小学（以下简称“拉小”）的严瑾校长就会喜欢上她：清澈的眼睛，纯真的笑容，还有那充满童真的声音。恋人们常说，喜欢一个人是不需要理由的。但是，一名好校长让你喜欢，一定是有很多原因的。

一名好校长让你喜欢，首先肯定是他（她）的气质和颜值吸引你，一名校长的颜值和气质反映出他（她）内心的精神气相，这种气相不仅是一种修为的结果，还是一种重要的教育力量。中小学时期正值人生的童年或少年时代，对真、善、美、梦想的追求，是儿童、少年生命的内在需要，中小学校长的第一职责就是要充当人类真、善、美的使者和守护者。一名好校长，他（她）的眼神里要充满着爱、美、诗意和远方，面容要永远保持着一种“黎明的感觉”。

一名好校长，随着岁月的流逝，皱纹不断增多，但是他（她）的精神要永远年轻，充满童真和青春般的活力，这或许就是拉小的师生多年秉持的“百步向上”（源于学校门前的百步坡）精气神。在严瑾校长身上，我们也可以看到这种“百步向上”的精气神。

喜欢严瑾校长的另一个原因是，她是一个有故事的人。

1986年，一个18岁的小姑娘，扎着两条羊角辫，穿着背带裙，脸上充满着羞涩和惶恐，冒冒失失地走上了百步坡，闯进了拉小园，开始了她的教育生涯。30年转瞬而逝，谁曾想，当年那个头上扎着羊角辫、穿着背带裙、满脸羞涩的小丫头，从一名代课教师成长为中国领航名校长。拉小的学生都有一个响亮的名字，叫“百步之子”，是根据“百步向上”的学校精神而命名的。在严瑾校长的身上，可谓真正演绎了一位“百步之子”从代课教师“逆袭”为名校长的励志故事。

30年光影，我们的眼前呈现出了一幕幕“蒙太奇”式的画面。百步坡上，一个美丽的女教师迈着欢快的步伐拾级而上：从接受老教师指导伏案磨课，到倾心孵化智慧型教师；从感受老校长温馨的提醒和培养，到运筹帷幄谋划学校发展；从在同事们的鼓劲加油中一路争先，到用微笑带领伙伴们在困难面前不服输，迎难而上……百步坡上，拉小园内，严瑾时时刻刻浸润着拉小特有的气息：温情的话语、勤奋的习惯、向上的姿态、智慧的行动。这一切从她30年前走进拉小的那一天开始便细水无声地影响着她、吸引着她、激励着她。如今，她不仅融入这溪流之中，而且逐渐成为中流、主流，继续影响着、温暖着、吸引着、激励着每一位拉小人“百步向上”。

喜欢严瑾校长，另一个更为重要的原因是，她是一位不断开拓、勇于创新、能真正践行“百步向上”精神的教育探索者。

百步坡上的拉小原本是一所名不见经传的普通公办小学，如今已经成为南京市、江苏省乃至全国知名的品牌学校。五十多年来，学校一直秉承着的“百步向上”精神，坚守着“智慧教育”的育人信念，薪火相传，展开了几十年持续不断的教育科研和实践探索，从而使拉小一步步地发展、壮大、向上。

严瑾担任校长时，拉小的智慧教育研究不断深入：提出“慧学慧玩慧生活”的核心理念，建设有特色的智慧园课程，构建“大家一起学”的智慧学习共同体行动纲领，探索“项目驿站”推进“活动性学程”的设计。从小小的百步坡上的拉小起航，到拥有五所优质学校的拉小教育集团的壮大……严瑾和她的拉小团队小伙伴们始终围绕着学校的逻辑起点“学生”“学习”展开持续而富有智慧的研究、探索与实践，智慧教育的理论体系和实践路径的构建得到不断丰富、不断清晰。

正如领航工程浙江基地首席导师刘力所言，拉小的教育改革实践，以基础性学科为支撑，以经验学习为取向，以生活实践逻辑为载体，以实际效用为依归；不仅重视有形的活动，还关注无形的精神成长，不仅关注学生的知识、技能和方法，还关注对学生人格的陶冶。它实现了变资源有限为资源丰富的能力拓展性知识，引领学生在活动性学程中成事和成人，创设了“大家一起学”的文化生态。

如今的严瑾，不仅带领着百步坡上的拉小人不断向上，而且投身于中国基础教育改革与发展事业，在探索中不断前行。

（作者系教育部领航工程浙江基地导师，
校长国培专家库专家）

“智慧园”里一起生活一起学

个人小传

严瑾，1986年8月进入南京市拉萨路小学成为代课教师。2004年—2010年，担任拉萨路小学河西分校银城小学校长。2010年至今，担任拉萨路小学校长。

成长之最

对自己影响最深的教育理论著作：《陶行知文集》（陶行知　著）。

教育教学中最有成就的改革创新：“慧学慧玩慧生活”理念下的“智慧园”课程建设。

学校改革创新最亟待解决的问题：教育者“教师”和受教育者“学生”的素养提升工程是最核心的。

十朝文化古都南京的秦淮河畔，清凉山下，坐落着南京市拉萨路小学。拉萨路小学的校园里长着一棵五子树，从同一树根上生长出五个树干，各有各的姿态，各有各的生长方向，和而不同。这棵树是校长严瑾的最爱，她说：“让每棵树都长成绿树，成长为自己，这是对生命最大的尊重！”

从1986年第一次踏上校门前的百步坡算起，校长严瑾已经在百步坡上前行了整整32年。百步坡上的学生送走了一拨又一拨，严瑾在教学和管理中也在逐渐成长，在拉萨路小学这一教育现场不断探索与创新。

传承智慧，构建“智慧园”课程体系

在南京的家长圈中，拉萨路小学的名气不小，而且还是一个有着拉萨路小学本部、银城小学、金陵汇文小学、宝船小学、江苏省第二师范学院附属小学五所学校的优质教育集团。但在20世纪末，它还只是一所处于居民区中的普通公办小学。当时的严瑾也只是一名年轻的教师，她见证了学校从一所极为普通的公办小学一跃成为具有较高教学质量、优秀教师团队的省实验小学。

一所普通学校成功崛起，家长和社会的目光灼灼，学校的学生、教师人数迅速增加……在一连串数据变化的背后，学校领导层苦苦思索着：如何让学校突破发展瓶颈，进入新的生长区？2002年，老校长周荣华和学校教师一起寻找到拉小发展的“第二条曲线”——智慧教育，智慧教育也引领着拉小开始了新的跨越。

在严瑾心目中，前任校长周荣华无疑是她的榜样。当她从老校长手中接过“接力棒”，面对着培养她成长的学校，面对着她深爱的师生们，她用心思考，应该如何带领拉小继续前行？

此前，拉萨路小学的“智慧教育”已持续探索多年，严瑾深知学校需要有亮眼的文化底色，而课程是学校教育的核心，于是，她和学校教师一起，以儿童为中心，倾听儿童的心声，研发出了传承智慧教育传统的、以“慧学慧玩慧生活”为价值取向的“智慧园”课程体系。

严瑾介绍说，学校“智慧园”课程结构涵盖基础课程、拓展课程、定制课程三大类别，身心健康、生活规划、国际理解、科技与创新、阅读与生活、艺术与审美六大领域的课程架构，有“崇尚身心健康、倡导绿色生活”的《晓啦慧运动》；有在六年中与12位文学大家面对面“阅读悦生活”的《我与大家》；有引导学生规划自己6年快乐生活的生活指导手册《有个快乐的地方叫拉小》……这些都以植入式、延伸式、镶嵌式、节庆式等实施方式落地，让课程生活化，生活课程化，将学生们从书堆的鸟笼里解放出来，飞进大自然、大社会中去寻觅智慧。

想要真正实现“放飞”，其实相当不容易。严瑾的心里其实也有个问号，但她确信，在师生的角色互动、共同探究中，学生学习的“完整过程”其实一点都不会少。

重排课表，“活动性学程”解放课堂

智慧教育研究20年，拉小的教学研究一直在驿站式进行着。严瑾意识到，当前的课改正走向融时代、学时代、e时代，学生需要更丰富多元的学习方式。学校“智慧园”课程体系从课程价值观到课程结构、课程内容的调整，呼唤与之匹配的教学方式的转变。如何让课程真正“动”起来，点燃学生学习热情，成了她思考的新问题。

严瑾通过对教育规律和课程落地方式的研究，基于“课程教学”的理念，创新拉萨路小学教学实践新思路，带领着学校进入教学研究的新驿站——活动性学程。

拉小的“活动性学程”是一场颠覆性的教学变革。它是以智慧生长为价值取向，以儿童为中心，以活动为载体，以学习进程与方式为基本形态的学习实践体系。这种学习实践体系的建构，伴随着理念、场域、角色等方面的深刻变革，严瑾的目标是促成教学现场中学习新生态的建构。

在严瑾看来，无论着眼于学生六年生活规划的宏观学程，还是着眼于一学期、一两个月的中观学程，或是落实在一节课、一个环节中的微观学程；无论基于课堂学习现场的学程，还是基于实践活动现场的学程，都应该关注学生独特体验的生成。只有将“学程”研究透彻了，学科学习的“黑箱”才能渐渐被打开。

于是，拉小的教学现场发生着变化，教学的核心由教向学转移，课程与教学内在的统一性取代了单线性，教学成为课程开发过程，课程成为教学事件。学生生命成长的需要成为严瑾和教师团队设计课程的最高追求，也自然而然地成为他们教学变革的方向。

有了理论支撑后，活动性学程的生动实践生成了一批典型项目，拉萨路小学首创的“活动性学程周”便是其中之一。学校在一周的时间内以统一的主题统领不同学科与学生的生活，突破传统意义上的国家课程与固化的课表，使学生以多类别活动性学程统整的方式在学校、社会借助于整合性课程开展一周的学程研究。

2016年4月份，拉萨路小学五年级的学生们就迎来了“最美阅读空间”学程周。一周的时间里，学生们竟然可以不带书包上学，也不用上其他课，就干一件事——阅读：最美晨读、阅读与电影课程、阅读与手绘课程、打造一米阅读空间……在这些课程中，学生们放下书包，换一种学习方式，用阅读去连接世界，一起寻找并创造最美阅读空间。这样丰富的课程也吸引了不少家长加入志愿者团队，与教师们一起出谋划策，一起将活动的每一个细节都做到完美。

“大家一起学”，搭建教师研修驿站

拉萨路小学的智慧教育是学校创新、思想生长的肥沃土壤。在创造性地教育探索与实践中，严瑾始终保持着理论建构的自觉意识，带领教师走进了智慧教育研究的新驿站——“大家一起学”。不同学科的课程目标被打通，学生们学习时空的边界得到拓展，严瑾和拉小教师一起，创造出了释放学生天性的大课堂，校园生态越发阳光向上。

教育学者佐藤学提出“学习共同体”的概念，“大家一起学”的教育模式，也是这一思想的体现，它描绘出了严瑾心中的理想学校形态，丰盈了智慧教育的生动实践。

何为“大家一起学”呢？严瑾说，“大家”，指以儿童为核心的教师、家长以及其他社会资源，是一个个“我”的集合。“一起学”，指围绕着儿童的学习，所有参与者都在学习中，强调“我们”的协同。“大家一起学”最终是通过“我们”一起的学习促进每一个“我”的智慧生长，实现每一个“我”的融入式发展。

“大家一起学”不仅是严瑾心中的理念，她还付诸实践，和教师们一道将其转化为教师研修的新机制——项目驿站。在驿站中，倾听每一位学习者的心声，宽容学习者多样性的学习和生活方式；与伙伴携手，学习者之间结成互惠的关系，开展互惠学习。拉小还营造了教师群体发展的新生态“与伙伴携手，与风格同行”的氛围，教师发展超越个体，走向合作，合作中有良性竞争；教师发展不再是学校少数人或某个群体的专利，而是营造出了人人参与的生动活泼的场面。

严瑾很喜欢拉小50周年校庆时纪念册里收录的一张黑白老照片。照片上，拉小的几任老校长同坐在一条游船上齐心协力划着桨。“我们不仅是学习共同体，还是一个生活共同体。拉小人有共同的目标，有温馨的交流，有很多尽在不言中的默契。”严瑾说，这正是拉小人团结向上的最好诠释。如今的她带着拉小的百步团队跋涉在贵州省六枝山区、西藏高原、新疆边陲喀州，通过一个个牵手帮扶的项目，将五子树、百步坡的精神播撒到更远的地方。

（本文由校长国培计划——中小学名校长领航班
浙江省教育行政干部培训中心培养基地提供）

黄新古

有意义和有意思地去育人

李　雯

在教育领域中，不断尝试与探索是常态。学校教育的挑战和美好之处就在于胸怀教育理想在有缺憾、不完美的教育实践中追寻理想的教育。黄新古校长在广东省佛山市南海实验中学的7年，探寻理想教育，扎根教育实践，正是这种充满挑战的探索和发展教育的历程成就了南海实验中学的今天。从专业角度来看，南海实验中学无疑是一所成功的学校，这体现在学生成长、学校发展和学校办学业绩的方方面面。但说到成功的密码，我想黄新古校长主要抓住了以下几个关键要点，而这些对于一所好学校的养成是十分必要的。

立足学生视角，促进学生的全面发展。学校是育人的场所，学生的发展才是学校发展的主旨。思考和探索南海实验中学的发展历程，我看到黄新古校长回到了教育逻辑起点——学生。从学生的视角出发，关注学生在学校教育生活中的生命状态和真实感受，明确学校教育要为学生的终生幸福奠基这一基本的价值取向，并基于此来思考和明确学校的发展目标、课程建设、课堂教学等诸多要素，黄新古校长找到了学校发展的灵魂所在。

寻求系统突破，促成学校的综合创新。学校变革是一个系统工程，必须要有系统的思考、系统的设计和系统的推进。黄新古校长正是通过寻求系统突破促成了南海实验中学的综合创新。这体现在三个方面的有机整合：首先，他把校长对学校变革的深度思考和全校教职工的实践有机整合起来；其次，他把学校发展的减负和增效有机整合起来；最后，他把学校的办学理念、课程建设、教学变革等核心领域的变革有机整合起来。通过这样的整合，黄新古校长实现了学校发展的协同变革、整体变革和综合创新。

坚守既定初心，实现学校的持续发展。不忘初心，方得始终。这句话对于教育者来说尤为重要。在当前的教育背景之下，学校教育在一定程度上存在着功利化的倾向，有些学校的发展是以忽略学生的可持续发展为代价的。因此，学校变革需要基于长久目标，通过校长和教师团队的坚持与持续推进，最终实现学校和学生共同发展的愿景。初到南海实验中学，黄新古校长率先思考的是学校教育的终极目标：什么是理想的教育？学校教育如何为学生的幸福人生奠基？基于对学校教育终极目标的深思，黄新古校长在南海实验中学进行了为期7年的持续探索，带领南海实验中学师生一步步靠近教育理想的殿堂。

担当帮扶使命，发挥学校的社会价值。每一所学校的变革都是在我国当前基础教育改革与发展的大背景、大方向和大格局之下进行的，因而，每一所学校的变革都应该与我国当前基础教育改革的核心命题相呼应，并建立有机的关联。促进教育均衡发展是当前我国基础教育改革与发展的战略目标和核心任务。一所优质学校对于当地教育有着无形的影响，并成为引领当地教育发展的一座灯塔。黄新古校长将南海实验中学优质资源有效辐射到周边薄弱学校，带动这些学校的发展，发挥了一所名校的社会责任和担当，体现了一所名校的胸怀和境界，也为学校的进一步发展拓展了新的空间。

其实，其他学校也在仿效黄新古校长的做法，但为什么在南海实验中学就形成了气场，我想这和他的教育智慧有关。让教育和管理成为水到渠成的事情并不简单。他在学校推行的“新六艺教育”，不仅与中国传统文化一脉相承，而且独具匠心地赋予其新的育人色彩。学校搭建的“新六艺”智慧课堂，滋养学生心灵，提升学生成长内驱力。将有意义的事情变得有意思，让有意思的事情变得更有意义，自然而然地，学生就能在课堂学习中获得当下幸福的体验。

（作者系北京教育学院校长、研修学院副院长）

“新六艺”铺就幸福底色

个人小传

黄新古，1987年7月参加工作，先后任教于多所学校。2009年8月就任广东省佛山市南海实验中学校长，2014年开始兼任广东省佛山市南海外国语学校校长。

成长之最

对自己影响最深的教育理论著作：《苏霍姆林斯基选集》（B. A. 苏霍姆林斯基 著，蔡汀、王义高、祖晶主编）。

办学管理中最有成就感的事：在担任校长的7年时间里，为其他学校培养、输送了7位正校长。

教育教学中最有成就的改革创新：“新六艺教育”和“周末零作业”的举措为素质教育的实施提供了一个可资借鉴的范本。

2016年5月13日晚，在广东省佛山市南海实验中学的运动场上，聚光灯闪亮一片，舞台上下齐刷刷地分布着小提琴、竹笛、长笛、古筝、中阮、萨克斯等多个乐器方阵，每个方阵少则几十人，多则几百人。在乐队指挥抬手的刹那间，各种乐器齐鸣，一首激情澎湃的《祖国进行曲》拉开了南海实验中学第六届器乐晚会的序幕。近2 000名身着各式演出服装的学生人手一件乐器同台演奏，场面十分震撼。

黄新古校长描述起学校器乐晚会的场景时总是眉飞色舞。他介绍，学校2 800余名学生人人都会一门乐器。这样一种在其他学校看来不可思议的场景，早就成为南海实验中学的惯例了。这一切的变化，开始于7年前。2009年8月，黄新古被南海区教育局任命为南海实验中学的校长，带着自己对理想教育的追求，他在南海实验中学的校园内开始了自己“新六艺教育”的实践探索。

幸福三元素：明确幸福教育底色

什么样的教育是理想教育？理想教育的底色到底是什么？这是黄新古初到南海实验中学时苦苦思索的问题。他经常品味苏霍姆林斯基的教育箴言，深切体会到：教育的主体是人，追求幸福的人生是人的本质需要，作为培养人、促进人全面发展的教育活动，必须为学生获得幸福的人生提供各种幸福元素。这是理想教育的底色，也是学校和校长最根本的教育理想。“教育为学生的幸福奠基”这句话并不新鲜，但有一点经常被忽略：教育不仅仅需要为学生的未来生活储备幸福，也需要关注学生当下的生活品质。

学校教育应该为学生提供哪些幸福元素呢？从学生学习价值的角度、学生学习过程的角度和主体的角度出发，都会得到不同的答案。然而，黄新古在多年的办校实践中发现，现实中的学校教育实践，幸福的底色越来越淡。在他看来，学生承受着繁重的学业负担，面临着一重又一重的升学压力，教育给予学生的似乎就是一种“苦行僧”般的生活，教育给予教师的似乎就是流水线般重复繁重的枯燥无味的生活，何谈幸福？

“必须为教育涂上幸福的底色！”黄新古坚定了这种信念。带着对理想教育的理解和渴求来到南海实验中学，黄新古并没有急于求成，而是走进学生、教师和家长中，做深入细致的调查研究，在传承前几任校长办学精髓的基础上，凝聚全校师生的智慧，提出了“为学生的终身幸福奠基”办学理念。这句现在看来并不新鲜甚至有点土气的话，却成了黄新古和南海实验中学的教师们一直坚守的教育理想。

减负三部曲：化解现实教育困境

探寻理想教育就要勇于直面和化解教育的现实困境。教育的现实困境是师生都如牛负重，在困境中渴望幸福。因此，黄新古以减负为突破口，通过“减负三部曲”为理想教育的实施提供时空条件。

减负第一部曲：早上推迟30分钟起床。黄新古推行幸福教育的第一步，就是把学生早上起床的时间从6：10推迟到6：40。这样，学生们每天可以多睡30分钟。学生们高兴了，可教师和家长嘀咕了：“每天少了30分钟学习时间，三年少多少学习时间呀，学生们的功课能不受影响吗？学生们的成绩能有保障吗？”面对他们的质疑，黄新古没有急于解释，而是交给时间来回答。一段时间后，教师们惊喜地发现，原先上午第一节课常见的打瞌睡现象消失了，而自己也因为多睡半小时而精力更加充沛。

减负第二部曲：七、八年级实行“周末零作业”。这一方案刚开始推行时，学生根本不相信周末居然没有作业，他们纷纷来到黄新古的办公室，要听到校长亲口告诉他们这是真的。对于一拨又一拨前来求证的学生，黄新古总是微笑应答：“是的，从现在开始，七、八年级的学生实行周末零作业。”之前，学生们周末在家里有做不完的作业，家长们也经常为学生不好好完成教师布置的作业而发愁。“周末零作业”让学生从繁重的作业堆里解放出来，把周末的时间、空间还给了学生，给他们留下了了解社会的时间、独立思考的时间、动手实践的时间，学到了书本上、课堂里学不到的知识，体验到书本里、课堂上无法获得的人生经历。

减负第三部曲：大胆压缩语、数、英等必修课程课时。如果说推迟30分钟起床和

“周末零作业”给教师和家长带来的是震动的话，第三道减法带给教师和家长的不亚于一场大地震。抵触情绪和质疑声音不少，甚至有人开始等着看南海实验中学中考的笑话。面对重重阻力，黄新古没有动摇。他把眼光放在课堂改革上，尽最大努力为教师专业化发展提供精神动力、智力支持和物质保障。这样做学校名师不断涌现，学生们的学习内驱力也得到提升，打破了传统课程模式的教学瓶颈。

添彩三重奏：探索教育增效路径

完成了“减负三部曲”，为学生幸福发展延长了时间，拓展了空间，黄新古又开始提升学生幸福发展的内涵和能力，用他自己的话说就是“奏响了理想教育的‘添彩三重奏’”。

重奏第一声部，推进“新六艺教育”，落实“六个一工程”。为学生终身幸福奠基，需要让学生具备扎实宽厚的、能够适应终身发展和社会发展的品格和关键能力。黄新古从中国传统优秀文化中汲取智慧，受古人“礼、乐、射、御、书、数”六艺之说的启发，在南海实验中学提出了“新六艺教育”，把学校教育分为仁孝教育、书文教育、外语教育、健体教育、器乐教育和科学教育六个领域。为了确保“新六艺”的实践落实，他还确定了“新六艺”的三个实践载体：一是“六个一工程”，二是“新六艺”系列课程，三是“新六艺”智慧课堂。

重奏第二声部，开设六艺校本课程，进行智慧课堂改革。课程是解读学校教育的“密码”，也体现了学校教育的核心创造力和竞争力。课堂是学校教育的“解码器”，所有的教育改革最终只能发生并回归于课堂。于是，黄新古将每个星期二下午固定为学生选修课时间，设计了男拳女剑、男足女舞、乐器、书法、航模、剪纸、小语种等50多门校本课程，并开发“新六艺”教育系列校本教材。

有了理想的课程，还要有理想的课堂。为此，黄新古提出打造以“自主、多元、灵动、探究、对话、创新”为特征，融知识、能力与美德为一体，实现师生共建、共生、共享、共同创造幸福和实现生命价值的智慧课堂，让每一节课都能听到学生的提问声、答问声、笑声、掌声，达到“以智启智，以慧养慧”的目的。2016年佛山市中考最高分之一的曾俊焱同学回忆在南海实验中学的学习生活时说：“每天上课都很开心，课堂上，教师鼓励我们自己去发现问题，然后独立思考。……我们的课堂不是教师的一言堂，而是同学们思维碰撞的殿堂！”

开设“国际教育实验班”，进行教育国际化探索，是黄新古探索的第三条教育添彩路径。南海实验中学是佛山市南海区第一所设立国际课程实验班的初中校。国际课程实验班于2010年引入剑桥国际课程，学校先后与英国三一学校等国际名校结为姊妹学校。多元化、国际化的学习氛围让学生不再以教科书为世界，而是以世界为教科书。

回顾在南海实验中学的7年，黄新古一路艰辛也一路欢歌，他很庆幸自己始终不忘初心，在南海实验中学的上下求索让他一步步接近自己的教育理想，但黄新古探索与前行的脚步并没有停止。2014年9月，受教育局领导的委托，他在担任南海实验中学校长的同时，着手筹建一所全新的九年一贯制学校——南海外国语学校。从2014年9月开始，他正式担任南海外国语学校的校长。“一所新学校，一个新时代”，黄新古又踏上了探寻理想教育密码的新征程。

（本文由校长国培计划——中小学名校长领航班
北京教育学院培养基地提供）

卢建新

名家点评

用兵团精神承载教育梦想

刘莉莉　刘信生

当教育理想和兵团精神邂逅，会碰撞出什么样的火花呢？在新疆石河子第一中学校长卢建新的身上，我们可以找到答案。卢建新校长对兵团充满热爱，在他的教育理念和办学实践中随处可见家国情怀、兵团精神的烙印，他用新兵团人的精神办出了一所优质兵团中学。

今天中国的校长，如果能把一所学校办好，少不了责任与担当。对于一所薄弱校的校长来说尤其如此：一所学校里可能只有校长知道它难在哪里，烦心在哪里。谈到卢建新校长的责任和担当，有两个关键词：一是血脉，二是坚持。

第一个关键词是血脉。石河子是一个特殊的城市，它流淌着军人的血液，而卢建新校长则继承了父辈的兵团精神，从他的一言一行中，我们可以感受到兵团人的雷厉风行和实践精神。

在卢建新校长的工作中，实践是至关重要的。“像实践家那样去思考，像思想家那样去行动”，“想”是为了“做”，“做”时要有“想”，归根结底，就是“做好”，这是卢建新对兵团精神的教育演绎。

我们的教育似乎过多地关注了那些浮在表面的功利性的东西，而有意无意地忽略了那些实质性的有可能影响学生一生的内容。在选择与坚守中办善良的教育就是让我们的功利心淡一些，多关注一下那些被我们忽略的东西。

卢建新校长在教育教学中一直在用家国情怀和兵团精神唤醒自己、唤醒校园。这种唤醒不是停留在概念中，而是体现在点滴的实践中。他在石河子第一中学推行的“十个一”活动让学生们进入养老院陪伴老人，帮助学生成长为有血性的人，帮助学生系好人生第一粒纽扣，其目的就是要引导学生有家国情怀与责任和担当。学校教师在他家国情怀的影响下，愿意离开熟悉的校园，去帮扶边远地区的学校。

另一个关键词是坚持。卢建新校长说，只要是有利于学校发展的事，他就会马上去做，只要是有利于师生进步与成长的事，他就会马上去干。在数据时代的背景下，他守住了教育不变的本质，同时又顺应时代创新教育、创新课堂。

卢建新校长认为，课程设置就像学生的菜单，搭配合理，学生就会茁壮成长；菜单有问题，学生则会营养不良。我们看到，他为学生提供了一个荤素搭配的“课程营养餐”。在石河子第一中学，教师不仅会用大数据讲评试卷，还能在教工俱乐部打球，唱卡拉OK；学生的生活除了学习，还有各种学术性社团和兴趣社团。“十个一”活动，参观军垦博物馆，从这些社会实践课程中，我们可以看到卢建新校长的教育思想并非高在云端，而是贴近地面的，他让自己的教育思想“落地”的一个重要载体就是加强课程建设。

卢建新校长对教育细节的关注，也体现出了他在兵团精神影响下的缜密思维。尽管在教育教学中执行力是第一位的，但没有细节，执行力将会大打折扣。在石河子第一中学，我们看到他很重视决策在每一个实施过程中的细节，包括环节设置和流程设计，并提高决策的可操作性。另外，在决策的实施过程中，他还对实施过程进行动态关注，关注过程中出现的新问题，制订出新的调整方案。

卢建新校长的人格魅力在于，他身上对教育、对兵团、对家国的信仰和情怀糅合在了一起，在选择与坚守中搭建起善良教育的平台，承载起了“新兵团人”的教育梦想。

（作者刘莉莉系教育部中学校长培训中心副主任，
刘信生系甘肃省兰州中学校长）

创设学校“有意义的人生”现场

个人小传

卢建新，1983年7月参加工作，历任新疆维吾尔自治区石河子市多所学校校长。2014年1月至今，任石河子第一中学校长。

成长之最

对自己影响最深的教育理论著作：《陶行知教育名篇》（陶行知　著，方明　编）。

办学管理中最有成就感的事：将石河子第一中学从历史上的最低谷办成新疆生产建设兵团内部最优质学校之一。

教育教学中最有成就的改革创新：实施以奠基有意义人生为内核的体验式德育课程“十个一”主题实践、两代人伙伴成长小组计划、大数据背景以学情为主平台的高效教学体系等。

10月底，初冬季节的新疆石河子市降下一场大雪，天气异常寒冷。与严寒天气一墙之隔的石河子第一中学明德楼阶梯教室内，却十分温暖——学校高二年级“十个一”社会实践活动中期汇报正在这儿举行。校长卢建新介绍，这是学校实施“有意义的人生”体验式德育课程的一个切片。“有意义的人生”也是他一直以来的教育追求。

出生于新疆生产建设兵团的卢建新，自1983年踏上讲台开始，始终把铸兵团魂、育兵团人作为己任，用自己热爱的教育事业言传身教，传承红色兵团精神，致力于奠基学生们卓越而有意义的人生。在不断变换的教育背景下，他将自己的家国情怀植入教育热土，在培养面向未来的“新兵团人”的教育之路上不断探索与实践。

德育先行，开设人生体验式课程

在石河子第一中学的校园内有三块大石头，上面分别镌刻着“祖国高于一切，才华服务社会”“追求卓越”“明德修身，笃学成才”的字眼。卢建新说，上面的字是他题的，他想以此作为训诫，勉励学生为“有意义的人生”而努力。

“有意义的人生”的提法并不是卢建新一时心血来潮。作为军垦后代，作为教育者，卢建新认为必须时刻牢记兵团精神，把兵团精神落实到教育事业上，使兵团精神内化为每个教师和学生的文明品格，外化为每个教师和学生的自觉行动。石河子第一中学的学生多是兵团后代，因此，他更希望学生懂得吃苦、愿意吃苦、乐于吃苦，能成为一个对社会有贡献的人，过上有意义的人生。

为培养学生服务社会的精神，卢建新尤为重视学校的德育工作。但他发现，学校德育工作往往过多关注学生的外在行为，忽略学生自身的需求和感悟。所以，他和教师们一起设计“体验式德育活动课程”，把弱化的、零散的、无序的德育工作通过课程的方式固定下来，使德育工作成为有目的的、有计划的、系统的教育行为，助推学生“有意义的人生”。石河子第一中学以志愿服务为主的“十个一”公民意识活动便是其中的重要部分。

“十个一”志愿服务活动包含8个必选活动，12个自选活动，这是每个学生在每个学期都必须要完成的内容。进行一次养老院慰问，进行一次福利院慰问或者照料孤寡老人、空巢老人的生活……学校通过这些活动让学生了解弱势群体的真实生活处境，使学生学会尊重人、理解人、关爱人。为了让志愿服务具有长效性，学校还给每个班级都安排了对接的养老院和社区，石河子市28所养老院52个社区，每个养老院和社区都有对应的班级进行服务。每个星期，每个养老院和社区都能看到石河子第一中学学生志愿者的身影，学生们与老人、与社区管理员建立了深厚的感情，也在实践活动中体验了“人生的意义”，思考着生命的价值。

卢建新在学生“十个一”志愿活动表彰大会上说：“虽然我们不能改变生命的长度，但我们可以拓宽生命的宽度。从小事出发，用自己的力量去推动一点点，去改变一点点，志愿者们的行动必将汇集成一股巨大的暖流，让世界更加美好。”

卢建新带领学校教师一起完善独具特色的校本教材，在进养老院、福利院、社区，以及文明交通劝导、保洁护绿等志愿服务和社会实践活动中，学生受到的磨难教育、乡情教育、团队教育和环保教育增强了学生的公德意识、家国情怀，提高了他们的社会责任感。学生学会了自尊自律，懂得了不断超越自我，完善自我。同时，卢建新还和教师一起着力打造“点燃激情”课程，帮助学生绽放“有意义的人生”。

班级管理创新，伙伴小组共同成长

卢建新认为，人才培养须立足课堂，又要超越课堂；立足教材，又要超越教材；立足校内，又要超越校内。学生在学校的生活其实是为他们走进社会做准备，因此团体合作式学习与生活能力的锻炼就十分必要。

2014年，在卢建新的倡导下，学校开始尝试推行“共同成长伙伴计划”，使之成为学校撬动教育教学改革的支点。共同成长伙伴小组打破了以往课堂分组的模式，重新将班级学生分成若干组，是基于学习、生活、活动关系而形成的组织结构，是一个由若干个学生共同构成的团体。小组成员具有共同的目标，他们相互交流与沟通，分享资源，分享他们之间的情感、体验和观念，共同完成一定的目标任务。组内学生成为研究学习、社会实践、家长联谊的生命伙伴。学校还建立导师制，实现学生成长指导的个别化。

伙伴小组成立后，学校和班级以此为单位开展班会课、文艺活动、组织聚餐等。伙伴小组还设定了组长给组员送礼物的环节，组长自己选择送礼物的同学，有的同学收到礼物后竟泪流满面。有了伙伴小组后，家长会也变了新模样。不少家长反馈，特别喜欢这种以伙伴小组形式开展的家长会，教师谈得更具体了，学生存在的问题也可以一对一解决了，特别是能和教师面对面地交流，更为亲切。

学校教师发现，实行“共同成长伙伴计划”后，学生的学习更加自觉了，由于小组之间存在相互竞争，学生对自己的要求更高了；小组的存在也在班级内形成了民主和谐的人际关系。

几十年的教育经验告诉卢建新：教育离不开评价。新课程背景下学校评价体系的完善甚至重建也是新课程顺利实施的一个重要组成部分。推行“共同成长伙伴小组计划”更方便教师从各个方面去审视学生的行为价值，达到挖掘学生潜在能力的目的。

卢建新说：“人生的教育方式是丰富的，给学生指个方向，让他们活动，学生就可以自己发现人生的意义。用信仰培养信仰，以关爱浇灌关爱，让学生亲身去体验，去感悟生命的内涵，继而去书写未来更为完整的人生画卷。”

大数据导向，助力教师专业提升

“做教师得有激情，没有激情的教师注定是平庸的。激情来自何处，来自对职业的热爱。选择了教师职业，就应该明白，教师工作已经是你的一种生活方式，是你生命的重要内容。”这样的话，几乎所有石河子第一中学的教师都听卢建新念叨过。因为，他所说的“有意义的人生”不仅指学生，还包括教师。

在教师队伍管理方面，卢建新最大的特点是细致入微，事事都想在教师们的前面。来石河子第一中学上任后，卢建新一股脑儿地给学校教师解决了一连串生活问题：学校建立了教工之家，文娱设施齐全；组建服务组，为教师订饭、办理职工子女入学入托、接送低龄儿童上下学、安排教职工体检、公务出差订票报销、送生日蛋糕等。他还定期举行教师体育、艺术活动，丰富教师的精神生活。

解决了教师团队的后顾之忧后，卢建新把教师专业发展提上了日程。根据自己多年的教学经验以及自己对教育发展趋势的分析，他摸索出了一个行之有效的教育教学方法：利用大数据促进教师发展，让教师学会运用数据改变教学模式。

目前，石河子第一中学已经用大数据建构起了一个高效教学平台。通过学生心理调查数据，心理教师有针对性地对学生进行心理疏导；通过网上阅卷数据了解学生学习掌握情况，并有针对性地分析和讲解试卷，收到事半功倍的效果。通过数据分析打造高效课堂，教师对考试数据有了全面的认识，从而提高了课堂效率，并同期举办“教师试卷讲评课大赛”，用大数据手段提高教师专业能力。

学校还通过学生对每天课堂教学的满意度数据分析，评选出“每周最受欢迎教师”“每月最受欢迎教师”“每学期最受欢迎教师”等。在数据网覆盖下的校园里，师生之间可以平等互动。

为进一步提升教师专业水平，卢建新成立了六科“教学能手培养工作室”，为青年教师聘请骨干教师做导师，创设良好的研究环境，为青年教师搭建广阔的展示平台，使学校青年教师迅速成长为本地区青年教师群体中的领军人物。

如今，卢建新带领着一批批优秀的教师行走在培养“新兵团人”的教育之路上。在他眼中，“新兵团人”应该是能坚守、忠诚感恩、具有奉献担当的人，也是具有世界眼光、学有所成、能心系故土、反哺兵团、具有家国情怀的人。坚守兵团魂，培育兵团人，卢建新用爱和智慧践行着自己的信仰，在自己热爱的教育事业上越走越远。

（本文由校长国培计划——中小学名校长领航班

教育部中学校长培训中心培养基地提供）

张勇

从“设计者”到“行动派”

严华银

在讨论校长“领导力”的大量文献中，学者们更多关注的是领导力的组成元素、形成机制和价值大小，往往忽略了发生机制、实现原理。最近参加长三角名校长高端论坛，上海市教委一位副主任的发言让我很受启发。他说，当下的中国教育，校长们并不缺理论，不仅不缺，而且有很多甚或太多。问题是，究竟有多少理论被我们的校长转化成了教育行为？由此我想，当我们把校长领导力看作一个精神层面的符号进行观察和研究的时候，可稍稍化虚为实，转变一下视角，你会发现，最富于领导力的校长恰恰是最能够将教育理论转化为实践行为，将理想逐渐转变为现实的。这种“转化”“转变”的能力，实际就是“执行力”。安徽省亳州市第一中学（以下简称“亳州一中”）的校长张勇就是这样一位具有执行力的教育家型校长。

张勇校长的办学历程比较特别。他到亳州一中担任校长之前是亳州市教育局的副局长。在亳州一中这样一所百年老校遭遇教学质量滑坡、社会评价度下降的非常时期，他毅然挑起了大梁。从行政岗位到校长岗位的角色转换，张勇也由教育的行政思维转化为学校管理思维，从“面”转为“点”，由宏观转向中观和微观。张勇校长从挖掘百年老校教育文化和分析新时期教育发展问题出发，推行“仁智”办学理念，提升学校教学质量，重构学校文化，实现学校发展的“跨越”和再度振兴。

在具体的操作层面，张勇校长所做的几件事充分体现出了他的教育执行力。

首先是学校定位。张勇校长在挖掘学校历史和文化传统的基础上，紧密联系学校实际，确定学校近期和未来发展的目标定位。针对学校学科教学质量、高考升学率有所下降的严峻事实，他明确提出了“以提升教学质量为突破口，促进学生全面发展，建设亳州一流名校”的发展思路和目标。这样清晰的思路与明确的目标，给教师带来了可以预期的前景和希望。

其次是机制建构。学校管理是科学，需要符合教育教学和学生成长的基本规律。如今不少重点高中规模越来越大，要保证教学质量，传统科层管理的“框架”肯定无法适应。张勇校长大胆借鉴优秀高中“年级部制”这一模式，在学校行政管理中实行“大部制”，整合原有机构，减少层级，实行扁平化管理，使得课堂、教学、学生学习和评价与管理者之间实现了真正的无缝对接，让管理的效能成倍增长。在年级部管理和传统的层级管理之间，年级部与学校行政之间，重视职责和权限上的分工协作、互有侧重，实现了学校教学领域的“和谐共进”。

最后，张勇校长最为重视和精心选择的是“工具”。他与团队成员广泛学习、深入研究，在博采众家之长后整合提炼出包括“心理技术主平台”和“教师自主发展动力系统”在内的“七主五系统”模式，借助新老“三论”、考试学、测量学、教育学和分层评价理论等建构了极具亳州一中特色的备考教学模型，他们提出的分层教学、因材施教、抓“临界生”等具体的教学策略和方法都充分显示出行政智慧与教学实际两相融合之后的独特管理思维和逻辑。

对于学校来说，在具体的教学环节，校长的作用是间接的，但张勇校长不仅做出了优秀的顶层设计，而且在具体的教学管理环节、教学环节、课堂环节、复习环节，他都能够亲上战场，率先演练。“师者，所以传道授业解惑也。”张勇校长认为，为教师释惑解难是一名校长的天职。

他了解教师，了解亳州一中教师群体的“心气”和“心劲”，他的执行力在于推动教师的执行力。对教育理念认同才会有“转化”，才能生成教学的动力。张勇校长的所思所做，或许可以为正在苦寻学校管理突破创新的校长带来触动和启发。

（作者系江苏省教育行政干部培训中心常务副主任）

植根历史，仁智育人

个人小传

张勇，1985年开始参加工作，历任安徽省涡阳第四中学、亳州第一中学校长。任教学科为中学化学，系中学特级教师。2016年10月至今，担任海南省陵水中学校长。

成长之最

对自己影响最深的教育理论著作：《世界经典教育案例启示录》（林华民　编著）。

教育教学中最有成就的改革创新：应用元认知心理技术，促进学生自主学习。

学校改革创新最亟待解决的问题：在教师队伍建设方面，如何增强教师的职业认同感、价值感，降低教师的职业倦怠感。

2016年10月，离开安徽省亳州市，前往海南省陵水中学担任校长之前，张勇有些不舍。亳州市是他的故乡，也是他执教生涯开始的地方。这座城市是道源圣地，也是曹魏故里，历史文化背景悠远深邃。生于斯长于斯的张勇，教育思想也与这座城市有着千丝万缕的联系。

从1997年开始，张勇的校长生涯前后已经20多年了，在多年的教育实践和教学管理中，他的教育思想脉络也逐渐由朦胧模糊至清晰明确，形成了“仁智教育”这一植根于历史文化的教育理念，并在一所所学校的办学实践中不断完善和发展。

推行分层教学，萌生仁智教育思想

1997年7月，张勇通过公开竞聘成为安徽省涡阳第四中学的副校长，2005年10月成为校长。在这8年的办学管理中，学校的办校文化在他心中留下深刻的印记。涡阳第四中学是由香港爱国人士谭兆先生捐资兴建的公办高中，他捐资助学的直接原因是崇尚道家文化，而涡阳是老子故里，道家文化的发源地。谭兆先生的义举和教育情怀让张勇明白，本土的文化思想也可以并且应该成为学校文化建设的源头活水。老子“上善若水”“道法自然”等思想与当下的育人理念和方法不谋而合，这促使张勇开始认真研究、挖掘本土历史文化中的教育理念。

涡阳第四中学在建校之初，办学条件和生源质量都不尽如人意，甚至被称为“十无”学校。怎样在完善硬件设施的同时，尽快给学校发展制定合理发展目标和发展规划，尽快提升教学质量？张勇转向古代教育家孔子寻求答案。他发现，即使教育背景多次变迁，但“有教无类”“因材施教”的教育思想永不过时。在此思想影响下，他开始对学生实施“分层教学”。

涡阳第四中学首届514名高一学生根据学习成绩，被分成初一、初二、初三、高一四个起点层次进行教学，学校针对不同层次的学生采取不同的教学方案，补缺补差。“不让一个学生掉队，每天进步一点点”“让不同层次的学生都有所收获，都能体验成功”，这是张勇推行分层教学的初衷。

张勇现在还记得，当年实行分层教学后，学校一名中考成绩并不太好的学生，从初一起点班开始上课，学习成绩逐步提高，自信心逐渐提升，最终高考时这名学生以全校文科第一、全县第三的成绩被重点大学录取。“因材施教，分层教学”也成为涡阳第四中学的教育品牌，以后每届学生都实行分层教学，教育质量提升迅速。张勇认为，这是古代“因材施教”教育思想和现代“以生为本”教育理念的具体实践，是教育智慧在当下教育的实际运用。

这样的成功经历，让张勇更加重视从道家和儒家传统文化中汲取营养，并运用到教育教学之中：“道法自然”，是对规律的敬畏与尊崇，在教育上就是对教育规律的遵循；“因材施教”，指向人的个性发展，返璞归真，回归教育的原点，以生为本……在对传统文化和现代理念的比对中，立德树人成为最鲜明的共同点，张勇心中“仁智教育”的种子自此萌发。

挖掘学校文化，仁爱指向行动

2012年9月，张勇的校长生涯进入第二个阶段：他被调到亳州市的百年老校亳州第一中学当校长。上任之前，张勇早已对这所学校的文化起源有所了解。亳州第一中学是1910年由美国传教士创建的教会学校，文化特点鲜明，但这所百年老校的教育发展方向仍是一个待解的问题。

毋庸置疑，在“应试教育”的现实背景下，高考升学率依然是衡量一所学校教育质量高低的重要指标。社会期许带来的压力，对于亳州第一中学的改革来说，也是一种难以突破的屏障。学校的传统教学，走的是题海和机械训练等“应试教育”的老路，在当前教育背景之下，显然不合时宜。于是，张勇上任后的第一件事就是研究学校历史文化，整合并激活学校的思想资源，从而应对当下的教育现实境况，谋划未来发展。

为此，他潜心研究教会学校的特点和学校发展的历史，与老教师、老校长和老校友交流、座谈，获得了非常丰富的一手资料。最令他惊喜的是，通过访问最初办学人的后代，张勇发现这所学校在办学之初就建立了较为完整的办学制度，这主要体现在以下几方面：一是有明确的办学理念，即以“仁爱”为办学理念；二是有较为完善的课程体系；三是有“学必知、知必用”的教学模式；四是有明确的办学模式和科学性、现代性、示范性的办学目标。在广泛了解和深入挖掘之后，张勇发现“仁爱”“求真”是学校一直以来遵循的基本理念，这种理念在离退休老教师身上留下了不灭的印记，在年轻教师耳濡目染中留下了不变的基因。于是，文化立校成为张勇的必然选择。

之前学校的管理经验让张勇明白，理念最终要转化为具体的实施办法和显性的实践成果才有实际价值与意义。因此，在学校文化发展过程中，仁爱思想需“知行合一”，应该在行动中得到落实。对此，张勇及其管理团队有着紧迫的发展诉求。他们通过科学的规划布局着力打造了“六大校园”，即“书香校园、人文校园、活力校园、智慧校园、幸福校园”。在这样的氛围中，学校的仁爱文化无处不至。

亳州第一中学的教师们还清晰记得，张勇上任伊始就带着学校领导班子在20天内建成了9个教师集体备课室，要求桌椅、空调、电教设备、茶水供应要超过校长室，让教师安心备课，潜心研究，有尊严地进行教学研究。他的做法也成为他在学校推行仁爱文化的注脚。这种“仁爱”与“温暖”，从教师再传递给学生，逐渐渗透在每一个课堂，浸润于每一项活动中。

引入心理分析，让学生乐学、智学

张勇认为，学生培养是一个复杂的话题，但“大道至简，万流归宗”，症结在于如何处理学校与学生的关系。

他在教学实践中发现，学生学习出现的动力不足、基础较差、粗心、偏科、考试焦虑等问题往往与学生的心理障碍有关。解决这些问题不能依赖教师和家长的空洞说教和单独补课等方式。学生学习兴趣培养的关键是了解学生的心理。对教育心理学有所研究的张勇，尝试在学校中采用心理分析技术和元认知心理干预技术对存在问题的学生进行集体辅导和单独培训，有针对性地解决部分学生学习障碍问题，效果显著。他说，这是科学研究的结果，也是教学智慧的体现。

应用心理专业技术手段，尤其是运用元认知心理干预技术指导学生学习，逐渐成为亳州第一中学提高教学质量的一大抓手。学生的学习障碍解决了，心理问题迎刃而解，自然而然就会爱上学习。张勇还外请元认知专家到校对全校教师进行普及培训，对学校心理健康教育教师、班主任和部分骨干教师进行专业培训，让他们掌握元认知干预技术和学习分析技术。教师通过开办“学习力提升营”，对学生进行团体辅导和个别辅导，运用心理技术手段解决学习障碍问题，从而达到解决心理问题的目的。

2016年，张勇被引进到海南省陵水中学任校长。到任以后，张勇对陵水中学的发展历史、学校文化、办学特色、教师队伍、教育现状等进行了调研。他深深地感觉到，陵水中学的优美环境与办学文化与其“仁智”教育思想是相互呼应的。

山的智慧与水的哲学成为他在陵水中学开启教育新征程的落脚点。他提出的“仁智教育，山水文化”是对陵水中学历史文化的提炼。在此基础上，他进一步实施学校文化发展战略，上下贯通，以“仁智教育”和“山水文化”为统领，构建学校课程体系，体现学校特点、地域文化和民族特色，在教师的实践中、在课堂上、在学生身上落地生根，促进学生的全面发展。

在陵水中学，“仁智教育，山水文化”的蓝图已经在张勇心中勾画好了。

从涡阳，到亳州，至陵水，近二十载。张勇愈发坚定了一个信念：让仁智教育的种子在陵水落地生根；引进积极心理学的观念，激发师生积极向上的心态，主动作为，有所建树。如今，他仍在继续探寻“仁智教育”的生长点，使这一思想能有更广阔的教育土壤。

（本文由校长国培计划——中小学名校长领航班
江苏省教育行政干部培训中心培养基地提供）

陈福

名家点评

顺天致性的教育哲学

杨志成

走进吉林市吉化第一实验小学，陈福校长的顺应教育理念给我们留下了很深的印象。

陈福校长提出顺应教育，源于他对教育本真的不断追求。他提出的顺应教育，其本质是对儿童天性的顺应，是基于儿童本位的教育思想。陈校长从教以来，在实践中建立了朴素的儿童教育观。他思考研究儿童的发展规律，意识到教育的本质就是坚持儿童本位，顺应儿童天性，发展儿童潜能，为儿童的一生发展奠定基础。在不断的思考与实践中，他提出了顺应儿童天性的教育思想，提炼出儿童天性的六种表现：玩、自我表现、好奇心、占有欲、合群、想象力。教育行为理当顺应儿童的天性特征，在尊重和顺应中发展儿童、实施教育，这就是他的顺应教育理念。

教育哲学认为，教育是发展人的一种社会专业现象，教育的逻辑起点是人与生俱来的学习需求和学习天性，人的这种天性的学习来源于人的生理本能，教育就是对这种生理本能实施影响的过程，并逐步演化为专业的教育行为。因此，从教育本体来看，教育的本真起点就是人的学习需求。尊重儿童，遵循儿童的学习需求，就是遵循教育的本真，也就是顺应天性的教育。陈福校长提出的顺应教育正体现了他对教育本真的回归与遵循。

如果说追求教育本真是陈福校长教育哲学观的体现，那么构建顺应教育实践体系，则是他充满智慧的笃行实践成果。在教育实践中坚守一种教育理念，并使其成功实践，并不是一件容易的事情。陈福校长的笃行实践和执着追求，逐步构建了顺应教育的实践体系。一个校长的办学实践体系，就是要回答“培养什么人”“怎样培养人”“办一所怎样的学校”“怎样办这样的学校”等问题。顺应教育的办学理念的实践，需要构建顺应教育的实践体系来配合。陈福校长在实践中始终不忘初心，坚守顺应思想，构建了顺应儿童天性的顺性课程、顺势课堂、顺导德育、顺行评价等育人体系，也构建了顺应教师天性的顺心管理和顺和文化等学校治理体系。

顺性课程，是基于儿童天性，促进儿童身心全面、协调、可持续发展的课程体系；顺势课堂，是遵循儿童天性，培养儿童自主学习的课堂教学；顺导德育，是基于儿童天性，引导儿童养成良好习惯的自主实践；顺行评价，就是尊重儿童天性，构建促进儿童全程、全面发展的综合评价体系；顺心管理，是尊重教师个性，构建促进教师自主发展的学术氛围；顺和文化，是遵循人性，营造知行合一、和谐发展的学校文化体系。顺应教育实践体系的构建，为落实顺应教育理念奠定了基础，实现了办学思想与办学行为相统一的办学成效。

从教育理念到教育品牌的升级，需要校长的责任与担当来推动。陈福校长进入教育部首期中小学名校长领航班之初，还在担任吉林市第二实验小学校长。这所学校在他的带领下实践顺应教育，已经取得了优异的成绩，且社会反响良好。他本可选择继续留在这里，继续实践和发展顺应教育，但出于对推动区域教育发展的考虑，他希望在新的学校进一步实践顺应教育理念，促进当地教育优质均衡发展。

上任伊始，他并没有将顺应教育的理念直接导入新校的教育教学中，而是深入教师和学生之中，广泛调研，征求意见，全面了解教师、学生和家长对学校办学的要求。在全面调研的基础上，他开启了顺应教育的新航程。我们可以看到，在陈福校长的带领下，一所新的顺应教育品牌的学校正在松花江畔诞生。

（作者系北京教育学院副院长）

聆听中呵护儿童天性

个人小传

陈福，小学正高级职称。2005年—2007年，任吉林省吉林市第五中学党委书记。2007年—2015年，任吉林市第二实验小学校长。2016年1月至今，任吉林市吉化第一实验小学校长。

成长之最

对自己影响最深的教育理论著作：《爱的教育》（艾得蒙多·德·亚米契斯 著）。

教育教学中最有成就的改革创新：在现代学校建设的基础上，构建了顺应教育的理论与实践体系，出版了《小学教育儿童化》等专著。

学校改革创新最亟待解决的问题：建立科学的教师专业发展的体制与机制，特别是职称制度的改革。

2016年年初时，陈福来到吉林市吉化第一实验小学，成为一名“新人”。从吉林市第二实验小学调到这所新学校任校长，“对我而言，一切都是全新的”。已有多年校长工作经验的陈福对如何办好新学校充满了期待。

回顾在吉林市第二实验小学担任校长的8年时间，陈福说自己也是一名学生，“办教育，要聆听学生的话”。陈福在办学管理和教育教学中，从师生身上汲取智慧，围绕“顺应教育”这一命题进行了探索与实践。他从教育的源头追寻“顺应教育”的基因，从人的成长与发展规律明确顺应教育目标，由此确定了学校教育顺应儿童天性实施的维度。

何为顺应教育——从听学生的话开始

在多年的执教生涯中，陈福一直在求解一个问题：教育是什么？

他发现，现代学校建设，从价值教育、和谐教育、开放创新等方面进行了研究实践，但学生们的发展却缺乏后劲。思索之后，他找到了症结所在：在基础教育阶段，学生们充满好奇心和创造力，这也是他们的天性，但僵化的教育模式会禁锢他们的天性。这就像鸟儿在笼中，鸟妈妈教它飞翔。无论鸟妈妈讲解得如何专业，如翼展该多长、振幅应多大、频率应多快，小鸟听得多认真，妈妈提问时小鸟如何对答如流，放出鸟笼后小鸟还是不会飞行。陈福认为，真正让学生终身受益的不是知识本身，而是知识学习过程中智慧的启迪、创新精神与实践能力的形成以及良好习惯的培养。创造力也绝不单纯是培养起来的，它是与好奇心相伴而生的。

一个“小插曲”的发生让陈福意识到学生们的好奇心拥有巨大的能量。那是2008年上学期开学的第一天，陈福的一名校长小助理兴致勃勃地来办公室找他，神秘地为他变了刘谦在春晚变的皮筋套魔术，并说自己是在网上魔术大揭秘中学到的。陈福看到，学生脸上跳跃着在课堂上见不到的求知热情。

这让陈福想起另外一件小事。“课间看到一个学生单腿跨上单杠，另一只脚蹬地，一口气转了100多圈，我问这个学生‘晕不晕’，她说‘不晕，还能转。’”陈福明白，对于同时呈现在我们面前的事物，每个人的兴趣度是不一样的，学生们对解决问题的强烈欲望是主动学习的先决条件。在现代教育环境下，学生们的学习场所已不单是封闭的学校，没有围墙、开放自由的网络与社会提供了更为广阔的课堂。学校要适应学生发展，实施顺应学生天性的教育，让每一个学生都出彩。这与夸美纽斯提出教育要适应儿童天性的发展的观点不谋而合。

于是，陈福在对学校办学实际情况深入了解之后，提出了“顺应教育”的理念，以培养学生自主性、能动性、目的性、创造性为基本原则，以学生自我意识唤醒、自主能力发展、自信品格养成、自强精神树立为主要目标，以课程与教学为核心，以学生主体性实践活动为平台，以教师教育自觉为关键，以学校文化管理为保障，努力建构适合每一位学生发展的现代学校教育体系。

顺和文化打底——学生设计学校模样

提出“顺应教育”理念后，陈福在学校环境文化建设方面，总习惯性地先听听学生们的心里话。

一天，陈福收到了四年级学生李泽宇的邮件，希望学校能为学生建一个读书长廊。李泽宇对陈福说：“校长，咱们学校哪都好，就是没有室外读书长廊，读书氛围不好，咱们能不能建一个读书长廊呀？”陈福及时回复，并询问他长廊怎么建。“学生很用心，提了很多好的想法。就连在读书长廊里修一座鲁迅先生手捧书本的雕像这样的细节，他都考虑到了。”不久，学校实验教学楼东侧的杂货店消失了，取而代之的是一个极具中华文化感的读书长廊，取名“朗润轩”，这让学生们和家长都十分兴奋。

在陈福看来，刻意为之的学校教育收效甚微，有时还会让学生反感，学生们自发萌生阅读兴趣，学校顺势推动，这才是教育的本质。

陈福十分重视通过文化将“顺应教育”的理念润泽到校园的每一个角落。为顺应学生成长需求，他开放学校资源，为学生提供体验与实践的空间。如，开辟种植园，由学生春种秋收，让城里的学生亲历农作物的成长过程；校运动会请社区学生组队参与，共享学校资源；共同参与式的开放阅读，使家长和学生同台竞赛展示读书收获，享受阅读的快乐。

实施“顺应教育”后，陈福发现教育契机往往就在一些教育活动中，作为校长的他所要做的就是去捕捉这些教育契机，机动灵活地开展教育活动。2015年冬天第一场大雪过后，学生一到校便在操场上打雪仗、堆雪人，上课铃响了也全然不顾。见此情景，陈福当即决定：第一节课由班主任组织学生玩雪。学生们非常开心，满操场的喊声、笑声、追跑声不断，每个班都堆起了各具特色的雪人。第二节课上课后语文课写玩雪、科学课研究雪、美术课画雪……真实的体验，写出的和画出的都是真情实感，生动有趣。

实施顺应教育要不断创新活动载体，陈福每学期都会在学校组织开展红领巾大卖场活动，学生们可以将自己的书籍、玩具等集合到“市场”来换购和交易，活动中学生学会了经营，学会了理财，学会了感恩。此外，他还设置了学校红领巾税务局，让获得收入的学生按比例纳税，这样做不仅巩固了学生的数学知识，还从小培养了学生回报社会的责任意识。学生还自己成立“雏鹰淘宝回收公司”，从公司经理到财会及收购、销售岗位，均由学生自己竞聘上岗，既培养了学生的自主管理能力，又提高了学生的环保意识。

一个个小小的活动场地成了陈福为学生们创设的教育现场。在活动中，学生们提出的小建议又成为陈福推行“顺应教育”的出发点，形成了一个良性的循环。

顺性课程多变——课堂和评价呵护个性

学生要成为什么样的人就应该建设与之相适应的课程体系。陈福从学生的个性发展出发，关注学生人文情怀、科学精神、强健体魄、艺术修养、国际视野五大素养的培养，围绕会感恩、会篮球、会乐器、会书法、会微机、会英语、会读书、会表达、会劳动、会创新的“十会”目标，建设促进每个学生主动、全面、个性化发展的课程体系。

从“传承”“创新”两个学校教育的落脚点出发，陈福在校内开设了国学经典课程，筑牢学生的中国根；建设科技校本课程，培养学生的创新精神。在教师们看来，这位“满脸书卷气”的校长开设课程的胆子尤其大：当学校安全成为敏感话题时，陈福力排众议，把课堂设在校外，大量开展综合实践课程，培养学生的实践能力。

陈福在吉林市第二实验小学时建立了12个社会活动基地，设立了社会实践系列课程：走进工厂，了解现代企业技术与管理；走进乡村，体会“汗滴禾下土”的真正内涵；走进社区，感受现代科技为人们生活和工作带来的变化；走进自然，充分体会人与动物、自然的友好和谐；走进军营，了解国防知识，树立国防意识。到了六年级，有200多名学生在毕业前进京开展寻梦实践活动，开阔了视野，增长了才干，培养了能力。

在这些活动敲定前，陈福和学校教师都会有分歧。“实践活动对于学生的益处，其实大家都知道，但2 000多名学生带出去，一旦有个磕碰，真不是小事情，可结果总是我们输了。”曾在吉林市第二实验小学任教的马昱回忆道。陈福知道教师和家长的顾虑：“有安全意识是对的，但不能为了不磕不碰就把学生们关在学校，学生们的眼界决定心胸，把安全预案做好，教师们都负起责任来，相信学生们没问题。”最后的结果，也让教师们心服口服。

除了在课程设计上费心思，陈福还着力调整了学校的评价制度，为学生建立不同的评价量度。在陈福看来，每个学生对同一事物的接受程度是不一样的，对于同一评量内容，应该设不同标准，以适应学生自身发展。“学生跳绳每分钟60个达标，但对只能跳20个的小胖子来说是可望而不可即的，但我们的体育教师说‘下次你能跳过30个，对于你个人来说就是达标’，一个月后果然跳过了30个，学生非常高兴。”

因人评价是让学生跳一跳能摘到桃子，这是陈福一直秉持的教育观，也是他“顺应教育”理念的体现。陈福说，教育者要遵循学生身心发展的规律育人，所以，顺应不是迁就，而是因势利导；顺应不是放纵，而是因材施教。

“工作30余年，和小学教育打了一辈子交道，就想趁着自己还有精力和能力，为学生们、为教育，再多做点儿事情。”来到吉化第一实验小学的陈福，将与他的“顺应教育”一起，再出发。

（本文由校长国培计划——中小学名校长领航班
北京教育学院培养基地提供）

杨立雄

名家点评

纯净地追梦生态教育

杨志成

杨立雄因为生态教育的十年追梦，来到了教育部首期名校长领航班北京教育学院培养基地。因为对生态教育的执着追求，他给我留下了深刻的印象。这种印象也许是当今中国名校长共有的特质。

纯净校长，执着理想。每一个人都有对自己职业理想的追求，而纯净的人具有更加执着坚定的理想。在教育部首期名校长领航班中，我们看到了更多的纯净校长和他们执着的教育理想。杨立雄，来自云南省昆明市滇池度假区实验学校。他在北京教育学院培养基地学习研修的过程中给我留下了深刻的印象，我也有幸成为他的指导教师。每次听课的认真、讨论的积极、思考的深邃、钻研的深入、反馈的思辨，都让我感到这是一位纯净、认真、执着、有行动力的优秀校长。这种纯净，让我看到了中国当代一批优秀校长的身影。他们就在我们身边，他们引领中国当代基础教育的纯净发展。

执着理想，坚定行动。校长是行动者。理想决定行动，理想坚定行动。有教育理想的校长是坚定的教育行动者。杨立雄就是这样一位有着执着教育理想追求和坚定行动的校长。他的纯净也折射在他的办学理念之中。在校长职业生涯中，他通过不断学习、实践和反思，逐步形成了生态教育理念体系。在他带领团队建设云南省昆明市滇池度假区实验学校之际，就将这种教育理想坚定地实施在这所新学校的建设之中。通过他和团队的执着追求、坚定行动，这所以“生态教育”为理念的学校，逐步彰显了其独特和卓越，得到了大家认可。他希望用生态教育实现纯净的教育理想，实现对生命的尊重，实现对生命全面持续发展的促进，实现人与自然的和谐共生。

不忘初心，追求本真。理想是初心，源于对理论的本真追求。纯净是初心，源于对教育生态的本真回归。生态教育之所以成为杨立雄的执着理想，是因为他心目中的生态教育符合教育本真的规律。生态教育是教育生命观、多样性、可持续性、集约性和效能性5种教育思想的集中表达。生态教育的核心是尊重教育主体的生命观，尊重教育的多样性，促进教育的可持续性，提高教育的集约性和效能性。生态教育是对教育本真的回归和教育最高效能的追求。杨立雄的生态教育源于这样的纯净初心，源于他对浮躁的摒弃与不屑，因此让他魂牵梦萦，执着坚守。

勤奋求索，充实涵养。坚守理想，就要付出更多的努力。杨立雄是校长勤奋求索的典范。进入领航班，每一次活动他都全程录音，每一次课程他都认真整理笔记，每一本书他都系统阅读，每一次讨论他都积极参与和虚心求教，每一次现场活动他都精心筹备。我常常被他课后认真整理笔记的严谨感动，被他如饥似渴地阅读感动。在后来的交流中，得知在每次集中学习后，他都把专家讲座的录音利用休息时间一遍又一遍聆听，并在办学实践中对这些内容进行整合和应用。这种勤奋求索，丰富了他的理论学养，为生态教育的体系建构奠定了坚实基础。走进他的学校，我更加感受到这种勤奋和纯净的成果。无论校园的生态环境，还是教室的生态课程；无论学校的生态文化，还是教师表现出的生态管理，都让我感受到一所学校应有的大气和纯净，以及教育所应有的生命本真气息。

如今，杨立雄正在进一步完善和发展生态教育理论和实践体系。他以敢于担当的精神又开启了对乡村教育生态恢复的研究和实践！

（作者系北京教育学院副院长）

生态教育擦亮母亲湖的眼睛

个人小传

杨立雄，1985年中师毕业，被保送升入师范专科、本科学习，后获云南省委党校行政管理专业研究生学历。1991年始任副校长，随后对教学与管理双肩挑、两促进。2007年至今，任云南省昆明市滇池度假区实验学校校长。

成长之最

对自己影响最深的教育理论著作：《教育组织行为学》（孙锦涛　编著）《教育的目的》（艾尔弗雷德·诺斯·怀特海　著）。

教育教学中最有成就的改革创新：用学习型组织理论指导，创建学习型学校，办出一所品牌校；用生态学理论思考教育，致力于学校生态教育体系探索。

学校改革创新最亟待解决的问题：如何构建以核心素养生态化养成为目标的滇池课程体系。

滇池是昆明的母亲湖，也是昆明的眼睛。11年前，杨立雄离开一所已臻成熟的优质校来到这里，从零开始，筹备、建设、发展，在一张雪白的纸上，以“生态成长”为主题，勾画出了一所新世纪现代学校的美丽形象。

生态办学：开启重审人与自然关系的窗

滇池清，昆明兴。守着“五百里滇池”，只能“望湖兴叹”，这是很多昆明人的心头之痛。“50年代淘米洗菜，60年代摸虾做菜，70年代游泳痛快，80年代水质变坏，90年代风光不再，现今时代依然受害。”这首打油诗形象地讲述了滇池生态环境的蜕变之路。

2007年，昆明滇池国家旅游度假区管委会面向全国公开招聘校长，杨立雄参加应聘考试，被录用为新建昆明市滇池度假区实验学校校长。

鉴于区域实际，上任伊始，杨立雄协同团队，决定以学校教育进行“生态启蒙”，开启人们重新审视人与自然关系的一扇窗。他们为新学校制定出最初的生态目标和生态模样：让学习像呼吸一样自然，让学生成为最好的自己。同时，也绘制出共同愿景：双语式教学、小班制模式、生态化校园、学习型团队、高品质服务。2012年，在5年的生态办学实践基础上，学校提出“携手现代化、追逐国际化、引领生态化”的新目标，丰富生态教育的形式与样态。2015年，学校起草章程，制定“十三五”规划，凝“植根立本、自然朴素”之校训，开“纯净育人、生态成才”之校风，进一步完善生态办学体系，进行现代学校办学探索。

在这一过程中，杨立雄带领团队，通过学校共同愿景的生成与自我超越机制的构建凝聚了对学校、教师、学生生态成长的共同关切，聚焦了生态目标、生态价值观和生态使命感三个关切点，并以自我驱动机制保障其创造性探索。巧合的是，当杨立雄成为校长国培计划——中小学名校长领航班的一名学员时，他所在的北京教育学院培养基地为他指定的两位导师——理论导师教育部领航名校长首席导师、北京教育学院副院长杨志成博士和实践导师北京八中原校长龚正行，都曾进行过生物学专业学习，这为杨立雄的生态办学提供了更为精准和专业的指导。

生态校园：各自展现最好的生命姿态

2009年10月24日，中央电视台新闻调查栏目“三生教育课堂”摄制组到学校采访，记者问：“我们在进行教育的时候经常会强调小孩成为NO.1（第一），但其实让他意识到自己是ONLY ONE（唯一）这一点是不是也非常重要？”杨立雄回答：“每一名学生都是一个鲜活的个体，把学校里面上千个学生视为自然环境当中有生命的个体后，学校就有了两个花园——一个是自然存在的有树木、有花草的自然花园，另一个就是千姿百态的学生和教师的生命花园。在自然花园里，园艺师不会把小草栽培、修剪成大树，也不期望小树能开出鲜花来；在生命花园里，学校努力让小草成为最旺盛的一片小草，让小树成为最好的小树……各自展现最好的生命姿态。”

“比小草、树木、鲜花更灿烂的，是学生的笑脸；比分数、名次、成绩更重要的，是学生的幸福。”在生态校园里，这些话语成了行为价值标杆和教育共识。“身为教师，我们取得的最伟大的教育成就，不是勋章和荣誉，而是学生们的微笑、拥抱和美好的回忆。”杨立雄将美国著名教育家莎伦·M·德雷珀所说的这句话深深地印在心里。

十年树木，百年树人。在这所生态学校建设中，环境不单纯是外物，而是与人一样，是有生命的共生——树亦是人，人亦是树；环境育人，人育环境。刚建校时，校内树木、草地、鲜花均比较稀少单一，学校就坚持植树与育人同步，围绕走廊亭台植树种花。很快，校内树林、花园、草地错落有致，无论在哪间教室的哪个座位上，视野里都是满目青翠、四季花开，鸟儿飞来飞去。这样书声琅琅、鸟语花香的校园，既是自然生机勃勃的存在，也是课程丰富开放的资源，更是不同生命共同成长的生态乐园！

生态教学：世界就是学生们的课堂

课程既是生态教育的载体，也是生态理念的支撑。除了把课程融入自然、融入环境以外，学校还把课程融入社区、融入社会。在海埂训练基地、红塔体育中心，游泳教练不厌其烦地对学生反复指导；在云南民族村中，老艺人用娴熟的技艺为学生们进行展示；滇池、度假区，都是学校的生态课堂……过去，课本就是学生们的世界；现在，世界就是学生们的课堂。

学校通过建模、入模、超模来实现生态课堂建设多样性，并且制定了相应的课堂教学规范：参与课堂互动的学生人数不低于60%，课堂练习不低于10分钟；每个学期举办一届“五星杯”课堂教学展示——老、中、青教师同台展示，教师、家长、专家等与学生们同堂听课、一起观摩。通过这样的听课，家校之间更加亲密细致，教师专业更加受到尊重，家校生态关系大大改善。

对于生态德育建设，杨立雄谈道：“德育，育德，向下扎根重于向上生长。落实立德树人根本任务，就是要把树人的根扎在中华优秀传统文化底蕴里，就是要把树人的根扎在社会主义核心价值观的土壤里，为着促进人民富裕、国家富强、民族复兴的中国梦向上生长。”

学校结合中小学生日常行为规范、学生守则，综合美国、英国、日本等国家的学生守则，拟定了雅行规范，让修习“雅行”替代冰冷教规。“懂得用嘴角微笑；知道用小手帮忙；学会用耳朵倾听；能够用心灵感受。”这是班主任李玉江教师所教班级的班规。每周班级都会做一次这样“清点心灵”的活动，让学生们静思：今天微笑了吗？帮助别人了吗？认真聆听了吗？感谢别人了吗？这就是一间教室里一个班级雅行的样子和生态的影子。

在教师发展上，杨立雄激发内部驱动力，通过“双聘双选”把教师解放出来，把选择权交给教职工，真正实现“人事双向聘任，岗位双向选择”。每学年暑假放假前，开展双向选岗聘任，在统一设计的表格（平台）上，教师自主选择。新学年开学前，部门整理、汇总双向选岗情况，高度吻合的优先聘任，细微调整的协商聘任，差异很大的等待聘任。这样，就取消了岗位靠安排、工作靠分配的僵化格局，形成了“我的发展我做主”的生态局面，引领教师过一种幸福完整的教育生活。从而，也通过这些教师的言传身教让学生耳濡目染，寻找到与这个世界对话的最佳方式。

生态引领：营造区域良好教育环境

良好的教育生态环境是最普惠的民生福祉。按照云南省教育厅要求，杨立雄将在区域内尤其是乡村地区传递先进办学理念和成功改革举措作为自己一项重要的使命，他从两个方面做出努力。一是生态学校在异地举办中复制。2013年学校二次创业，生态学校在异地复制成功，生态教育理念实践从一校成果扩大到两校。二是生态教育在教育帮扶中辐射。学校10年来坚持与昆明市教育公益事业促进会一起送教下乡，帮弱助贫。杨立雄多次走进乡村学校，也多次迎接乡村学校校长与教师来校参观交流。

2015年，学校中标承担“国培计划（2015）”项目，来自云南省17个地州市108所义务教育学校的乡村校长和特岗教师前来接受培训。2016年，学校又承办了“国培计划（2016）乡村教学副校长”项目，5个州市21个县的50名乡村学校副校长又来到了校园。在项目实施过程中，杨立雄作为首席专家，和团队一起确定了“生态的视角，生态的思考”研修主题，结合学校生态化的办学理念，以“乡土”名义设计校本方案，有针对性地设计课程，确保乡村学校副校长们不仅到城市“学得到”，而且回乡村“用得上”。他还为培训班学员教授“乡村学校现代化进程中的生态文化自觉”和“学校管理案例：用生态教育价值创生一所新学校”两门课程。

“阳春三月办国培，八方校长学不辍。一校资源多校享，生态教育助校飞。”这是昭通市鲁甸县梭山乡中心小学副校长张克荣在培训总结时作的打油诗。它不仅是昆明市滇池度假区实验学校跟其他兄弟学校心手相牵的写照，还是对杨立雄秉持生态教育理念进行区域领航的家国情怀的盛赞。

（本文由校长国培计划——
中小学名校长领航班北京教育学院培养基地提供）

吴献新

名家点评

于细微处嵌入教育智慧

杨志成

因为教育部首期名校长领航班的机缘，我们得以走进盘锦市魏书生中学，近距离观察这所学校，也进一步了解它的“掌门人”——吴献新校长。

2014年，魏书生中学正式诞生。也是在这一年，习近平总书记在“五四”青年节视察北京大学时寄语全国青少年学生要“勤学、修德、明辨、笃实”。吴献新校长敏锐地把握住了这个难得的历史巧合，将八字寄语作为魏书生中学的校训。我国当代教育发展的普适性要求成为这所新学校追求的育人目标。由此，我们感受到吴献新校长的办学智慧和家国情怀。

吴献新校长的教育智慧和教育情怀，不仅体现在校训的设计上，还体现在校园文化的构建中，蕴藏在课堂教学行为中。

看文化，感受厚重的教育思想积淀和精妙的教育智慧。学校办公楼和教学楼各有两个大厅。大厅墙面设计了精美的浮雕，上面用不同的书法体，撰写了“诗书生华、家国情怀”八个大字。这八个字成为引领魏书生中学发展的文化内核，彰显着学校发展的文化动力。大厅门口还以竹简样式镌刻了《师说》和《劝学》两篇古文，以其勉励师生。这些文化的细节，可见吴献新校长对教育的用心之深。

看课堂，感受学校的教学智慧和课程思想。魏书生中学的课堂采用分组教学，实施因材施教、分类推进、整体提升的教学策略。吴献新和他的团队通过打通班级授课的微循环，实现了更加高效的课堂教学，突破和超越了传统班级的授课模式。

看大课间，感受生本思想的另一维度。每天3 000米跑、两套操、站军姿、高抬头、大摆臂，魏书生中学的学生每天都有至少90分钟的集体运动时间。而这些大课间活动的目标只有一个，那就是让所有学生都有一个好身体。吴献新校长说，这也正是这所学校没有胖学生的原因。

思想引领教育，还要看如何转变为办学行为。魏书生中学能在短时间内从一所农村中学完成蜕变，还得益于吴献新校长和他的团队关注学校和学生的处处细节，于细微处打造了教育品牌。

习惯是行为的细节，是长期养成的结果。在参观学校时，吴献新校长曾指着学校走廊上暖气片旁边的一打整齐的抹布让我们看。他说，这里的学生每人一块抹布，每天下课都要自己擦拭课桌椅。看到学生们将用过的抹布整齐摆放，可知他们早已养成优良习惯。在魏书生中学，校园里的每一寸环境都不会没人管，人人都有自己的环境管理责任，学生们早已养成了良好的卫生习惯和自我管理习惯。

在学校班级文化展示过程中，我观察到学生的眼神不是游离的，而是会追随着演讲者，这体现了学生之间的尊重，也说明学生形成了良好的观察习惯。观察魏书生中学的学生走路，我们发现学生们进入楼道后，会自然形成一排，靠右行走，没有人大声喧哗。吴献新校长说，进入室内不喧哗，有秩序行走，这也是学校一个重要的习惯培养目标。这个细节让我们感受到学校对学生规则意识的培养。

此外，学生用餐的细节也让我们感受到学校对学生文明习惯的培养。魏书生中学的食堂并不大，两个食堂同时开放，学生仍须分批就餐。我们特意走进食堂看看学生们就餐的情景，感到震撼的是，几百人的食堂，无一人喧哗，学生们安静就餐，进餐后所有餐盘都没有剩饭。在这些细节中，我们看到了学校学生们都有一颗对食物的珍惜之心。

走进魏书生中学这所特色鲜明的农村学校发展品牌学校，近距离感受吴献新校长的办学智慧，与其交流办学思想和经验，我深深地感受到了吴献新校长和他的团队用思想引领教育的智慧，用细节创造品牌的理念。

（作者系北京教育学院副院长）

传承中释放学生自育空间

个人小传

吴献新，1997年毕业于辽宁省锦州师范高等专科学校，获大专学历，后在西南大学获教育硕士学位，历任多所学校副校长、校长等职。2014年6月至今，任辽宁省盘锦市魏书生中学校长。

成长之最

对自己影响最深的教育理论著作：《班主任工作漫谈》（魏书生　著）。

教育教学中最有成就的改革创新：把魏书生的“六步教学法”发展为第三个阶段“六步教学分组学习模式”；把魏书生培养学生良好习惯的做法序列化、系列化、细目化；研发有效作业，减轻学生负担。

学校改革创新最亟待解决的问题：改变学校中层领导的教育观念，提升他们的业务水平和管理能力。

魏书生，我国著名教育改革推动者，在东南亚更被称作“穿西装的孔子”，而在辽宁省盘锦市有一所用他的名字命名的学校——盘锦市魏书生中学，吴献新就是这所学校的校长。

面朝大海，背倚辽河，建校三年多的魏书生中学，在吴献新的带领下，以魏书生教育思想为指导，本着学习、实践、传承、发展的原则，坚持培养学生自育、自学能力，以班级文化建设和“三个四习惯”培养为德育载体，以“六步教学分组学习”和有效作业为教学抓手，探索出了一条适合普通学校提质、减负、增效的素质教育之路。

传承魏书生思想，奠定新学校根基

魏书生中学坐落在盘锦市辽东湾新区，2014年由两所农村学校合并而成，是一所寄宿制初中学校。这所用教育改革家魏书生名字命名的学校，从诞生之初，就被寄予厚望，因此校长一职的人选尤为牵动人心。最后，盘锦市政府和教育局都将目光集中到了一个人身上——吴献新。

吴献新的执教经历平凡但不简单，他先后担任过3所学校的校长、两所学校的副校长，几乎经历了基础教育的所有形态：企业学校、民办学校、国办学校；重点学校、薄弱学校、新建学校；十二年一贯制、九年一贯制、完全中学和独立初中，等等。曾经的教学和管理经验沉淀下来，成为吴献新教育思想生长的厚实土壤。

在工作中，吴献新和魏书生成了同行、成了上下级、成了师徒，魏书生的教育思想对吴献新产生了很大的影响。“魏书生为了做教师，先后写了150多次申请，即便是做了校长、局长后仍然不放弃当班主任教语文课”。魏书生对于教育事业的热爱，感染了吴献新，他说：“对待人也好，事也好，你只有拼命爱它才会爱出情调，爱出色彩。”因此，他说无论到哪所学校，指导他教育实践的一直是这样三点：学校管理就是为师生提供服务，德育就是帮助学生养成好习惯，教学就是帮助学生学会学习。这种朴实的教育理念和教育追求，以及对魏书生教育理念的亲近性，使得吴献新成为魏书生中学校长的首要人选。

“三十多年前，魏书生在普通师资、普通生源、普通设施的学校创造了中国素质教育的奇迹。今天希望你在魏书生中学继续探索适合普通农村学校发展的素质教育之路。”肩负着这样的教育使命，吴献新走进魏书生中学，开始了他“站在巨人的肩膀上逐梦”的历程。

班级文化主题化，良好习惯细目化

在吴献新看来，对于魏书生中学这样一所由合并校构成的新学校，文化引领是学校管理的制胜之道。建校伊始，他和学校教师团队一起研究，确立了以“诗书生华、家国情怀”为主题的校园文化。“诗书生华、家国情怀”既含有“书生”字眼，又蕴含着“腹有诗书气自华”之意，学校教学楼分别以“家”和“国”为元素，确立了以“河风海韵”“油城鹤乡”“红滩绿苇”为主题的“盘锦家文化”，以及以“国粹精华”“传统经典”“诗书礼仪”为主题的“中华国文化”。

在学校整体文化建设的框架下，吴献新将培养具有“健全人格、独立个性、儒家品质、世界眼光”的合格公民作为学校的育人目标，带领师生创建以“和谐家园、精神乐园”为主题的特色班级文化。每个班级既有班训、班标、班歌、班花及花语、班主任寄语等具体化的规定动作，又有自由天地、精神家园等特色化自选动作，每个学生都是自己班级文化的解说员。创建班级文化，加深了学生对学校文化内涵的理解，增强了爱校、爱家、爱国的情感，起到了潜移默化、润物无声的育人效果。如今，魏书生中学的班级文化创意大赛已经举办了多届，班级文化建设成了学校一道亮丽的风景线。

吴献新还特别注重学生良好习惯的培养，从建校一开始，就确立了以“三个四习惯”为切入点强化学生的自我教育和自主管理，通过良好习惯“示范班”“合格班”“进步班”“努力班”的评比活动，将学生的习惯逐步规范。“三个四习惯”即食不言、寝不语、行有序、无秽语四个生活习惯；会预习、练记忆、善筛选、改错题四个学习习惯；高抬头、大摆臂、练长跑、有技艺四个健康习惯。经过一个阶段的养成，魏书生中学近2 000人同时就餐时，除了餐盘碰撞的声响，没有其他杂音；走廊、甬道上学生三人成行两人成伍；操场上蹿蹦跳跃，生龙活虎；大课间学生高抬头、大摆臂，精神昂扬。

在“三个四习惯”基础上，经过反复研究、多次论证，吴献新将培养学生良好习惯进行系列化、序列化、细目化，确立了良好习惯培养的“课程标准”。他将学生习惯培养按年级分层，并划分出不同领域，细化到每个年级每个领域具体的训练点。不同年级的每个习惯培养序列中的细目化要求是从七年级到九年级逐步完善的。如自尊自爱、注重仪表序列，七年级系列细目化的要求是“坐、立、行走、读书、写字姿势端正”，八年级的要求是“行动举止姿势端正大方”，九年级的要求则是“行动坐卧姿势端庄、优美”。循序渐进的内容制定，既考虑到了学生的认知能力，同时也符合学生的发展规律，把良好习惯的培养推向一个全新的领域。

为让阅读习惯在学校落地生根，吴献新为师生分别建立了开放式书吧，学生诚信阅读自主管理，课间学生阅读的习惯已经蔚然成风。教师书吧还设有象棋、围棋棋盘，教师在课间可以品上一口清茶，读上几页书籍，再对弈一局，颇有一番诗情画意。魏书生中学的学校网站、《静慧》校报、《自育自学》校刊等均是在吴献新的倡议下创办的，他希望以此来不断强化教师的文化意识，让一报、一刊、一网站来引领学校文化的发展方向。

分组学习提高效率，有效作业减轻负担

在魏书生中学进行的课堂教学改革中，“六步教学分组学习模式”取得了显著成效。吴献新说，学校实行的这一教学方法是在魏书生“六步教学法”和盘锦市“三段六步教学模式”基础上发展和创新的一种教学模式。在他看来，课改的目的在于变学生的被动学习为主动学习、变学生听话为师生对话、变只关注教师的教到既关注教师的教又关注学生的学，而分组学习的特质正与这一目标相契合。

在这种教学模式下，学生每5～6个人一组，每个班级分成8个小组，每节课每名学生都有发言、发挥和发展的机会。吴献新将每个班级的人数严格控制在45人以下，这样每名学生都会得到教师的关注和辅导。

每个小组都要确立自己的组名、组训、口号、追赶目标等，教师针对不同层次的学生设立不同难度的问题，学生每一次表现都有积分，通过每节课、每天、每周、每月、每学期优胜小组和进步小组的评选，实现组内互助、组间竞争、分类推进、整体提高的策略。不到两年，学生学习兴趣、课堂教学效率、学生学业成绩等都得到大幅度提高。分组学习也极大改善了师生关系，教师不用“追着赶着”，学生也会积极学习、发言。这种方法得到魏书生本人高度认同，已经在省内外得到大面积推广和使用。

同时，吴献新还针对学生作业数量多、作业质量差、负担重的现象，探究出了通过有效作业来减轻学生课业负担的办法。有效作业分成三种类型即必做题、选做题、自选题。必做题是所有学生都要做的基础训练，目的是让所有学生都能“吃得了”。选做题则是针对不同水平的学生留不同层级的作业，让每个学生都能“吃得饱”。自选题是学生针对学习的内容自己在课外选择一些相应的练习，目的是让学生能吃好，是“营养加餐”。同时，有效作业本强化了批改和错题纠正过程，将预习习惯、筛选资料习惯、整理错题集习惯有效集中到了一起，很好地体现了针对性、差异性和多样性。

有效作业减少了学生的无用功，提高了学生作业的有效性，大大控制了学生写作业的时间，切实减轻了学生的课业负担，真正实现了减负的目的。

在将学校成功办成传承、发展魏书生教改经验实践基地的同时，吴献新还惊喜地发现，通过自己的不懈努力，越来越多的学校自愿加入自己的队伍，推动基础教育改革。“作为一名校长，或许永远也成不了教育家，但是这并不能妨碍我对教育家梦想的追求。”他希望自己可以怀揣着魏书生教改思想的种子，在教育实践之路上“能走多远就走多远”。

（本文由校长国培计划——中小学名校长领航班
北京教育学院培养基地提供）

周颖

名家点评

变革学习方式　深描文化底色

刘彭芝

《国家中长期教育改革和发展规划纲要（2010-2020年）》要求，“把促进学生健康成长作为学校一切工作的出发点和落脚点”。具体到每所学校每位校长，选择什么作为突破口，并以此带动整个学校系统为学生的健康成长服务呢？苏州市振华中学周颖校长选择的是：重新定义学习。这种思路与实践，带给我们诸多有益的启示。

尊重“教”与“学”的规律，促进学生自然成长。周颖校长从振华中学“自主学习、质疑讨论、探究体验、自由发展”这一教学传统中受到启发，提出“重新定义学习”的教育主张，回归到学习以学习者为主体，让学习真正发生在学习者身上的教育本真中去。学习不是被动听讲，而是主动探究、经历典型的过程，积淀丰厚的学习体验，掌握相关的学习方法，提升学生的核心素养，这就是周颖校长对“教”与“学”规律的个性化理解。振华中学“苏式智慧课堂”的研究路径、操作策略以及风格的构建，则是他重新定义课堂的个性化实践。理论和实践均表明，只有尊重教育规律和学生身心发展规律，才能促进学生自然成长。

激励探究，促进学生自然成长。周颖校长通过重新定义课堂、课程及学习环境来激发学生的学习兴趣，激励学生主动研究。在教育发生的过程中，没有人会比一个充满好奇心、处在探究中的学生更努力，更纯粹！因此，激励学生探究是促进学生自主成长的重要途径。

供给多元选择，促进学生自由发展。周颖校长从课堂中学习方式的选择、课程的选择和泛在学习环境下学习资源的选择等多方面，供给学生实现多元选择的可能。学习，是发生在教育过程中的不断选择；生活，是在社会环境下的不断选择；成长，是在不同发展方向之间的不断选择。学生只有在不断选择中才能提升选择判断能力，这是学生自然成长的重要路径。

构建优秀学校文化，促进学生自觉成长。于社会，要追求“振兴中华”；于个人，要追求“诚朴仁勇”：这是振华中学自办学之初传承至今的两大办学宗旨。周颖校长将此作为学校文化的内核，赋予了学校厚重的文化底色。今天，周颖校长和他的团队把它们表述为“振兴中华，从我做起”和“自由生长，学有后劲”的价值追求，既契合了当下的教育背景，又为学生的未来成长储备好了潜能。

（作者系教育部校长国培计划首期名校长领航班
中国人民大学附属中学培养基地首席专家）

“苏式智慧”重新定义学习

个人小传

周颖，1990年毕业于江苏省扬州师范学院（今扬州大学）中文系。2007年—2010年，担任苏州市振华双语实验学校校长；2010年至今，担任苏州市振华中学校长。

成长之最

对自己影响最深的教育理论著作：《什么是教育》（卡尔·雅斯贝尔斯　著）《课程与教师》（佐藤学　著）。

教育教学中最有成就的改革创新：建立丰富学生生命体验的课堂与课程，重新定义学习。

学校改革创新最亟待解决的问题：让每一位教师成为学生主动学习的引领者。

学习不是被动听讲，而是主动探究，经历典型的学习过程，积淀丰厚的学习体验，掌握相关的学习方法，提升学生的核心素养。

2010年，周颖来到苏州市振华中学。那时，振华中学就中考成绩这一指标看，已经是老百姓心目中的好学校。但在那些数据的背后，还有这样一种社会评价：振华中学课业负担比较重，学生升入高中后发展后劲不足。

评价的压力促使周颖开始思考：如何在提升学校教育质量的同时，让学生发现学习的兴趣、养成良好习惯并能发挥自己的长处，建构一种面向未来的学习和生活方式？重新定义学生的学习，这是周颖为振华中学描绘的发展蓝图。他带领着学校团队在教育实践中不断将这一教育蓝图变为现实场景。

重新定义课堂——不教之教的“苏式智慧”

课堂，是学生“学”和教师“教”的主阵地。在国内教育科学领军人物顾泠沅教授的指导下，振华中学开展了“苏式智慧课堂”的探索与实践。据振华女中1936年校刊记载，学校理科教学注重实验，以使学生能够细心研究、自由发展。在教学方法上，多采用“讨论、实验、演讲法”。周颖担任校长后，决定将学校在振华女中时期“自主学习、质疑讨论、探究体验、自由发展”的教学方法与现代教育目标相结合，实现教育的再创造。

周颖认为，传统的课堂学习，往往只重视教育结果（分数），而不重视教育过程。重新定义学习意味着学习要以学习者为主体，让学习真正发生在学习者身上。于是，他对振华中学的课堂进行大改造。从教师推出课例开始，从引导学生用什么思路学、学得更好更有价值入手，探寻不同学科的学习规律，让学生在课堂上经历真实的学习过程，掌握相应的学习方法，从而实现“教之不教、学而又学”的目标。

在周颖的推动下，振华中学的“苏式智慧课堂”已经形成了一个相对成熟的闭环：始于体验——课堂创设基于学生生活经验和学科学习经验的丰富情境，让学生充分体验和感悟；注重探究——教师教学以探究活动为主线，激发学生自主探究的意识，指导学生科学探究的方法；问题驱动——在课堂中注重学生问题意识的培养，引导学生在探究体验中感悟生成，提升思维能力。

“苏式智慧课堂”蕴含丰富的学科文化并渗透学科思想，课堂教学结构架构得当，课堂不是以教师的灌输为主，而是引领学生在“探究体验”中主动学习。这样，学生“课前有主动探究意识，课堂能学会如何学习，课后能融会贯通、举一反三”，学生的问题意识、质疑精神以及批判意识，都在这样的课堂中得到激发和保护。

周颖还带领学校教师总结各学科的“苏式特质”。如语文学科的“真体悟、善品读、巧结构、深意境”；物理学科的“微情境、深体验、巧智慧、促思维”；政治学科的“温润、思辨、本真、向善”等，都既遵循学科教学规律，又具有苏式特质。多年持续不断的“苏式智慧课堂”的研究与实践，有效地提升了学生的学习能力和教师的教学能力，学生的学习水平和教师的专业发展水平得到了有效的提升。

重新定义课程——自主选择的校本学习

在周颖看来，课程是学习者在学校情境中获得的全部经验，着重指的是学生在学习生活中体验到的意义，是师生创造性经验之手段与产物。

国家课程校本化实施和校本课程开发是课程改革的两大基石，而对课程的理解与实施是学校教育价值观形成的关键。在基础学科方面，周颖从“夯实基础”的育人理念出发，加强语文、数学、英语等学科教学，开设了语文阅读课和硬笔书法课、英语阅读课和听说课以及数学拓展课，让学生基础打得宽、打得实、学得活。

在众多学科拓展课程和学校活动的基础上，周颖主张开设了“丰富学生生命体验”的校本课程，在全校推行校本必修课程和学生自主选择小微课程。

校本必修课程分为两种：“诚朴仁勇”校训德育课程与“Eyes on the world”（看世界）国际理解课程。“诚朴仁勇”校训德育课程依托于校训传承，将爱国和责任意识的培养通过各种主题活动在全校推进。学校面向国际化全英文编写的《Eyes on the world》教材，介绍各国风土人情、历史文化和教育现状，帮助学生了解世界各主要国家的多元文化。

周颖为发展学生个性，实行差异化学习，还开设了体量小的小微课程供学生自主选修。小微课程包含三种类型，即博学课、博览课和博识课。

博学课的宗旨是"选我所长、学我所需"。课程开发传授者为学校骨干教师、大学教师及传统技艺传承人等，学生可以根据自身兴趣、爱好和特长，通过网络选课平台自主报名选择自己感兴趣的课程。

博览课的宗旨是"随时随地、网络自修"。学生可在线浏览教学视频或专家讲座，同时完成相关学习任务。学校开发了相应的学生网络学习管理系统，为学生提供服务。

博识课的目标是让学生"博闻广见、卓有通识"。学校充分利用苏州的工矿企业、农业示范园、部队、博物馆等资源建立实践基地，将课堂学习延伸到了校外，融自然科学与人文科学为一体，兼有综合实践和研究性学习的特点。

学生身心活动与直接经验产生的情感和意识，与生活实践和自我生命相互交融，产生了无数个具有教育意义的生命场。学习"生活化""生命化"，学生在课程中获得了自由成长的力量。

重新定义学习环境——泛在学习场的初步构建

让每个学生都能自主发展、自由成长是现代教育的追求。周颖说，传统的教学限于组织形式和技术水平难以实现这一目标，而借助信息化手段则有可能成为现实。周颖和他的团队通过泛在学习环境建设，助力学生的自由发展。

在泛在学习环境中，学生打破时空限制，利用任何终端设备进行学习，根据各自的需要，在多样的空间获得、储存、编辑、表现、传授、创造知识。智能化环境有助于提高学生的终身学习能力、创造能力和问题解决能力。

据周颖介绍，振华中学目前已经从电子白板、触摸双屏发展到云端一体化平台的未来教室，从班班通、信息推送屏发展到云桌面系统等。同时，学校软件平台建设也在不断加快，从信息推送平台、小微课网上选课系统到在线教育平台等，努力打造智慧校园。

教育云服务平台进入校园，以全方位的数字化、智能化应用服务，满足学生、教师、家长等各类用户的教学、学习、沟通交流的需求；构建实名制网络学习空间，进一步实现信息技术与教育教学的深度融合，开展泛在学习条件下的正式课堂教学和非正式学习，让课堂、学生、教师在信息技术与策略的支撑下，真正实现“无缝学习”“自发学习”“个性化学习”，从而建成面向未来教育的泛在学习特色学校。

创办于清朝末年的振华中学，办学之初的“振兴中华”“诚朴仁勇”两大办学宗旨传承至今，周颖以自己的教育之思、教育之行将其锚定在了现代教育的时空中。除此之外，作为领航校长，他还带领学校与苏州相城区黄桥中学缔结友好帮扶学校，在班集体特色建设、薄弱学科教学、学科兴趣小组等多方面对他们进行教学扶持。

周颖说，打破框架，让每个受教育者都能主动地、最大限度地发展自己的灵性与可能性，最终长出飞向未来的翅膀，这是振华中学的教育航向，同时，也是他孜孜以求的教育理想。

（本文由校长国培计划——中小学名校长领航班
中国人民大学附属中学培养基地提供）

王力争

名家点评

知行合一，守望诚真教育

王 红

在2016年的宁夏教育圈中，王力争校长像一个传奇一样被大家知晓。他作为省级第一名校的校长，走出体制，创建了民办“力争上游学校”。作为他在领航班的导师，我看到了王力争校长“下海”胆量和智慧的背后，凝聚着他的诚真教育智慧和质朴的教育实践。

学校教育要回归本真。王力争校长认为教育是一个本性淳朴的事业，他始终信奉“教育即诚真”的思想。

王力争校长诚真教育的本心在于立足本源、抱诚守真。这是对教育的态度、对教育的方式，即用真诚态度、真诚方式去对待教育、科学的本真，从而以真诚的品质去真实地实施。教育人要做质朴的教育，不去哗众取宠，要按照教育常识去发展，要担当时代责任和使命，成就校长的终极目标，而这一目标就是促进学生的发展、教师的发展和学校的发展。

在他看来，一线的基础教育工作者需要有自己的教育思想，这些思想不一定是原创的、不一定都是自己的成果，它既高于实践又来源于实践，也将反作用于实践。教育者不能盲目地教育，不能因为外界的绑架偏离了教育的本真，既要仰望星空，又要脚踏实地。从事实中的教育走向能够做的教育，离教育的本真近一点，再近一点，去守望理想的教育。

“教育即做人”“教育即解放”“教育即回归教育的本真”——这种教育思想并不算新鲜，但又少有人做到。这些，都需要教育者的真心投入，王力争校长用自己的教育实践告诉我们，知行合一是实现诚真教育的必然途径。

他用学生成长的实例告诉我们要激发学生的问题意识，让学生养成自主的学习习惯、增强学习的元认知能力，让学生主动学习、自愿学习，最后达成自主教育的目标。

他告诉我们“教学即对话”——将教学的方法、途径化繁为简，最后你会发现，对话才是教学的根本形式。教育培养学生的重要素养之一便是关系素养：学生与他人对话，与自然对话，与社会对话，最后回归自身，与文本对话，与自己对话，这是教育的哲学思想，但王力争校长将之变成了现实的教育景象。在教育实践中让学生学会对话，成为他所管理的学校中所有教育者的共识。

校长办学最重要的是要把教育思想运用到办学实践之中，要用思想引领教师去实践，当思想与实践相结合就会发挥神奇的作用。回望王力争校长在宁夏银川第一中学的办学实践，他把诚真教育、教学即对话的思想与学校教育实践相结合，缔造了宁夏教育界的传奇，而这一理念又将会随着他在新的学校，发芽、开花、结果。

（作者系华南师范大学基础教育培训与研究院教授，博士生导师）

名校长遇见民办校

个人小传

王力争，毕业于宁夏大学数学系，正高级教师，历任多所学校校长。2016年年初，他走出体制，创建银川三沙源上游学校。

成长之最

对自己影响最深的教育理论著作：《教育走向生本》（郭思乐　著）。

办学管理中最有成就感的事：银川三沙源上游学校的创建，不到半年时间，学校完成了基础建设、设施设备采购、各种行政审批、教师招聘与培训、教育理念宣传与招生、制度与文化建设等工作，学校的办学思想也得到了社会认可。

学校改革创新最亟待解决的问题：建设具有独特气质的学校文化。

2016年3月，一条消息引爆了宁夏人的微信朋友圈：银川第一中学（以下简称“银川一中”）校长王力争辞职了。王力争，一个曾经让两所薄弱学校于困境中突围、让百年老校银川一中实现跨越式发展的“塞上名校长”，为何辞职？他辞职后的去向备受关注。

2016年3月5日，王力争创建的新校——银川三沙源上游学校（以下简称“上游学校”）开始动工建设，2016年9月2日学生入住。不到半年时间，学校的基础建设、设施设备采购、各种行政审批、教师招聘与培训、教育理念宣传与招生、制度与文化建设等工作一一落实，学校的办学思想也得到了社会的认可。

2016年10月22日下午，中国教育学会名誉会长顾明远先生来到上游学校时，王力争首次在正式场合谈及自己辞职的原因。他说：“之所以会辞去公职，是想办一所不太功利的学校。”

王力争是一个爱琢磨的人。接触过王力争的教师和家长常常会说：“王校长很有想法。”所以，当他决定从名校银川一中辞职，自己去创建一所新学校时，很多人觉得不可思议，但熟悉他的人却会觉得这很符合他的性格。而在上游学校的一系列办校举措，也再一次证明了王力争作为领航校长的胆量与魄力。

心中的一个教育“理想国”

在王力争看来，教育是一个本性淳朴的事业，需要立足本源、抱诚守真。现实的“中国式”基础教育，承载了太多的期望：家长要求学生升入满意的高一级学校，学校要给教师以职业体面和尊严，政府要通过教育公平来促进社会公平……同时，教育教学改革中涌现出了很多经验和“模式”，让人目不暇接，但这些经验和“模式”能否经得起推敲和追问？它们是怎么来的？是否符合教育的本质和规律？

这些问题盘桓在王力争的脑海中，他思考这些问题，但同时也在抽丝剥茧。最终，他将教育最本质的使命定位为：承接人类文明的真知灼见，启迪智慧，指引人们获得追求美好生活的能力，从而远离野蛮和蒙昧，走向健康和文明。这样的教育追求，美好但又有些空洞，王力争想要建立一所新学校，来证明这个“理想国”是可以实现的，它应该是“一所不太功利的学校”。

他说："首先，这所学校更强调回归教育本源，践行学生终身发展的教育理念。其次，这所学校是面向全体、全面发展的学校，这所学校尊重每个学生的禀赋差异，竭力避免唯学习成绩评价学生，这所学校注重学生的身心健康发展，力争每一个学生不仅学业优异，而且人格健全，乐观向上，综合素养突出。再次，这所学校是一所和谐人文的学校，在创办高品质学校的同时，努力把有教育理想、有教育情怀的教师会聚在学校，营造相互尊重、平等、和谐的同伴关系与师生关系，严而有格，爱而不纵；在教育方式上，除了采用外在刚性教育方式外，更加强调内在柔性教育策略，倡导将外在的教育转化为学生的自我教育、内省教育，努力追求教育的至高境界：教是为了不教。"

这像是王力争为自己的教育"理想国"订立的公约。带着这样的理念，他在上游学校通过系统改革，逐渐让理想变为现实。

不一样的教师和学生招录

王力争走出体制、创建新学校的过程充满了挑战。多年的办校经验让他将招聘教师和面试学生看得尤为重要，但他又打破常规，采取了不同于其他学校的招录策略。

招聘教师，重教育理想。"教师，你多久没有梦想了？"这是上游学校招聘教师时传递的核心信息。王力争招聘教师的条件有两条：一是有教育理想，不甘做庸师；二是有成为名师的潜质。

走上讲台仅3年的青年语文教师张毅，通过和王力争仅有的一次面对面交流，就毅然辞去公职选择了上游学校。张毅觉得，王力争的"教育不仅仅和学习成绩挂钩，更应该是教做人、教生活、教思想的过程"的教育观念于他心有戚戚焉。由于对王力争办学理念的认同，"塞上名师"乔红霞、教育博士刘历红等24人辞去公职选择了上游学校，银川当地很有影响力的黄昌彪、雷清香及来自全国其他省市的一批优秀教师会聚在上游学校，教师资源为上游学校的发展奠定了基础。

面试学生，重综合素养。“心理健康、语文素养、逻辑思维、英语能力、体育游戏”是到上游学校参加小升初面试的每个学生都要接受的5项测评项目。王力争说，上游学校不是不重视学业成绩，而是学业成绩的评定不单纯依靠笔试，还包括学生的思维品质、交流能力、合作意识与心理倾向。

其实，很多学生和家长在到上游学校面试前，已了解过其他学校的面试内容或流程。因此，“新颖、有趣、出乎预料”的上游学校面试方式让他们感到惊喜，有的学生在面试结束后兴奋地对家长说：“我都玩嗨了。”

学生在接受测试的同时，他的一位监护人也要接受“测试”，即填写学生情况登记表、完成家长调查问卷，并根据登记表中的获奖信息审验证书原件。有家长说：“真的挺有压力的，也考家长呢。”王力争让家长参与到面试环节中，并非依据家长的表现决定学生的录取与否，而是旨在引导家长关注学生的成长，重视家庭教育，思考教育问题。因为只有建设紧密的家校合作关系，形成良好的家校教育合力，才能更好地促进学生全面健康成长。

扎根课堂的“下五条”教学

在上游学校，每名教师都知道“下五条”，这是王力争在进行教师通识培训时就立下的“规矩”。“下五条”即《上游学校课堂建议》：1.问题导学，从话题入手，引发认知冲突；2.以学生的体验为基础；3.关注相异构想，提高教学针对性；4.利用学生间的差异，合作学习；5.盯住思维线或生发线，重视结构化。教师通识培训以小组合作、参与体验等方式，帮助教师逐步内化上游学校文化理念。

“下五条”的有效落实是上游学校课堂改革的根本。开学第1周集体教研中，“痛苦、焦虑”是很多教师的感受。高中地理教师刘渤说：“用传统的方法根本不用备课，用现在的方式下很大工夫备课，可感觉效果只能达到预期的70%～80%。”3周后，刘渤说：“‘下五条’本质上是提高学生的自主学习能力和学习的有效性。因此一定要有学生的体验，一定要有认知度，才可以合作，否则就会陷入形式化的误区。”3个月后，刘渤在整合教材、创设悬念、设计教学上都开始得心应手了。

从教知识到怎样让每一个学生学会、会学，对于习惯了传授知识的很多教师来说，开始都是痛苦的。但在使用王力争21年前创设的“工”字形教案的过程中，教学设计与教学反思成为教师备课的重点。“工”字形教案的上面是教学目标等上位梳理，中间的左边是教学内容，中间的右边是教学组织、教学方法等，下面是教学反思。“工”字形教案结构简洁，重点突出，关注怎样让学生学会而非罗列知识。教师教学要依据“下五条”设计，要基于学生的认知特点、生活或学习经验及知识的内在逻辑关系，提炼牵一发而动全身的核心问题，引发认知冲突，激发学习兴趣，在独立学习、尝试体验后充分暴露相异的构想，在此基础上合作学习，帮助每一个学生学会思考。

王力争52岁辞职办学校，追求教育理想，这样的“意外”已经发生过两次：在要成为校长的时候，他辞去职务要求当数学教研员；在要成为县教育局局长的时候，他辞职应聘银川一中的副校长。爱琢磨、求实效是他的工作习惯；删繁就简、直指本质是他的思维特点。在他的带领下，银川三沙源上游学校似乎才刚刚起步，但已在无形中聚集了潜在的发展力量。

（本文由校长国培计划——中小学名校长领航班
华南师范大学培养基地提供）

陈 菁

名家点评

从教育有心人到教育知心人

王　红

陈菁是全国首期中小学名校长领航班华南师范大学基地学员之一。她当校长以来，经历了“走出老名校、筹办新学校、打造新名校、创办教育集团并引领集团发展”的成长历程。

作为教育集团校长，她行走在城市与乡村之间，在不断兼并扩充的路上，要把一所薄弱的农村学校办成促进学生、教师、学校共同发展的名校，追求学生“六好”品质和习惯：读好书，写好字；做好操，走好路；习好艺，行好礼。陈菁校长正在探索一条既办好城市小学，又办好农村小学的教育之路，充分实现自我价值，为了学生最佳发展，做学生最喜欢的事。

陈菁校长致力于建一所现代化、规范化、人性化的学校。她把每一个学生都当作自己的学生，教给学生好习惯、好品性，让学生感受家的温暖。在她的学校，学生们想到上学就开心，想到教师就亲切，想到课堂就轻松。学生们称呼她为“校长妈妈”，这也让她尤为开心。

创造优美的校园环境、轻松的学习氛围、和谐的师生关系，让学生开心。小心翼翼地走进学生的心灵，和风细雨，润物无声，让学生感受校长、教师和其他同学的一言一行。

为了让学生得到最佳发展，陈菁校长将“身体健康、多才多艺、文明守礼、自信热情、乐学勤思、团结合作”确立为学校的育人目标，倡导“学校课程生活化，校园生活课程化”，有效地减轻学生的学业负担，形成“和而不同、和合流韵”的课程体系。

在玉东小学，“国学课程”和“体验课程”各具特色。国学课程，通过育经典、学国学、养习惯，让每一个学生在传承中国传统文化中领悟作为炎黄子孙的责任，达到“办内涵学校，育文明学生”的目的。体验课程，通过为每个学生搭建各种体验实践平台，让他们在参与中获得个性化的发展，具备一个现代人应有的积极、创新的能力，以达到“让每个学生得到最佳发展”的目标。

“和韵课程”促进教师发展，提升学生综合能力，激发学生潜能，创造充满情趣的七彩生活，培养学生个性特长。玉东小学倡导“先做后学、先学后教、以学定教”的教学模式，“尊重人的个体差异，赏识每个学生，等待学生们成长，静待花开”。陈菁校长引领教师在教学中碰撞学生的思维火花，做课堂的“抛砖引玉者”和“穿针引线人”。

“适合学生的教育才是最好的教育”，针对不同的学生采用不同的教育方法，陈菁所坚守的教育理念如此科学，如此纯粹。

（作者系华南师范大学基础教育培训与研究院教授，博士生导师）

亮点探索

调试出育人“最佳温度”

个人小传

陈菁，2012年4月调至广西壮族自治区玉林市玉东新区筹建玉东小学。2014年7月，成立玉东小学教育集团，她任集团总校长。

成长之最

对自己影响最深的教育理论著作：《沉思录》（马可·奥勒留　著）。

办学管理中最有成就感的事：探索校际联动、城乡结合办学之路，创建玉东小学教育集团。

学校改革创新最亟待解决的问题：集团式办学教育理念、目标一致的“同质化”问题。

陈菁说：“教育就是小心翼翼地走进学生的心灵，如清风吹麦垄，细雨灌梅林。”从参加工作的第一天起，陈菁就从事小学教育工作，从教20余年，当小学校长也已有9年。20年的教育经历让她感到教育是一个不断探索、不断学习、与时俱进的过程，而她也经历了“走出老名校、筹办新学校、打造新名校、创办教育集团并引领集团发展”的成长历程。

在上下求索的过程中，她始终坚持“让每个学生得到最佳发展”的教育理念，动力之源或许就是学生们那一声“校长妈妈”。陈菁特别推崇苏霍姆林斯基所说的“教育就是小心翼翼地走进学生的心灵”这句话，而这正是她教育实践的写照。

温和文化中走出“校长妈妈”

接到筹建玉东小学的调令时，陈菁心中的办学愿景被“激活”了，她想要建造一所现代化、规范化、人性化的学校。在这里，学生们想到上学就开心，想到教师就亲切，想到课堂就轻松。

怎样的学校才能让学生们想到上学就开心呢？优美的校园环境、轻松的学习氛围、和谐的师生关系，这些都是构成元素。但在玉东小学，还有一位平易近人、让学生倍感亲切的“校长妈妈”。陈菁在玉东小学精心营造温和、不粗暴的教育文化，如“和风细雨，润物无声”。这种教育文化不仅体现在学校的一花一木中，还体现在校长、教师、学生的一言一行中。

对陈菁而言，学校里的每一个学生都像是自己的学生。自担任玉东小学校长以来，她就时常站在校门口，面带微笑迎接每一位教师、学生和家长。看到学生的书包没背好，她会微笑着上前帮助学生背好书包，叮嘱他们注意安全；当学生们遇到心理问题时，她会留意观察、仔细询问，轻声细语为他们解开心结；课余时间，她还会给缠着她的学生们讲故事，会和学生们一起做游戏，一起玩耍。她还带领教师培养学生的生活自理能力，让学生们慢慢养成爱惜粮食、起床自己叠被子等良好生活习惯。渐渐地，“校长妈妈”这个名字在学生们中流传开来。

走进玉东小学，最大的感受是这里的学生特别自信、活跃和开心，每到课间，整个校园都弥漫着欢声笑语。看到客人走进学校，学生们都会大声打招呼，温和的校园文化也在他们心中埋下了和善的种子。

和韵课程释放快乐学习“魔力”

陈菁教育理念的核心是“让每个学生得到最佳发展”，但现实的教育目标大多带有功利化色彩，学生挣扎在书山题海的应试教育中，很难张扬自己的个性。为把学生从千篇一律的“机器人”变成具有鲜明特长的个性人，她将课程设置作为学校管理的重点，积极深化课程改革，倡导“学校课程生活化，校园生活课程化”的理念，针对学生的品行、身心、特长、学业的发展设计课程，让学生在活动中学习，在活动中提高，有效地减轻学生的学业负担，形成了“和而不同、和合流韵”的和韵课程体系。

除了根据国家课程标准分年级段制定各年级的学科教学目标外，陈菁还根据学校校情和学生学情，分别定制“国学课程”和“体验课程”。国学课程通过育经典、学国学、养习惯，让每一个学生在传承中国传统文化中领悟作为炎黄子孙的责任，进而达到“办内涵学校，育文明学生”的目的。体验课程包括“才艺拓展，生活常识，科学素养，创客工场”，通过为每个学生搭建各种体验实践平台，让他们在参与中获得个性化的发展，具备一个现代人应有的积极创新能力。

在玉东小学，很少有重复机械的抄写作业、无边无际的题海，学生们每天在富于创造性和探索性知识的海洋中愉快地学习。有家长笑言：“也不知道教师们有什么魔力，能让我的学生如此热爱学习，喜欢写作业，甚至到晚上还在认真地看书学习！”

玉东小学还有一门极具特色的课程——“义工课”，即“家长义工进课堂”，这节特殊的课程被安排在每周三下午的第六节。每学期初，家长们根据自己的实际情况，自愿报名参加义工课授课，授课内容五花八门，义工家长根据自身知识或技术特长，充分发挥个人专业特长，为学生们讲授在课本上学不到的知识。

谈到设立“义工课”的初衷，陈菁说自己想法很简单，增强家校联系，实现家校教育的优势互补，是小学教育至关重要的一环。“通过家长义工课，学校为家长提供了一个了解学校、了解自己学生班级情况的平台，同时又拓宽了学生们的知识视野，何乐而不为呢？”现在的“义工课”深受家长和学生喜爱，这让她很惊喜。

适合的教育让集团化办学落地

在玉东新区内新建学校、薄弱学校、涉农学校的整合和重组的背景下，玉东小学作为优质教育学校，也承担了教育资源扩容的责任。2014年7月4日，玉东小学教育集团成立，下辖5所小学。陈菁担任教育集团总校长，同时担任玉东小学和泉塘小学的校长。

陈菁坦言，担任泉塘小学的校长，对自己是一个不小的挑战。从城市小学到农村小学，玉东小学的成功经验能复制到泉塘小学吗？用相同的教育模式，就能使城市学生和农村学生接受相同的教育吗？这些问题都摆在眼前，她明白，深度思考比简单模仿更重要。

通过一段时间的家访，陈菁的内心很沉重：泉塘小学大部分学生的家庭是拆迁户，他们的家庭背景通常较为复杂，父母常年不在家，学生成了留守儿童，因为长期得不到家庭和亲人的关爱，导致不少学生性格孤僻、倔强。但学生们纯真善良的眼神触动了陈菁，让她坚定了把泉塘小学办好的信念。

为每个学生得到最佳发展，而针对不同的学生就要采用不同的教育方法。经过深入思考，她提出了泉塘小学的发展愿景，与教师、家长和学生携手共进，努力找到发展的方向，练就生活的本领。

陈菁刚接手泉塘小学的时候，学校课程单一，只有语文、数学两门学科，甚至连升旗仪式都没有。经过一年多的改造和发展，以课堂教学为中心，突出教学质量和教学常规的管理，学生各学科成绩都有不同幅度的提高。学校的课程内容不再单一，美术、舞蹈、合唱、书法社团一一落地，并成功举办了首届科技艺术节。

陈菁作为集团的总校长，行走在城乡之间，也真正一步步走进了学生的心灵、教师的心灵和家长的心灵。让每个学生得到最佳发展，对于她来说已不是一个教育理想，而是在实践与探索中逐渐变成了立体、生动的现实教育图景。

（本文由校长国培计划——中小学名校长领航班华南师范大学培养基地提供）

文国韬

名家点评

教育人的“心外无物”

王　红

在与一线校长接触的过程中，我们有一个共识，那就是通过课堂或课程设置来评价校长。在我看来，校长的智慧在课堂，而课程的设置也能看出校长教育之心真诚与否。

作为华南师范大学名校长培养基地的学员，文国韬校长“一心致力于每一位学生的健康发展”的教育理念，给我留下了深刻的印象。“对校长来说，先进的教育理论绝不是用来点缀语言的时髦装潢材料，而是用之于实践的工作指南。”这是文国韬校长经常挂在嘴上的一句话。他在广西师范大学附属外国语学校提出了“以人为本，全面发展，崇尚一流，追求卓越”和“外国语学校的生命力在于整体水平的提高”的办学思想，并以“心文化·心德育·心教学·心生态”为主题，形成了“以爱心唤醒爱心，用智慧点燃智慧”的“用心教育”。在学校的文化与课程建设中，他让我看到了一名教育人的赤诚之心。

由于对教师队伍建设的用心，他成了师生口中的“板凳校长”。“板凳校长”文国韬并不是坐在校长办公室的板凳上，而是经常坐在各个教室的板凳上。他认为教师水平就是学校水平，校长要了解学校的发展水平首先要了解教师的水平，而了解教师的水平就需要深入教师工作的主阵地——课堂，好好地观察与品味。

课堂教学是实施素质教育的主阵地。学校领导深入课堂听课是检查教学工作、了解掌握教学情况的最直接、最具体、最有效的方法，也是帮助和指导教师的有效途径，是校长领导管理教学工作的“基本功”，更是校长教育领导力的核心。诊断教学的前提是了解学情和教学水平。校长如果不深入课堂就可能“耳听为虚”。一旦进入课堂、坐稳课堂，和教师一起探讨教学规律，总结教学经验，改进教学方法，全面提高教学质量，“眼见为实”才能实现。校长搬着板凳进课堂，对教师是压力，是动力，也是激励，更是关心教师专业成长的具体行动。

文国韬校长一切从“心”出发，着眼于学生的未来发展，构建起贯通大学与中学、衔接全学段的教育体系。他和学校教师团队合力引导学生主动参与教学过程，帮助学生养成自主学习、主动预习、认真倾听、有效合作以及总结得失的好习惯，由此形成了一个个学生自我发展、主动发展的高效课堂。

他回归于“心”、执着于“心”、超越于“心”的教育理念，在广西山水之间荡开了圈圈涟漪，引出了声声回响。

（作者系华南师范大学基础教育培训与研究院教授，博士生导师）

亮点探索

“用心”的育人“魔法”

个人小传

文国韬，中学特级教师，2006年—2012年任广西师范大学附属中学校长；2012年至今，任广西师范大学附属外国语学校校长兼任党总支副书记。

成长之最

对自己影响最深的教育理论著作：《苏霍姆林斯基选集》（B. A. 苏霍姆林斯基 著，蔡汀、王义高、祖晶主编）。

办学管理中最有成就感的事：通过“合作投资+合作开发”的方式将广西师范大学附属中学打造成了一所现代化校园。

教育教学中最有成就的改革创新：把德育的基本内容和要求渗透到教育中。

学校改革创新最亟待解决的问题：如何真正地唤醒学生内在的爱心与责任。

著名教育家苏霍姆林斯基说过，“校长对学校的领导首先是思想上的领导，其次才是业务上的领导”。因此，一名校长不仅是一所学校的“领航人”，还可以说是这所学校的灵魂。

文国韬，作为广西唯一一名入选校长国培计划名校长领航班的中学校长，他有着怎样的育人智慧和教育理念呢？作为“领航校长”，他又是如何带动广西师范大学附属外国语学校（以下简称“广西师大附外”）发挥名校效应，推动当地教育均衡发展的？

“板凳校长”带起听课风

第一次见到文国韬，并不是在校长办公室，而是在广西师大附外高二年级的教室里。在一张张年轻而专注的面孔中，坐在后排的他十分显眼。他坐在小板凳上，一会儿抬头凝神听课，一会儿低头认真翻阅教材，在小本子上详细做记录。第一次看到这场景的人很难把他和“校长”这个职位关联起来。

听课，是文国韬长达15年不改的习惯。只要一有空，他就会带上一张板凳去各个年级的教室听课，因而大家都叫他“板凳校长”。第一次听到这个称号时，文国韬欣然接受，于是这个称号就在教师们中间传开了。

之所以这么爱听课，和文国韬长期秉持的教育理念有关。他认为，对于一所学校来说，最能提升学校品质的是师资力量，学校的教师水平决定了学校的水平。因此，他平时考虑最多的就是用什么方法能让教师不断突破职业瓶颈。他常说，教师的发展单靠外界是没用的，更多是要依靠自身的内驱力。教师一旦有了强烈的内驱力，就会不断地去努力，不断地去提升自己。

为让每一位教师充分发掘自己的潜力，激发自身内驱力，他格外重视学校“名师工程”的推进。该工程以学科为班，按能力分组，突出自主参与式、开放式培训等特点。参加培训的教师通过名师教学诊断、案例教学、教学观摩与实践、读书沙龙、体验式活动等，提升自我学习和发展能力。

近几年来，广西师大附外先后涌现出一批又一批的国家、省、市学科骨干及带头人，这为学校的长期可持续发展提供了良好的软环境。文国韬说，在他的带领下，走进教室听课、逐步深入了解课堂和教师，现在已成了学校领导班子成员的必修课。

“心教学”唤醒新课堂

2012年6月，文国韬正式担任广西师大附外校长。而之前在教学和管理实践中，他心中始终盘桓着一个困惑，即真正的教育有哪些必需元素。上任后，他根据自身教学和管理实践，郑重提出了“博学广才、敦品达人”的校训，同时，以“心文化·心德育·心教学·心生态”为发展主题，逐步形成了“以爱心唤醒爱心，用智慧点燃智慧”的“用心教育”，即“一心致力于每一位学生的健康发展”的办学理念以及学校特有的育人模式。在他看来，从“心”出发的教育才能唤醒教师和学生心中对课堂的热情。

在具体实践中，文国韬带领学校领导班子以课程为载体，积极践行办学思想，探索并构建起绿色全人格教育课程体系，形成了“博学类、广才类、敦品类、达人类”特色课程文化。在校本课程开发时，他立足实际，根据学校办学传统、学校特色和办学优势，以及本校教师和学生的实际情况、学校所处地区的特点及周边环境等，开发出了一系列符合本校学生实际的特色课程。在已开发出的教材中，有教材内容的拓展课程，如“写作教程”“高中化学创新实验与趣味实验”“多媒体制作”等；有科普类知识的课程，如“生活中的物理”“物理学家的故事”“生活与地理”等。此外，通过“百业进校园”“播音主持基本教程”“外交家——历史刀锋上的舞者”等课程，以及根据外国语学校学生特点开设的语言类课程，提高学生知识的综合运用能力和实践能力。

这些丰富的校本选修课，课程内容丰富，重在引导学生体验，让学生在学习中得到思维的开拓，实现自主学习、自主探究。

文国韬对课程设计的创新远不止于此。2012年，广西教育厅下发桂教基教部署关于《广西普通高中创新实验》项目相关工作的文件，广西师大附外成为全区20所创新实验学校之一。文国韬抓住这一契机，自主开发课程资源，以高二《通用技术》和初二《探究科学》校本课程的有效实施为目标，探索将提高学生思维能力、技术素养、综合实践的课程理念与实践有机结合的新思路。在大众创业、万众创新的背景下，他通过创新实验广西本土的课程与通用技术融通，促进学校课程整体改革。

通过问卷调查，文国韬欣喜地发现，绝大多数学生通过学校创新实验课程，开阔了视野，开拓了思维，更重要的是形成了科技意识和分析能力。

不是终点，而是起点

2016年3月，“教育部领航名校长文国韬工作室”成立。在揭牌仪式上，文国韬感慨道：“成为领航校长不是终点，而是一个起点。”文国韬清楚，工作室的成立意味着他和学校需要承担起更多的社会责任——帮助薄弱学校改善基础教学设施，帮助薄弱学校校长提升领导力。这样的责任和使命让文国韬开始重新规划自己的目标。

“越是优秀，越要付出更多，追求更好。”文国韬说。通过工作室的带动作用，广西师大附外采取的“调研先行、问题入手；扬长避短、现实引领”基本策略，已经面向广西全区推广，以发挥示范性中学的辐射作用。而这一年来，文国韬也几乎走遍了桂林周边和广西大多数学校。

文国韬在广西各个地市推介办学理念、教育思想、办学模式，实施园丁工程和校长培训计划；承办示范性高中教育教学开放周活动，不断接待兄弟学校参观学习；同时，还不断组织骨干教师到荔浦、永福、灵川、阳朔等地，进行“手拉手”“心贴心”的教学交流活动。

文国韬现在还清晰地记得他和学校中层及骨干教师一行10人第一次到合作学校永福

中学的情景。当时的永福中学，虽然硬件设施不差，但软件配置却跟不上。通过对永福中学教师结构和课程设置的“问诊”，他为学校开出了对症的“药方”，鼓励学校立足校情，有针对性地重构教师队伍，提高学生的自主学习能力。

文国韬坚持每年进行2次学校调研，并通过日常问答，一步步帮助相对薄弱的学校获得自身发展的力量。他不主张合作学校完全照搬广西师大附外的经验，而是重视合作学校自身的发展潜力和特色。这就像他所坚持的“用心教育”一样，虽然质朴，但却在他那儿生成了不一样的育人“魔法”。

（本文由校长国培计划——中小学名校长领航班
华南师范大学培养基地提供）

张基广

名家点评

童真守望者的诗意育人

王　红

张基广不仅是一位名校长，更是一位诗人。他所在的武昌实验小学，到处充满着诗情画意，一派都市里的田园风光：有小桥流水，有爬山虎、秋千，还有墙上的轮胎。他在《突然想起诗歌》中写道：在诗歌的王国里，我愿做一粒尘埃，低到泥土里，但这粒尘埃也是我欢喜的。张基广的学校既有守望的田园，也有渴望的远行，泥土中飘散着诗歌的芳香。

走进武昌实验小学，可以切身体会到张基广校长生态教育的力量。他在做“改良土壤”的教育，为成就学生提供良好的环境，构建优秀学校文化，办一所“田园学校”，给学生带来“新三好”：让学生睡得好、玩得好、学得好。

办一所“田园学校”，让学生睡得好。张基广校长在学校试行“零作业班”，让学生养成良好的行为习惯，为学生的成长减轻负担，让学生拥有一个快乐的童年。

办一所“田园学校”，让学生玩得好。在张基广校长看来，校园生活占据了学生大部分的时间和空间，因此更要让他们玩出勇气、玩出智慧、玩出团队精神，为学生的童年留下美好的回忆。10年、20年、30年后，可能他们已经不记得当年教师的模样，不记得校长的名字，但是他们一定记得当年和小伙伴一起玩过的攀登墙、充满诗意的大沙池、过道的大魔方，还有涂鸦的长廊。张基广校长说，学生是否记得校长不重要，在他们心里种下欢乐的种子才重要。华兹华斯的诗意天堂、格林的童话世界，还有王羲之的兰亭、陶渊明的田园，都会在学生心中播下幸福的种子，构建梦想的远方。

办一所“田园学校”，让学生学得好。校长要抓良好习惯养成教育、抓课程建设、抓面对未来生活成功的信心教育。学习的兴趣、学习的动力、良好的学习习惯和对生活与工作成功的信心，这些是学生学得好的底色。

教育回归原点，就是大道自然，顺应天性、回归自然，方得本真。如卢梭《爱弥儿》中所说，良好的教育，有赖于自然教育、人的教育和事物的教育的有机结合。遵循教育规律，顺应天道，让学生自然成长。张基广校长坚信，虽然基因是不可以改变的，但是基因生长的土壤是可以改变的，他想让学生成为比自己高大的人，让学生成为比自己走得更远、飞得更高的人。

（作者系华南师范大学基础教育培训与研究院教授，博士生导师）

“新三好”绘出城中田园

个人小传

张基广，特级教师。1998年—2002年，任湖北省武穴市实验小学校长；2003年—2004年，任湖北省武穴市教研室主任；2006年至今，任湖北省武汉市武昌实验小学校长。

成长之最

对自己影响最深的教育理论著作：《论语》（孔子弟子及再传弟子　编著）。

办学管理中最有成就感的事：重心下移，赋权增能，让每一个脑袋都动起来。

教育教学中最有成就的改革创新：创办“零作业班”，推行“无作业日”“无作业假期”，减轻学生课业负担；实施“问导式教学”，提高课堂教学效率。

学校改革创新最亟待解决的问题：把学校的办学理念转化为教师的日常教育教学行为，提升办学的“行动力”“地头力”。

张基广说：“学生可以自由打滚的才是好学校，我办的是一所田园学校。”

他所在的武昌实验小学位于武汉长江大桥南侧，北望闻名遐迩的黄鹤楼，东邻武昌首义红楼纪念馆，周围是高楼林立的市区。而他却坚持在这里办一所田园学校，学校的操场是真正的泥土地。他说：“我们来源于泥土，最后又会归为泥土。泥土与我们有最紧密的联系。”当一些学校的操场还深陷在是否是毒跑道、毒橡胶的泥淖中时，武昌实验小学的操场正在首义广场旁散发着泥土的芳香。

“适度教育”保卫学生童年

在武昌实验小学师生的眼中，校长张基广是一位诗人，他喜欢写诗和诵诗，但他最爱朗诵的还是《麦田里的守望者》里的那段话：“我老是在想象，有那么一群小学生在一大块麦田里做游戏。……我呢，就站在那混账的悬崖边。我的职务是在那儿守望，要是有哪个学生往悬崖边奔来，我就把他捉住……”张基广的愿望就是当一名麦田里的守望者。

他发现，当下的学生过早地被培养成了听话的、懂事的和会看人脸色的“小大人”，这样的“小大人”很可怕，甚至有些形成了虚伪的人格或双重人格，这与天道相违背。遵循自然天性，办适度的教育，这才是教育应有的模样。他说，人的学习规律和成长规律应该是：幼儿时期，通过游戏和与人交往来培养良好的习惯；小学时期，通过培养兴趣、习惯来培养浓厚的学习兴趣，并保持天真、活泼、幻想、好奇、好问和好学的天性；初中时期，培养努力的精神；高中时期，培养拼搏的精神；大学时期，学习“拼命”。

他说，办学是一件自然、简单和从容的事情，不应该追求功名、速度和外在的形式，我们应该追求的是学生更像学生，儿童更像儿童。学校要有允许学生自由自在玩耍的游戏场所和活动，教师不要用期望去干扰学生，而要做一个关心和爱护学生、保卫童年的人，让学生自由、自主地学习和成长。这才是神圣的。

在张基广看来，育人和种树的过程是极其相似的。树木需要肥沃的土壤，育人需要浓厚的文化氛围；树木需要充足的阳光，育人需要赏识和鼓励；树木需要历经风雨才能成材，育人需要挫折磨炼才能成长；树木需要修枝整叶，育人需要纠错导引。“教育所要做的就是‘不要挡住学生的阳光’。”张基广希望在学校给学生一个自由“生长”的土壤，没有揠苗助长，也没有一枝枝“病梅”。

与过度教育的看管和管住不同，在他的适度教育理念里，学生可以在泥土地上跑，但不可以在楼梯间跑；学生可以在课间大喊大叫，但在教师办公室要小声；学生可以在体育课和课间玩，但不可以在课堂上玩……也就是说，在该释放的场合和时间释放，在该注意文明的场合和时间要注意文明。这就是“度”的讲究。

“零作业日”培养学生好习惯

习惯决定学生的一生，好的习惯自然会形成好的学习方式，提升学习能力和学习效果。更重要的是，一个有良好习惯的学生一定也会成为一个阳光、自信、友好、品质优的人。为此，张基广尤为重视学生习惯的培养。他提出了学生“睡得好、玩得好、学得好”的“新三好”理念，主动为学生创设“玩”的空间，给学生腾出“玩”的时间，让学生在玩得好的前提下学得好，促进学生身心健康发展。

当前中小学教育一个最现实的问题，即大量作业挤占了学生的睡眠时间，乃至影响学生的健康成长。张基广想要改变这种状态，他开始在学校推出“零作业班”“零作业日”“假期作业变脸”“大书包变小书包”“家长免签字”“免试生”等减压举措。

2009年，他在学校试行“终身发展实验班”（零作业班），免除该班学生一到六年级全部书面作业，只需完成六项“素质作业”，包括家庭劳动、体育锻炼、课外阅读、组织活动、思维训练和文艺鉴赏。这些“素质作业”不要求学生每天都完成，而是由教师根据学生的年龄特点来布置，同时，学生也可以根据自己的兴趣、爱好和特长进行选择。2015年第一批实验班的学生毕业，调查显示，这批学生比平行班的同学阅读量更大、视野更开阔、个人爱好更广泛。他们发展得很好，而且更像儿童，更加天真活泼。

“零作业班”效果显著，“零作业日”应运而生。“零作业班”毕业生在身心发展、拓展阅读以及兴趣特长培养方面均收效良好。于是，张基广又在全校范围内推出新规——“星期三无作业日”。他要求全校教师不得在周三以任何形式布置任何家庭作业，以此激励一线教师在课堂做到精讲精练，同时，为学生留出自由安排的时间。

没有家庭作业的童年，张基广帮助学生实现了这个愿望。

“问导式课堂”尊重儿童天性

张基广认为当前教育最大的问题是“过度教育”。什么是过度？揠苗助长、急功近利、要求太多就是过度，具体表现在：过度的“知识”、过度的“安全”、过度的“精致”和过度的“超前”。“过度好心结果却办了坏事。”为了避免类似问题，他管理学校最大的特点就是：相信儿童、尊重儿童、交给儿童。

儿童有学习的能力和渴望。在张基广看来，学生在幼儿和儿童时期满脑子都是问号，最原始、最本真、最自然的问号是未来创造的源泉，是产生创造的本元，是创新发明的起点。但很多教师把问号变成了句号，把学生的创造性教没了。真正的教学应该是让学生们带着问号进教室，带着更大的问号和更多的问号出教室。

“好玩、好动、好奇和好问是学生的天性，上课时间本来就是学生的，我们交给他把握，他就会给我们惊喜。”同时，张基广明白，在信息社会，学生懂的甚至比教师还多，学生和教师是人格平等、信息量对等的，只是教师的理解能力更强，所以教师应该扮演的是组织者、引导者、点燃者（激发者）的角色。教师不一定要比学生高明，这就是教学相长的道理。

正因如此，他为学生设计的课堂模式是：学生自学——提问——讨论——教师点拨，在全校实行问导式课堂。不同学科、不同年级不一样，问题从学生中来。在“问导式课堂”，教师提前一周或一天甚至当堂，让学生在预习和自习的基础上提出问题，进而对学生进行引导，因问而教，顺问而道。学生在自学、自疑、合作、分享和反思中发展提出问题、解决问题的能力，由学会转变为会学。

在张基广看来，教育是慢的艺术，在功利、浮躁的当下，教育尤其要保持清醒和理性，保持从容和淡定，回归规律，回归天性，回归原点，回归常识，做“自然适度”的教育。

他常说，教育似农业生产，需要不断播种和灌溉，才能有收获，即教育需要“地头力”。他说的“地头力”是行动力，即教育需要切实的行动。他正将他的教育“地头力”传递给更多的校长和教师。

（本文由校长国培计划——中小学名校长领航班
华南师范大学培养基地提供）

唐江林

名家点评

以实干立身的书生校长

刘彭芝

在我的印象中，唐江林校长并不仅仅是一位校长。他是四川省绵阳南山中学的校长，也是四川师范大学的硕士生导师，书生气十足的他，挺拔儒雅，且个性十足。他对教育有理想、有情怀，并因为这份理想和情怀，在教育之路上，他一改书生的文弱形象，勇于创新、敢于创新、善于创新，一步一个脚印，一路前行。这体现了他对教育事业的钟爱与担当。

唐江林校长31岁就当上了副校长，4年后开始担任正校长。在他的校长履历上，不仅有绵阳南山中学这样的百年老校，也有子弟校、薄弱校和民办校。他凭着实干与智慧，从创办新学校到接手百年名校，遇到过一系列办学难题，经历过一次次艰难跋涉，最终实现了一次次的跨越式发展。他让绵阳市城郊薄弱校普明中学的面貌焕然一新，让无品牌、无名师、无名声的“三无”学校——绵阳外国语学校成功跻身于全国外国语学校22强，让有“百年南山”之称的绵阳南山中学重新焕发了生机与活力，稳步前进。难能可贵的是，唐江林校长除了着眼于南山中学自身的发展，还将关注的目光放在了偏远山区学校和学生身上，创办攀西南山国际学校，开办平武中学南山班，并对口帮扶三台县双乐初中，推动了地区教育的均衡发展，也将优质教育资源输送到了更远的地方。

唐江林校长深知教育对个人和国家发展的重要作用，并将教育事业的发展转化为自己的人生使命。他的教育智慧体现在实践中，也体现在理念中。从“尊重人性，尊重差异，尊重规律，尊重创新”的教育信念，到“多元启智，阶梯引领，自主发展，为每一个学生搭建学习成功立交桥”的学生培养路径，这些无不体现出他的教育思考与办学新理念。在他的带领下，绵阳南山中学从“多元启智”入手，运用“阶梯引领”，在多元启智的经度扩张、阶梯引领的纬度提升之下，最终达成了学生“自主发展”和“自信成功”的办学目标。

唐江林校长是那种典型的“脚踏实地，仰望星空”的开拓型教育实践者和管理者。他忙规划、请教师、招学生、紧抓管理和教学，协调上下，整合内外，是教育的操办者，也是师生的领航者，集“掌门人”和“服务员”于一身。为了不“分身乏术”，他还把家安在了学校，“以校为家”。

在我看来，他与学校像是长在了一起，师生的一言一行牵动着他的心，而他也乐意为教育事业源源不断地提供养分。

（作者系教育部校长国培计划首期名校长领航班

中国人民大学附属中学培养基地首席专家）

亮点探索

“多元启智”搭成长阶梯

第一次踏上讲台时的激情与梦想，一双双求知若渴的眼睛，一个个鲜活灵动的生命，这是陪伴我一生并为之奋斗的力量源泉。

——唐江林

个人小传

唐江林，先后担任四川省绵阳普明中学、绵阳外国语学校校长。2012年11月至今，担任四川省绵阳南山中学校长、党委书记。

成长之最

对自己影响最深的教育理论著作：《智力的结构：多元智能理论》（霍华德·加德纳 著）《生命发展阶梯》（程鸿勋 著）。

教育教学中最有成就的改革创新：坚持构建5项德育工程（感恩教育、亲情教育、礼仪教育、体验教育、励志教育），让立德树人落地生根。

学校改革创新最亟待解决的问题：校长负责制的法人制度如何真正建立和落实。

每年9月1日，唐江林都格外开心，因为这一天既是全国的开学日，也是他的生日。他出生于1965年9月1日，这样的巧合，也似乎预示着他与教育事业有着千丝万缕的联系。

从毕业时的一名普通教师，到35岁开始担任中学校长，再到现在成为百年老校绵阳南山中学的“掌门人”，外表儒雅的唐江林不断面临挑战。他说：“第一次踏上讲台时的激情与梦想，一双双求知若渴的眼睛，一个个鲜活灵动的生命，这是陪伴我一生并为之奋斗的力量源泉。”带着对教育事业的爱和使命感，他不断更新着自己的教育理念和教育实践。

在传承中创新，在创新中发展

唐江林经历过薄弱校“复生”中的百废待兴，也经历过新办校办学的步履维艰，2012年被调入绵阳南山中学任校长后，他面对的是一艘已经有百年航程的“巨轮”，先前积累的办校经验对它未必适用。由于绵阳南山中学在当地知名度颇高，要接手这艘大船并保证航向正确和航行稳当，唐江林任重而道远。

一上任，唐江林就开始为这所百年老校诊脉。他不动声色地在学校开展调研活动：梳理学校的办学历史及发展现状、约谈教师和学生、问计德高望重的退休教师等。“哪怕再刺耳的话，唐校长都听得进去，所以，我们有想法就会大胆地反映。”面对新校长，教师们心中虽有疑惑，但他谦虚踏实的作风得到了教师的好评。

经过一个月的深入调研，唐江林发现绵阳南山中学虽然历史底蕴深厚、办学成绩突出，但也面临着设施设备陈旧、教师思想观念保守的问题。“正确处理好继承与创新是我眼前亟待解决的难题。”唐江林说。

“在传承中创新，在创新中发展”是唐江林为学校新百年提出的发展思路。他拿出了学校2013年—2017年的“五年发展规划”，明确了学校未来发展的蓝图，召开了停滞多年的教代会，升级了学校的硬件设备，引进了现代化教育技术，学校发展走向内涵发展和特色发展。

“让学生做成长的主人，为学生终身发展奠基”是南山中学践行了十多年的办学指导思想，如何在传承的基础上有所创新？唐江林立足当下教育背景和多元智能教育理论，从未来国家建设、社会发展所需人才出发，以多元德育工程、多元课程体系、多元课堂模式、多元活动引领、多元考核评价等建构起南山中学“以学生为中心”的新育人体系。

“脑洞大开”的德育，复合多元的课堂

立德树人是教育的根本任务，学校德育工作在学生成长过程中扮演着重要的角色。唐江林一改学校之前一板一眼的说教式德育，倡导以活动为载体，开展走进生命成长的教育，打造德育“五朵金花”（感恩教育、体验教育、励志教育、礼仪教育、自治教育）和“四项工程”（德育导师工程、心海阳光工程、社团艺体工程、学校纽带工程）。

在南山中学，几乎月月有丰富多彩的活动和节日点亮师生校园生活。感恩教师节、感恩祖国系列活动、“一二·九”文化艺术节等，一长串的活动清单让人目不暇接。

“我最喜欢我们学校的体育文化节！它会让我们脑洞大开。”南山中学的学生们谈到学校的活动时雀跃不已，“学校运动会主题多样，总让我们大开眼界。去年是模拟奥运会，今年是模拟大学生运动会，我们自己开动脑筋，特别开心！”

唐江林倡导的体验教育也广受师生欢迎。全校各年级各班学生分批次深入食堂、环卫室、门岗、宿舍、图书馆、医务室等岗位进行体验，在这个过程中，他们逐渐体会到劳动的艰辛，从而养成尊重劳动成果的习惯。

正在复旦大学就读的学生回忆起在南山中学的学习经历时说，高一、高二时的

夏（冬）令营活动十分丰富，尤其是活动中复旦大学教授的报告，让他深深地爱上了目前他在读的专业。他所提到的夏（冬）令营是唐江林为学校设计的多元课程之一。南山中学的课程体系，主要包括“四型两大类”课程：四型为基础型、拓展型、研究型、活动型课程；两大类则指学术探究类和创新技能类，科学、人文、艺术并重。

“我们每年开展的夏（冬）令营活动内容丰富，很受学生和家长的追捧，具体包括人文专题讲座、学科学法指导、项目孵化、科技创新、分组科学探究、学科竞赛、技术设计与制作、社会实践、校际和国际交换访问等活动。”唐江林介绍说，“这些课程和活动往往以兴趣激励学生，以探究启发学生，以情趣感动学生，以知识丰富学生，以能力提升学生，以实践锻炼学生，以创新引领学生。”

以“创新技能类”课程教学为例，此类课程常采用任务驱动、小组合作、动手实验教学法，以学生为中心，根据学生的兴趣与创新潜能等实际情况来设置动手任务。这也是南山中学作为教育部拔尖创新人才培养基地的功能体现。

从“阶梯”到“立交桥”，人人皆可成才

为实现让学生做自己成长的主人的目标，唐江林坚持以人为本，尊重教育规律，因材施教，为学生搭建螺旋式上升的成长“阶梯”。

在他的研究和策划下，学校将学生在校发展划分为“德育阶梯”“学习阶梯”“家教阶梯”“情商阶梯”四个类别，同时，再从“初级”“中级”“高级”三个层次逐步引领学生在自己的强势智能领域中快乐成长。学生成长的阶梯是由日常学习和生活的点点滴滴构筑起来的，如在住校生管理方面，学校设计了“筑级——累级——定级”的评价机制，每天考核积分，每周累计评比“文明寝室”，多周累计评选“星级寝室”。学校还为每名学生制定一个阶梯表，细分学生学习、生活习惯、创新能力、个性特色的

各项指标，每周在教师、学生中进行一一互评，同时，结合“家教阶梯”与家庭、社会互动。

唐江林认为，对于学生来说，需要学校为其提供一个可以自由成长的空间。于是，他创新各层次、各类型教育模式，落实到多样化人才培养的教育教学、课程教材创新等过程中，为学生搭建人人皆可成才的“立交桥”，努力让每个人都有出彩的机会。

以体育为例，唐江林介绍，他们把教体融合作为学校特色发展的根本目标，坚持“二分”体训强身、“三分”文化培智、“五分”教化立德，积极落实“项目进校园、教练到学校、运动员读名校”训练模式，投资1 000多万元升级各类运动场，新建了多功能健身中心、8个标准化室外网球场，在南山双语建成西部唯一的现代气膜馆，并于2018年投入使用。学校的“舍得投入”也为学生发展带来了多元选择。学校多名学生因在国家级、省级体育比赛中取得优异成绩获得体育单招资格，被浙江大学等名牌大学提前录取。

进，无止境。在推动“百年南山”更上一个新台阶的过程中，唐江林的教育实践也在不断地拓展。2016年秋，南山中学将教育帮扶的实践延伸到革命老区——秦巴山区，派出管理团队和骨干教师，与山区学子共享优质教育资源。

在唐江林看来，教育不仅是一场生命的感召，也是一场爱的狂欢，更是一场梦想实现的盛宴，它一头挑着学生的未来，一头挑着祖国的命运，而自己责无旁贷。

（本文由校长国培计划——中小学名校长领航班
中国人民大学附属中学培养基地提供）

刘维朝

名家点评

变与不变中的担当者

刘彭芝

一所百年名校如何在21世纪教育改革大潮中坚守传承、创新发展？一所优质中学如何在促进教育均衡的语境下内求优化、外有担当？湖南省长沙市雅礼中学校长刘维朝在至今18年的校长任期中，书写了一份关于“雅礼教育”的出色答卷。

在变与不变中发展。百年名校都有深厚的文化积淀，刘维朝担任雅礼中学校长后，坚守雅礼“注重品德教育，重视能力培养”的传统，重视培养学生健全人格，提出要培养具备“领袖素质、服务精神、创造才能”的人，为这所百年老校的育人目标赋予新的内涵。他的“为学生终身发展奠基”的办学理念，“学术立校”的发展策略，“诗意管理”的领导哲学，无不源自对中学教育的深入思考，对学校发展的前瞻性考量，对校长职责的独到理解。

时代在变，社会在变，教师在变，学生、家长在变，学校的发展策略、学生培养模式、课程设置与教学方法也要随之改变，但学校的精神基因、个性气质不能变，名校对社会的责任与担当不能变，教育对生命的终极关怀不能变。

在管与不管中引领。刘维朝以他18年任职雅礼中学的实践告诉我们：好校长一定要有所管，有所不管，该柔则柔，该刚则刚，该放就放。学校发展千头万绪，刘维朝始终坚持“学术立校”的发展策略，严格遵守“师德立身”的首要标准，他的诗意管理充满柔性的人文关怀，使雅礼有了独特的宽松与安详的氛围。心灵舒放的校园才会千姿百态、生机勃勃、气象万千。

在帮与不帮中担当。多年前，刘维朝就成立了雅礼教育集团，进行优质资源的示范帮扶，可以说，在促进教育均衡发展中，雅礼走在了前面。雅礼的帮扶，不是挂牌子、签协议、走过场，而是真帮实干，刘维朝亲自调研、主动结对、送课下乡、骨干示范。名校长领航班工作室成立后，他在原有帮扶的基础上，提出了“文化引领、内涵提升、增强信念、协同创新”的整体帮扶策略，集团成员校联合发表《雅礼教育宣言》，形成共同的价值取向和行动纲领。

刘维朝一方面强调坚守雅礼的文化内核，另一方面帮助新的学校实现特色发展。他和他引领的雅礼告诉我们：一名好校长，应该是一名出色的改革领跑人，一位睿智的思想者，一个温暖的教育人。

（作者系教育部校长国培计划首期名校长领航班
中国人民大学附属中学培养基地首席专家）

在育人和育分中“守衡”

个人小传

刘维朝，中学物理特级教师，国家督学。自1997年始，担任湖南省长沙市雅礼中学副校长。2001年3月至今，担任雅礼中学校长。

成长之最

对自己影响最深的教育理论著作：《爱弥儿》（让·雅克·卢梭 著）。

教育教学中最有成就的改革创新：实施自主教育、个性教育和开放教育策略，培养学生健全人格。

办学管理中最有成就感的事：创办了雅礼寄宿制中学。

学校改革创新最亟待解决的问题：学生发展核心素养在学校如何落地。

刘维朝说：“家长和学生选择一所学校，往小点说，是选择了一种教育模式；往大了说，是选择了一种生活方式。”110多年前，正值科举废弛、新学兴张的教育大变革时期，雅礼中学在湖南省长沙市西牌楼由耶鲁大学校友创办。21世纪之初，刘维朝成了这所有着百年历史底蕴名校的新“掌舵人”。在这场已有18年的教育接力中，在变与不变的选择中，他坚守教育本真，引领学校发展，让人们看到了不一样的雅礼中学。

抓3年，看6年，心里想着60年

雅礼中学自建校之初，学校的校风、学风、教育理念和教育教学质量就很受当地人推崇。2001年，刘维朝接任校长时，基础教育的版图上还盛行着“高考为王”的导向，大部分高中学校无法摆脱应试教育的窠臼。

“怎样才能做好雅礼的校长？做一个什么样的校长？把学校往哪里带？”这是上任之初的刘维朝所面临的问题。回答这些问题，其实也是在教育理念上做出选择。而他给出了这样的答案：不要办一所人云亦云的学校、一所放之四海而皆准的学校，要办一所培养学生健全人格、关注学生终身发展的学校。

2001年，他提出“为学生终身发展奠基”的办学理念，提出中学时代就是要为人的终身发展奠定品行、学力、身心和创新基础的教育理念，从而真正在教育的过程中把“人”立起来。作为校长，他的坚守与追求让雅礼教育有了根，让学校发展有了方向。

然而，发展的路并不平坦。最初几年，家长有疑惑，担心影响学生的升学；教师有不解，因为工作压力和难度增大。2005年高考分数分布后，在长沙“四大名校”中，雅礼中学排名靠后。于是，刘维朝和雅礼中学承受了前所未有的压力。一些家长非常不满地说：“充分尊重学生个性？这下可好了！”也有教育同行质疑：“为学生终身发展奠基，上不了好大学，怎么奠基？”

面对各方褒贬，他把自己关在办公室“闭门思过”，“一个多礼拜，找了三四十人”，逐个与同事分析、交流，剖析原因，最终，他确信：雅礼的育人策略没错，发展方向没偏，办学需要定力，不能自乱阵脚。但“没有升学率的素质教育是难以服众的”，经过认真反思调整，他一方面加强教育教学研究，提高课堂效率和质量，另一方面拓展学生成长空间，最终实现了“育分”和“育人”的有机结合，也让社会各界人士更加支持雅礼中学的教育改革。

更让刘维朝欣慰的是，他看到了学生们伴随改革落地而发生的变化。2016年毕业季，雅礼中学一名高三学生在毕业发言中说：“不知大家有没有注意到信息楼一层大厅墙壁上‘为学生终身发展奠基’的标语，打个比方，有人说雅礼怎么两年没出状元了呀。其实我们自然希望状元在雅礼，但如果是牺牲爱好和实践的时间换来一个状元，与培养一个品行端正、个性阳光、能力全面的全省第十名，雅礼无疑会选择后者，这样的教育给人的影响是终身的。”

“抓3年，看6年，心里想着60年”，这是雅礼的传承，也是刘维朝的坚守和追求。

个性化的学校，学生的个性海洋

“我最感激雅礼的，是它用6年时间教会了我一个态度，那就是：如果我想做一件事情，那我就去做，因为没有什么比成为自己更重要了。”雅礼中学已毕业的学生曹宏伟说。现在已是职业赛车手的他当年来考试时，雅礼中学并没有赛车这项特长生计划，但在了解曹宏伟的相关情况后，刘维朝决定将他招进来，并支持曹宏伟在日常学习之余去实现自己的赛车梦想。

教育的本真是育人。为回归育人本真，刘维朝在学生培养上提出了“自主教育、个性教育、开放教育”三大育人策略。为了成就学生的个性化发展，他带领学校领导班子，定下了以“国家课程校本化、学生活动课程化”为主要路径的课程建设思路，“基础扎根类、综合拓展类、整体提升类”三大课程门类，“社会人生、科学创造、国学精粹、西方文明、生活百科、国际素养”六大课程模块构成的特色课程体系也由此诞生。于是，有了每个生命都能绽放精彩的雅礼校园。

刘维朝说，一所支持学生个性化发展的学校如果不能提供给学生多样化的发展渠道，就等于没有了选择，没有选择也就没有个性。让喜欢射箭的学生射箭，让喜欢下棋的学生下棋，让喜欢读书的学生读好书，让喜欢动手的学生创造，这才是育人的方向。在他眼里，生命的差异是教育最宝贵的财富，因为差异存在，教育才充满生机、充满创造、充满趣味。

高三时就拿到耶鲁大学录取通知书的学生戴高乐，也是一个将大量时间花在“非主流”兴趣上的学生。他说：“我从小喜欢小动物和植物，初中迷上了有趣的生物实验，一进雅礼就参加了生物奥赛组，还组建了环保科技创新小组……如果仅仅为了高考，对一些知识点的学习是不会那么深入的。”他还记得刘维朝曾经为了帮他敲定演讲场地“亲自出马”。

追求诗意管理，涵养独特气质

刘维朝心中怀抱着理想、温情、感动和幸福的情愫，他希望它们能在校园里深植、浸润、流淌。在他管理下的雅礼，呈现出了一种别具特色的诗意管理。“家长和学生选择一所学校，往小点说，是选择了一种教育模式；往大了说，是选择了一种生活方式。”

他从大处着眼、细处设意，坚持将多元评价、民主公开、有法可依的理念贯穿在学校教育的每个环节中。正如刘维朝所说，学校发展需要教育价值共同体所形成的合力去推动，在这个共同体中，校长要让大家能看清楚方向，感受到快乐，以有品位的文化，办有魅力的学校。

2016年高考时，刘维朝作为雅礼中学考点的主考，在教学楼前发现一名因受伤而坐轮椅前来参加考试的外校考生。他马上反复叮嘱考务人员，一定要做好这个考生的个性化服务，确保他能顺利参加高考。

对学生如此，对教职员工亦是如此。校史馆翻修时，学校名师墙上出现了两位校工的照片，他们和所有特级教师、学科骨干名师一样，受到大家的尊崇，原因是刘维朝在很多校友的回忆中多次听到两位校工的名字和事迹。“不管在什么岗位，能给学生留下美好回忆，影响学生成长的就是名师。多一把评价的尺子，就会多出一批优秀的人才。”

充分的人格尊重，让雅礼中学成为师生校友的精神家园。每逢假期，总有校友回到雅礼重温青春岁月，一些在外地求学的毕业生会“先回校，再回家”；甚至在大学校园，也有身穿着雅礼校服的学生。也许，这种教育理念会伴随许多学生一生。

长沙当地人常说，雅礼的学生，就是不穿校服，也能分辨得出，他们身上有一种“雅礼气质”。学校是有生命的，有什么样的校长，就有什么样的生命气象。在刘维朝身上，我们看到的是百年积淀濡染蕴含的厚重内敛、儒雅沉静，是几十年教育实践陶冶的质朴仁爱、勤谨睿智。他的心中有大爱的情怀，有不渝的信念和理想；他所植根于斯的百年雅礼，在他的带领下已涵养出新的生命气象。

（本文由校长国培计划——中小学名校长领航班
中国人民大学附属中学培养基地提供）

辛军锋

名家点评

坚守与创新中办“大教育”

刘彭芝

通常情况下，调换频繁、任期短的校长是不太容易做出成绩的。但辛军锋校长不一样，2002年至今，他先后担任过4所学校的校长。这些学校各有各的“问题”，但在他的管理下都步入了良性发展轨道，且各有各的风采和亮点。要说他有什么“秘诀”的话，那就是注重学校精神塑造。辛军锋认为，要改变一所学校，首先要改变学校的精神，只有当精神站起来了，一切才会改变。

综观辛军锋校长十几年来在塑造学校精神方面的探索和实践，我认为至少有以下几点经验值得借鉴。

传承与创新相结合提炼学校精神。《庄子·人间世》说“美成在久”，《周易·系辞上传》说“继之者善”，尽管辛军锋校长所在的学校都遇到了发展瓶颈，但他上任后并没有“另起炉灶”，推翻重来，而是深入挖掘学校的历史、传统，对长期积淀下来的精神财富予以总结、梳理并继承、提升，同时，赋予它新的时代特色、新的历史使命，进而以此确立学校的精神文化和办学特色。譬如，他提出把地处市中心、有西安人文传统的第三十中学办成“最西安”的中学，将“红色文化”“延安精神”作为育才中学学校精神的核心，从红色文化中汲取营养，做到坚守与创新的统一。

精心设计校园环境以彰显学校精神。一个学校的校园环境是一种无声的语言，传递着一所学校的思想文化、价值追求。辛军锋深谙这个道理，他在西安市第三十中学时，将其打造成了具有丰富的西安元素、古色古香的“闹市中的静书斋”，使学校成为师生眷恋的精神家园；他以“红色文化”为核心，整体规划育才中学的教学区、活动区，使得师生在潜移默化中提升了精神境界。

依托丰富、科学的课程体系提升学校精神。塑造学校精神不是一句空洞的口号，它应该渗透在教育教学的每一个环节中，其中课程又是重中之重。辛军锋在第三十中学时开设了富有特色的“秦腔”“关中民俗艺术”“西安旅行英语”等校本课程；带领育才中学师生参与编撰校史课程、发起延安“寻根”研学活动等，构建了多元开放的“红色文化”课程体系。

有人说，校长有三种境界：第一种是当校长，第二种是办学校，第三种是办教育。辛军锋校长显然属于第三种。在他身上，有一种办大教育的家国情怀。正是因为有这样的家国情怀，他始终关注塑造学校精神，以文化为内驱力带动学校全面发展。正是因为有这样的家国情怀，在成为教育部首期“名校长领航班”学员后，他又积极发挥示范、辐射作用，不遗余力地帮扶薄弱学校和兄弟学校。

（作者系教育部校长国培计划首期名校长领航班
中国人民大学附属中学培养基地首席专家）

“种”心于校，钟情于师生

个人小传

辛军锋，中学高级教师。2002年—2016年，先后任西安市第四十六中学、西安市第三十中学、西安市育才中学校长。2016年7月至今，担任西安高级中学校长。

成长之最

对自己影响最深的教育理论著作：《民主主义与教育》（约翰·杜威　著）《给教师的建议》（B. A. 苏霍姆林斯基　著）。

办学管理中最有成就感的事：先后担任4所学校校长，与每一所学校共成长、共发展。

学校改革创新最亟待解决的问题：学校发展的愿景引领和绩效工资激励作用尚需提升。

有人喜欢远行大海去看日出，有人喜欢爬上高山欣赏日落，而我喜欢在学校看日出日落。清晨，看着三三两两的学生披着霞光来上学，我仿佛看到了希望与未来……就这样走过一所所学校，看着一个个学生，过着一个个日子，没有波澜壮阔，没有惊天动地，这就是生活，这就是教育。

上面这一段是西安高级中学校长辛军锋的教育散文，捕捉着他心中的教育光影。出生在秦岭脚下的他，深谙叶圣陶先生所说的“教育是农业，而不是工业”的深刻内涵，将心“种”在他走过的一所所学校里，在教育实践中，生发出与学校发展相契合的教育智慧。

新校长？辛校长！

如果说辛军锋当校长的经历有些特别的话，那就是从2002年到现在，他已经当了4次新“辛校长”。

“这次，我又一次成了一位姓‘辛’的新校长。”辛军锋的话中透着股幽默劲儿。2016年7月，他又一次被委以重任，担任西安高级中学校长。

在教育同行看来，辛军锋的几次调动都有点传奇的味道：他接任的几所学校各有各的“困惑”，各有各的“苦恼”，但在他转任时，每一所学校都有了发展的内驱力，各有各的亮点。

有人问他成功的秘诀是什么，辛军锋笑呵呵地说：“哪有什么秘诀啊！一个个用心的日子，一群群有情的学生，这就是教育。‘心’种在哪里，智慧就会长在哪里。”

2002年，34岁的辛军锋从一所农村初中学校副校长的位置上，调到位于城乡接合部的西安市第四十六中学担任校长。当时，这所学校由于生源流失严重，发展不被看好。他到任时，学校仅有300多名学生，高中招生指标有180个，每年却只招进来几十人；20世纪50年代建的校园已破败陈旧，学校操场还是当年的泥土地，一刮风就尘土飞扬。由于学校缺乏了“精气神”，辛军锋感觉，师生就像沙漠上的卷柏，风一吹就走了。

尽管如此，辛军锋却执着地把“心”种在了这里。经过一番调研后，他以整顿校风为抓手，着力改变学校形象，同时，积极发展特长教育，在高中办起了管乐特长班。2013年高考后，学校高三特长班的十几名学生均被名牌大学录取。这对当时已经多年一本升学率为零、二本升学率为个位数的第四十六中学来说，“像是破天荒的大事儿”，也让教师、学生和家长看到了希望。

与此同时，辛军锋办起了“自强班”，招生对象为品学兼优的贫困生，实行学费、住宿费全免的措施，积极进行课堂改革，推动了学校校风和学风的整体改变。当他转任第三十中学校长时，第四十六中学已经成了一所环境优美、教育教学设施先进的现代化学校，因管乐、美术特长生成绩优秀，学校成为高校生源基地。

在第四十六中学的办学经历也让辛军锋意识到，学校的发展其实和学生培育异曲同工，都需要挖掘自身的个性和生长点。这也是“辛校长”能够很快摘掉“新校长”帽子的秘诀所在。

精神站起来后，一切都会改变

辛军锋每到一所学校，所关注的第一件事就是寻找学校发展的“精气神”。他很认同“改变一个学校要改变这个学校的校园精神，改变一个教师要改变他的价值追求，改变一个学生要改变他的人生目标”的观点。他认为，对于学校来说，“软件”比硬件更难补齐，“只有精神站起来了，一切才会改变”。

当西安市第三十中学校长时，他常常进教室听课，在办公室与教师促膝长谈。他发现学校并不缺少优秀教师，缺少的是“心气儿”，而凝聚“心气儿”则需要一个共同的目标。在“精品化、高品位、有特色”的目标下，他把学校办成了闹市中的“静书斋”，在师生看来，这是一所“最有温度”的学校。

由于第三十中学地处西安市市中心，与地标性建筑钟楼和鼓楼相距咫尺，清晨或日暮，钟鸣鼓韵萦绕着这座“闹市中的静书斋”。在辛军锋的带领下，学校充分利用学校周边资源，制定了颇具西安特色的校本课程，如“印象西安”“西安旅游英语”“关中民俗艺术”等。与此同时，丰富多彩的具有地方特色和学校特色的秦腔爱好者社团、面食文化社团等社团活动也开展起来。

“学生的个性发展是目标，教师的专业发展是条件，学校的特色形成是结果。”辛军锋认为，文化精神站起来了，改变也随之开始了：教师有了归属感，学校教学质量稳步提高，中考录取分数线逐年提升；学生有了自豪感，多元培养让每个学生都获得了满意的发展。他说：“改变，其实更多的是一种回归，回归教育本质，回归以学生为核心，回归因材施教。改变一所学校应该从改变课堂开始。”

2013年到西安市育才中学担任校长时，辛军锋给学校“提气”的特色做法，也让这所被誉为“红色摇篮”的三秦名校走出了“平台期”的困扰。他带领学校以“红色文化”为核心，整体规划校园教学区、活动区，建起了特立园、育才亭、成长大道等；将“红色文化”教育与校本课程开发结合起来，开发了具有学校特色的《红色摇篮》《圣地摇篮》等校本教材，形成红色文化教育的校本课程体系。

“有什么样的学校就应该有什么样的课程，有什么样的课程就培养什么样的人才。”2016年7月，当辛军锋告别育才中学时，他欣喜地看到，在他和团队的共同努力下，“红色精神”已成为师生们眷恋的精神。

寻根历史，探索老校新航向

2016年7月，辛军锋接下了西安高级中学校长的接力棒。与西安深厚的历史文化底蕴相映衬，西安高级中学的历史可追溯到清光绪年间，距今已有120多个春秋。但此时的西安高级中学面临着百年老校的发展内驱力的问题，同时，由于北迁，学校处于“二次创业”的阶段。

面对这样的新西安高级中学，面对教师、学生、家长及社会的期待，已有多年校长工作经验的辛军锋感到肩上的担子沉甸甸的。该将学校引领到什么方向？带着这样的思考，他一方面从与老校友、老教师的访谈中对话学校历史、追本溯源；另一方面，不断从教育著作中汲取思想智慧，寻找适合西安高级中学持续发展的新动力之源。

在继续秉承“养德以正气、崇文以化人”校训的基础上，辛军锋将学校教育从知识中心转向素养中心，并结合学校实际，开始了一系列探索实践：积极研发以核心素养为核心的选修课程，开发大学先修课程（AP课程），不断进行课程优化整合；依据区域特色和实际，为学生创设全新学习空间；构建体验式的学校环境和课程体系，并建设历史模型展室、地理数字展室、生物园、地理园、碑林等，实现课程育人、环境育人、实践育人、文化育人相结合。

此外，辛军锋还为学校画下了“一校两部三校区”的格局图，将学校优质教育资源辐射到更多区域。担任西安高级中学校长之前，他通过自己主持的名校长工作室进行了一系列帮扶工作，以影子校长培训计划、实地调研“问诊”、资源共享等形式带动了一批薄弱校提升办学水平。

辛军锋说，校长的教育理想决定了一所学校能够走多远。站在新起点的他，在教育探索之路上，再次迈开了步伐。

（本文由校长国培计划——中小学名校长领航班
中国人民大学附属中学培养基地提供）

刘浩

名家点评

教育行当里的“冶金师”

刘彭芝

现阶段，我国普通高中的发展面临两大“顽疾”——“应试”和“同质”。如何从两大“顽疾”的包围中冲出一条新路，这是中学校长队伍面临的现实课题。天津市复兴中学的刘浩校长就是这支队伍中的一员，他和他的团队探索出的“普职结合”办学模式是克服“应试”和“同质”问题的有效途径。

“普职结合”办学模式为全体高中学生接受适宜的教育提供了机会。复兴中学于2003年由第二幼儿师范学校转轨而成。当时学生入学成绩低于全市平均水平，每年升入二本以上院校的学生不到40 %。如果高中教育只是瞄准高考，那么60 %升入高职或直接就业的学生在一定意义上可以说是被这种“教育”抛弃了。所幸复兴中学的学生遇到了刘浩，这位将“成就每一个学生”作为理想的校长，认为每一名学生都可以百炼成钢，而他需要寻找一条拼高考升学率以外的道路。

在《国家中长期教育改革和发展规划纲要（2010—2020年）》所提出的“鼓励有条件的普通高中根据需要适当增加职业教育的教学内容”的方针的指导下，刘浩带领他的团队走出了这条“普职结合”的办学之路，学校也实现了真正意义上的“复兴”。

在“普职结合”的道路上，刘浩重构学校课程体系，增加实践技能类校本课程的数量和比重。复兴中学的校本课程（职业教育类）中包含许多极具吸引力又适应社会需求的课程。另外，学校全面落实校本课程选修制度，推行学分考核，并纳入综合评价，实现课程管理、开发、实施、考评“四位一体”。同时，刘浩在具体设计时还将职业教育内容融入必修课教学，真正糅合了普、职教育的特点。

“普职结合”的办学模式也体现了更多的开放性。职业教育的目的是培养适应社会的人，因而不能与社会脱节。为此，刘浩特地邀请社会知名人士定期开展职业生涯讲座，并与高职院校联手，打通高中与高职院校的联结，把高职院校的资源引进来，让复兴中学的学生走进去，学校也成了一个更为开阔的知识和技能交流平台。

如今，转任南开中学副校长一职的他，又开始了新的航程。

（作者系教育部校长国培计划首期名校长领航班
中国人民大学附属中学培养基地首席专家）

“普职结合”炼出不一样的高中

个人小传

刘浩，历史特级教师。2008年—2016年，任天津市复兴中学校长。2016年10月至今，任南开中学党委书记、副校长。

成长之最

对自己影响最深的教育理论著作：《德国教师培养指南》（第斯多惠　著）。

教育教学中最有成就的改革创新：探索普通高中“普职结合”特色发展之路。

学校改革创新最亟待解决的问题：学生选拔与评价方式的弊端制约学校发展。

是否所有学生都考上大学就能被称为一所好高中？对此，刘浩认为：如果“好高中”标准如此，那它对于生源水平不高的学校来说就成了不可企及的目标，也并不公平。事实上，2004年他就任复兴中学副校长一职时，就已经做出了另一种选择，也重新定义了“好高中”的标准。

当时的复兴中学，由于生源质量不高，毕业时只有不到一半学生考上二本院校，在

“拼高考成绩”的教育背景下处处落于下风。“新手”校长刘浩，带给这所学校不一样的风景。他通过探索与实践“普职结合”办学模式，让复兴中学蜕变成了当地样板校。

捋清校情，选定“普职结合”模式

复兴中学确实“年轻”，其前身是被称为“二幼师”的天津中等师范学校。2003年，天津市基础教育布局进行大规模调整，第二幼儿师范学校经过异地规划、重建转轨，成为普通高中，取名“复兴”。作为刚刚完成“转轨”的普通高中，复兴中学和众多其他高中一样，跟着高考指挥棒往前冲。可是，生源的限制、师资构成的结构性失调等不利因素让复兴中学在拼高考成绩的队伍中难以靠前，困惑、彷徨的氛围在校园里弥漫。

2004年，38岁的刘浩出任复兴中学党总支书记兼教学副校长。复兴中学走什么样的发展之路成为刘浩一上任就必须思考的问题。

为学校发展把脉，首先要捋清校情。刘浩先从摸底开始，不过这个“底”摸清后却让他心凉了一大半，上任之初的热情被一盆冷水兜头浇灭。

他接棒的这所学校教职工虽有近200人，但领导层大部分人缺乏高中管理经验；一线教师队伍过于年轻，虽有热情但经验不足；学生总数1 000余人，入学中考成绩低于全市平均水平，且缺乏自主管理能力和人生发展目标，高中毕业时，只有不到一半的学生考上二本院校。

复兴中学确实有些“先天不足”，但刘浩认为，由于个人禀赋或家庭环境不同，学生成长的道路是多元的，高考、高校并不是每一个复兴学生的唯一选择。学校在兼顾高考的同时，必须为学生的终身成长进行负责任的谋划。

基于这样的认识，他开始思考在办学模式上出新，尽可能照顾到每一位学生的发展。那时，《国家中长期教育改革和发展规划纲要（2010—2020年）》颁布，其中有这样一段话："鼓励有条件的普通高中根据需要适当增加职业教育的教学内容。探索综合高中发展模式。采取多种方式，为在校生和未升学毕业生提供职业教育。"这让刘浩眼前一亮，心中豁然开朗：与其师生一起为了高考"拼"3年，不如找准位置，转向既遵循人的成长规律、又满足家庭基本愿景，既能顺应社会发展大趋势、又能切合学校现实条件的办学之路。

刘浩和他的团队明确了之前的思路：在完成高中育人目标的前提下，对全体学生进行职业素养教育，培养其职业意识、观念、知识和技能；对部分有需求的学生，在正常完成高中教学任务的基础上，培养其职业兴趣和基本技能，使其在高中毕业时既获得高中文凭，又具备一定的职业素养，为将来进一步接受高层次的职业教育或进入社会自主择业创造条件。"普职结合"，开辟了普通高中多样化发展的新道路。

坚定方向，"摸着石头过河"

在刘浩的主持下，经过广泛征求专家意见，复兴中学从高中学生职业素养培养目标、教育步骤和实施路径三个方面对高中学生职业教育进行了设计，帮助学生认知社会、规划职业生涯，在高中阶段就养成良好的职业习惯，具备较高的职业素养。

顶层设计搭好了，接下来需要落到实处。"普职结合"在天津市没有先例，刘浩说，"我们只能摸着石头过河"。在"过河"的过程中，作为领路人的刘浩与他的团队一起主要干了以下几件大事。

"校长首先是一所学校思想与文化的引领者"，刘浩在学校整体环境设计上下功夫：校园增设校本课程宣传栏、展板和标识，出现了职业教育展牌；教学区各楼道和墙面上精心布置宣传材料，介绍有关职业选择与人生规划的知识和名人案例。

经过一番努力，学校的面貌焕然一新，师生的工作、学习热情明显升温。这样的改变，刘浩看在眼里，喜在心头。他在心里暗暗告诉自己，自己的摸索或许真的找对了方向。

接下来，刘浩在复兴中学的整体课程规划中，增加了实践技能类校本课程的数量和比重，“普通高中最大的自主权，就在于校本课程的开发和实施”。经过大量调查和分析，复兴中学开设了一批激光雕刻、汽车驾驶、工艺设计、模型制作、烘焙厨艺等校本课程，并且配备了电脑维修教室、驾驶技术实验室、模型制作实验室、激光雕刻实验室、烘焙教室等多样化的实践技能教育实验室。

在此基础上，学校全面落实校本课程选修制度，成立管理小组、明确课程框架、统筹教学方案、落实选修制度、推行学分考核、纳入综合评价等，使管理、开发、实施、考评“四位一体”。

同时，刘浩提出，在必修课教学中结合本学科特点挖掘并渗透职业教育内容，各学科教师积极探索。比如，在转基因生物的安全性教学中，增加了食品科学与工程专业以及与该专业相关联的职业群的介绍；在物理电磁学的教学中，增加了“磁悬浮列车”设计原理的探究等。

职业课程从无到有，学生们在这个全新的平台上学习专业理论、了解职业特点、训练操作技能、体验创意乐趣的时候，也尽情发挥着自己特有的才能，充分享受着前所未有的成功。

为这样的改变承担着巨大压力的刘浩也从中看到了前景，更加坚定了信心。如今，复兴中学的校本课程已经像国家课程一样更加常态化。

开门办学，拓宽师生成长舞台

学校办学质量的高低关键在教师。刘浩意识到，“普职结合”课程的实施需要一支“一专多能”的教师队伍。这几年，学校通过两条途径来实现这个目标。

一是学校对有潜能、有意愿的教师进行拓宽知识领域、提高实践操作技能的“一专多能”培训，让他们率先成为“普职结合”课程的领头雁。比如，语文教师王冠英开设了烘焙厨艺课程，生物教师车未艾开设了食品工程技术课程，外语教师扈彬彬开设了无人机摄影课程等。

二是引进“外援”，聘请校外专职教师，满足在一些实践技能专业方面的教学需求；定期邀请有协作关系的高职院校教师做指导；聘请社会专业人员兼职任教。

几年下来，复兴中学形成了一支专业性强、类型多样、数量充足的教师队伍，保证了“普职结合”课程的多样性和高质量。

此外，刘浩从2010年起在校园文化艺术节中设置“学生创新作品展示”环节，组织并指导学生参加国内各种科技项目活动和比赛，组织开展丰富多彩的社会实践、研究性学习和社团活动等，为学生提供更多动手机会和创新展示舞台。

他知道，“普职结合”要办好，这些还远远不够，关键要打通高中与高职院校的联系，把高职院校的资源引进来，让复兴中学的学生走进去。为此，学校主动与天津民航学院、中德职业学院、天津一轻学校等高职院校开展多方面合作，利用院校的实验室、设备、专业教师，为院校输送优质生源，并与职业院校开展合作，在教育行政部门的支持下，共同实施面向高中生的创新素养培养行动，共同开设课程。

“普职结合”模式兼顾了升学预备型教育和就业预备型教育的不同需求，复兴中学因此发生了“颠覆性”变化。当年以低于全市平均分进入复兴中学的学生，如今已令人刮目相看：在他们的榜单上，列有50项“国家实用新型专利”、市机器人比赛第一名、市青少年小发明设计大赛大奖等。毕业后，他们有的升入高校，有的选择高职，有的直接进入社会就业，多元选择，多样发展。

如今，刘浩在复兴中学的探索既让复兴中学再次成功“转轨”，也让“普职结合”成为天津市高中特色建设的一道亮丽风景线，走出了一条有地区特色的普通高中多样化办学之路。

（本文由校长国培计划——中小学名校长领航班
中国人民大学附属中学培养基地提供）